前沿科技研究

QUANQIUHUA JINCHENGZHONG ZHUSANJIAO CHENGSHI QUYU DE DUOZHONGXIN WANGLUO ZUZHI

全球化进程中 珠三角城市区域的 多中心网络组织

赵渺希　朵朵　著

SPM 南方出版传媒
广东科技出版社｜全国优秀出版社
· 广　州 ·

图书在版编目（CIP）数据

全球化进程中珠三角城市区域的多中心网络组织/赵渺希，朵朵，著．—广州：广东科技出版社，2016.9
（前沿科技研究）
ISBN 978-7-5359-6558-5

Ⅰ．①全…　Ⅱ．①赵…②朵…　Ⅲ．①珠江三角洲—城市管理—组织管理—研究　Ⅳ．①F299.27

中国版本图书馆CIP数据核字（2016）第168791号

Quanqiuhua Jinchengzhong Zhusanjiao Chengshi Quyu de Duozhongxin Wangluo Zuzhi
全球化进程中珠三角城市区域的多中心网络组织

总 策 划：丁春玲
责任编辑：马霄行
封面设计：林少娟
责任校对：吴丽霞
责任印制：彭海波
出版发行：广东科技出版社
地　　址：广州市环市东路水荫路11号
邮政编码：510075
http://www.gdstp.com.cn
E-mail：gdkjyxb@gdstp.com.cn（营销中心）
E-mail：gdkjzbb@gdstp.com.cn（总编办）
经　　销：广东新华发行集团股份有限公司
排　　版：广州友间文化传播有限公司
印　　刷：广州市岭美彩印有限公司
（广州市荔湾区花地大道南海南工商贸易区A幢邮政编码：510385）
规　　格：889mm×1 194mm　1/16　印张11.75　字数275千
版　　次：2016年9月第1版
2016年9月第1次印刷
定　　价：104.00元

本 书 承

广东省优秀科技专著出版基金会推荐并资助出版

广东省优秀科技专著出版基金会

“前沿科技研究”系列
出 版 说 明

科学研究的真谛是勇于创新，追求真理。技术创新在某种程度上是科学的一种应用。但是发展到现在，科学与技术已经密不可分。

科技创新是新时代背景下的第一驱动力，是现代化的发动机，是一个国家进步和发展最重要的因素之一。科技创新能力是社会活力的标志，是国家实力最关键的体现。科技创新或许只是诞生于某一领域，但它具有乘数效应，常常能辐射到与之相关的其他领域，通过渗透作用放大各生产要素的生产力，提高社会整体生产力水平。

“前沿科技研究”系列致力于打造一个权威的科技原创成果发布平台，将自然科学、工程技术领域达到国内外先进水平的学术专著汇聚出版，力争最大限度地将某一领域的创新成果迅速发布、多渠道传播和及时推广应用，产生聚集辐射效应，更好地发挥科技对经济建设、社会发展的支撑引领作用，促进科技成果转化为生产力，更好地推动中国原创科技成果走出国门，走上国际学术舞台，为全球领域的创新发展贡献一份来自中华儿女的聪明才智。

“前沿科技研究”系列分设医学、工业、农业等子系列，出版该领域的最新研究成果，既有原始创新成果，也有对现有技术进行集成创新，或者是对引进技术的消化吸收再创新。作为一个开放的科技专著出版系列，我们将高度关注科技研究的重点领域和关键技术，围绕新理论、新技术、新工艺的研究进展，分批规划新的学科系列，丰富出版内容，增强科技创新驱动发展的动力和活力。

书稿的推荐遴选秉承质量第一、科学严谨、精益求精的精神，引进广东省优秀科技专著出版基金20余年100多本优秀专著评审的成熟机制：两位同行专家推荐，专家委员会半数以上人员同意方可入选。同时实行关联评委回避制度，保证入选书稿的品质。

祈望“前沿科技研究”系列能够成为中国科研人员展示原创成果的优秀平台、中国科技走向世界的桥梁纽带。

殷切期待各专业优秀科技专著的加入。

广东科技出版社
2015年12月

“前沿科技研究”系列
专家委员会

前言

P r e f a c e

随着全球化的发展，我国的城市化越来越迅速，珠三角、长三角、京津冀等城市群不断崛起。城市区域成为我国参与国际竞争的重要力量。

城市规划在城市发展中起着重要引领作用，准确地认识城市间的网络交互作用是科学制定城市区域发展规划政策的基础和前提。目前，我国主要城市在全球城市网络中的地位不断提高，但中西部与东南沿海地区存在明显的区域差异及发展差距，而对这种复杂的城市区域系统空间组织的研究还相对有限，难以有效地支撑城市和区域发展规划的编制要求，因此，选择珠三角地区进行实证研究呼应了国民经济发展的迫切需要，有着直接的现实意义。

本书通过解析珠三角区域的9个城市（广州、深圳、佛山、珠海、东莞、江门、惠州、中山、肇庆）在我国加入世界贸易组织后的2000—2010年的经济空间演化规律，为我国城市区域规划的编制提供了理论参考。

本书内容源于作者从事的国家自然科学基金（51108184、51478189）、亚热带建筑科学国家重点实验室课题的研究成果，也与唐子来主持的国家自然科学基金课题有着密切关联。在具体内容上，赵渺希构建全书的整体框架，对各个部分的数据和方法进行了基础处理，朵朵在其学位论文中做了基础性的实证工作。2014年，作者参与了《珠三角全域规划（2014—2020）》的专题研究，结合这一重大项目的需求，作者对既有的研究成果进行了修订，以促进基础研究在规划实践中的应用。

另外，华南理工大学硕士研究生邱君丽参与了本书中经济全球化部分的研究，钟烨、张平成参与了世界城市网络、中国城市网络的相关研究，同济大学硕士研究生黎智枫、中国城市规划设计研究院周璇规划师参与了珠三角扩区的网络比较分析，在此一并表示衷心的感谢。

囿于编撰者的水平所限，书中难免会有不完善或疏漏之处，恳请广大读者批评和指正。

目录

Contents

第一章
绪论

1.1 珠三角城市区域多中心网络组织研究的背景

1.1.1 珠三角城市区域多中心网络组织研究的来由

伴随着全球化的发展，一些国家、地区的经济出现飞速的发展，随之形成新的城市区域及产业布局。全球化正改变着世界政治经济格局，对各个国家和区域的城市体系产生了重大的影响。一方面，城市经济空间结构发生了巨大的变化，以“产业链”为特征的空间经济结构转向以“价值链”为特征的空间经济结构，生产性服务业向“全球城市”聚集，制造业向发展中国家聚集，国家和区域也因此获得新的发展机遇，迅速崛起①。另一方面，全球化和信息化共同造就的网络时代，加速整合着人流、物流、资本流、技术流、信息流等，各种资源不断流转和配置，促进了新的世界政治经济格局的形成，突出表现为国家之间、区域之间、城市之间的现实力量与资源配置的对比，城市和区域逐渐被纳入全球经济网络中并在网络中形成了资源要素流转和配置的一个个节点，这些节点根据等级高低、能量大小、联系紧密程度等要素集结成一个多极化、多层次的世界城市网络体系。

Scott （2001）较早注意到了全球产业经济重组过程中大都市集聚地带的形成，即无论是发达国家还是发展中国家，大都市集聚地带都是各国区域经济增长最快的地区。Scott（2001）将全球一体化进程中这种史无前例的大城市集聚现象定义为“全球城市区域”（global city-regions，GCRs），并认为全球城市区域是在高度全球化下、以经济联系为基础，由全球城市及其腹地内经济实力较雄厚的二级大中城市扩展联合而形成的独特空间现象。类似地，Hall等（2006）提出了多中心城市区域（polycentric city-regions）的学术概念。

但Scott （2001）仅仅对城市区域的基本特征进行了初步归纳，并没有深入探讨其内部的空间组织，Hall等（2006）则做了进一步的说明：如果说宏观层面的全球城市（Sassen，2001）的定义建立在城市与外部信息交换的基础上，那么中、微观层面的全球城市区域的定义应当建立在区域内部内在联系的基础上。实证研究中，Hall等（2006）、Taylor等 （2007）研究了欧洲8个多中心城市区域。辨识城市群内部的多中心网络交互作用模式是当前城市区域研究领域的理论热点。

在此背景下，自2011年开始，研究者承担了国家自然科学基金项目“全球化进程中珠三角城市区域的多中心网络组织”，并相继承担了国家社科基金重大项目空间子课题、亚热带建筑科学国家重点实验室开放课题、广东省教育厅“育苗工程”等科研项目，研究依托课题项目在国内外发表了将近20篇论文，将学术成果辑要为书则是对相关研究课题的再次提炼。按照既有的研究设计思路，本项课题的目标是分析全球化进程中珠三角城市区域的空间组织，并对多中心网络组织的形态属性、功能联系进行体系化的实证研究，以解析全球化在特定时空范畴中对城市区域功能联系的因果作用机制。因此，具体的研究内容包括三个部分：①经济全球化的时空演化（经济全球化的基本格局、生产服务业的全球网络链接、制造业的全球产业分工）；②多中心网络的空间组织（形态属性、功能联系）；③全球化与多中心网络组织的因果检验（功能联系与价值区段分

① 陈振光，姚士谋. 全球经济一体化与城市体系发展趋势. 城市规划学刊，2001（1）：14-17.

工的关联、全球化与产业集群的相互作用、企业与地方的网络关系）。

要说明的是，由于形态属性（城市区域的人口、就业岗位空间分布）在一般性的研究中已经屡见不鲜，故此本研究舍去了这一部分，而主要阐述珠三角地区经济全球化的基本格局、珠三角地区产业的空间分布演化及各城市的优势产业，并重点结合经济空间多中心发展的格局，对各城市总部—分支机构企业数据进行相关分析，表述了珠三角地区城市内、外部功能联系的特征。

1.1.2　珠三角城市区域多中心网络组织研究的意义

在全球经济网络中，国家竞争表现为城市和区域的竞争，尤其是以国际大都市为核心的城镇密集区更是参与国际竞争的主体。从1999年Scott开始研究全球化进程中的城市和区域发展以来，城市区域受到了学术界极大的关注，出现了多中心巨型城市区域（PMCRs）或多中心城市区域（PURs）的学术概念：Hall等（2006）、Meijers（2008）等学者的成果极大地丰富了研究领域的相关理论。

伴随着全球化，中国的城市化伴随着经济的发展也越来越迅速，并成为当今世界全球化的重要引擎，其中，珠三角、长三角、京津冀三大区域已发展成相对成熟的城镇密集区，也成为我国参与全球竞争的前方阵地。本研究的意义在于，在全球化背景下，从城市联系的角度重新认识珠三角城镇密集地区，为我国城市与区域空间研究引入新的理论和视角，并拓展了应用的领域和范围。

在实践层面，城市规划领域长期以来依赖形态来研究城市空间结构，这种传统的技术方法难以客观地反映新时代城市区域经济空间结构的演化特征和规律。对城市规划编制来说，若能运用地理学、经济学和城市规划相结合的方法，实现多学科理论与方法的交叉运用，则能更加深入地解析全球化的时空演化过程及对区域经济空间结构的影响，并进而全面、深入掌握城市区域空间组织的客观规律。

显然，以珠三角这一巨型城市区域为研究对象具有突出的理论意义和实践意义，这也是本项研究的出发点。

1.2　珠三角城市区域多中心网络组织研究的对象及内容

1.2.1　珠三角城市区域多中心网络组织研究的对象

本研究以珠三角区域的9个城市（广州、深圳、佛山、珠海、东莞、江门、惠州、中山、肇庆）作为研究的空间范畴，以我国加入世界贸易组织后的2000—2010年作为研究的时间范畴，在全球化背景下来解析珠三角城市区域的经济空间演化规律。

本项研究的目标是揭示全球化进程中珠三角城市区域的经济空间组织变化过程，并解析这一过程的因果作用机制。首先通过分析全球化的空间格局、城市区域多中心网络组织的形成这两类现象：一是描述区域中各城市全面融入全球经济网络的基本进程；二是分析珠三角城市区域多中心的网络组织演化，将从企业网络关联的角度研究区域经济空间的联系。最后，研究并解析全球化背景下珠三角城市区域经济空间演化的动力机制：全球化对城市典型产业集群产生了重大的影响，城市功能集聚形成的外部性又促进了各个城市间的网络交互作用，从而形成了珠三角城市区域的多中心网络体系格局。

1.2.2　珠三角城市区域多中心网络组织研究的内容和技术路线

本研究将在全球化背景下来解析2000—2010年间珠三角城市区域的经济空间演化及引起这一过程的作用机制，研究的核心内容是珠三角城市区域嵌入全球化城市网络、流动空间及参与全球产业分工的基本格局，具体内容包括以下方面：

（1）在经济全球化的基本格局方面，采用外贸依存度、外资依存度、人均接待境外游客数等指标来度量珠三角区域各个地区参与全球产业分工的程度，比较各地区的经济全球化程度的差异，对珠三角城市区域经济全球化的空间格局进行剖析，并通过研究投资、消费、外贸相对于地区生产总值的关系，分析外贸对地区经济增长的消长趋势。

城市区域的经济空间演化是本研究的核心内容，以珠三角城市区域的功能网络为研究对象，采用2000—2010年的总部—分支机构企业数据，从制造业、生产性服务业、一般服务业这三大典型产业部类度量珠三角城市间的功能关系变化，并运用复杂网络的分析方法来度量城市区域的网络联系特征，以解析城市区域经济空间的演化规律。从以下三个方面进行分析：珠三角城市间联系（网络频密度），珠三角城市区域的出入点度分布，珠三角城市区域网络的规模匹配性。

（2）在产业部类的时空演化方面，通过对九大产业部类就业人口增加值的测算，并分析相关联的城市的比较优势产业部类，进而剖析珠三角区域各城市间功能关系的演进情况，具体内容包括以下方面：

城市产业部类分析方面，对九大产业部类就业人口的增加值进行分析，分析各类产业的集聚程度，重点用区位熵分析方法得出各城市的比较优势产业部类，用职能地位的测定方法从规模角度分析具有比较优势的城市产业部类，初步得出珠三角区域城市间经济空间结构演进及功能关系的交互；在区域产业区位竞争力方面，为更全面地分析城市产业部类，采用偏离-份额分析法对各地区的产业区位竞争力进行分析，以此判断产业部类在珠三角区域范围研究时序中所处的增长阶段；在城市产业异同性分析方面，采用克鲁格曼的专业化指数的计算方法，衡量珠三角地区的产业部类联系程度，测定地区间的产业结构的差异性，并结合城市职能分析的结果，考察珠三角区域2000—2010年间城市产业的互动情况。

全球化进程下，区域各城市按照价值区段进行职能分工，并且专业化的产业集群促成了频密的功能性城市联系，企业在不同的地点按照价值区段组织生产，从而形成城市区域的多中心网络组织。因此，一方面，本研究将运用网络关联的方法，对各城市驻外地分公司的分行业的企业比例与城市分行业的企业比例进行相关分析，其中前者表示了城市对外功能联系的职能特征，后者表示了城市自身产业部类的分布情况，通过分析两者的相关性，来研究城市区域的功能联系与价值区段分工的内在关联。另一方面，在全球化与产业集群的相互作用下，全球化作为地方产业集群累积循环的外部动因，可以检验珠三角地区产业集聚过程中形成的外溢效应。

第二章

城市区域多中心网络组织的文献研究

2.1 引言

本章主要分为三大部分：第一部分是关于全球化与全球城市的理论。首先总结了全球化的一般理论，阐述了全球化的基本概念、主要观点。在此基础上梳理了网络联系视角下的全球城市的观点，并对国内外研究成果及文献作了一个综述。第二部分归纳了全球化对城市的影响、全球化城市与世界城市体系变革的关系，归纳了全球城市区域空间及城市流动空间形成的过程，对相关的文献进行了回顾总结，讲述了流动空间理论的形成与发展过程，并探讨了多层次全球城市网络的形成。第三部分对珠三角城市区域已有的研究成果进行了梳理归纳。

2.2 全球化与全球城市理论

2.2.1 全球化理论

哈佛大学教授西奥多·莱维特（Theodore Levitt）在1983年首次在刊登于哈佛商业评论的文章《全球化的市场》中提出“全球化”的概念：伴随着新技术的发展，全球通信成本大幅降低，消费者对商品的需求及品位逐渐趋同，这为商品提供了规模空前的全球市场。在具体概念方面，维基百科全书也给出这样的定义：“全球化是指全球联系不断增强，人类生活在全球规模的基础上发展及全球意识的崛起。”

学者们在对全球化的争议中也对其特征和本质有着不同的描述。1989年，Havey指出：“时空压缩”是全球化的一大特征。德国教育部副部长格尔茨认为“全球化使这个社会成为突然加速的社会”。德国社会学家乌尔里希·贝克在《什么是全球化》（1998）一书中写道：“全球化既是一种新知识的象征，同时它本身也是经验文化。这种历史经验的传播通过现代信息和资本的全球流动，带来了一系列新的情况、新的行为展望和远景预期。”

正如其他理论一样，20世纪初期，关于“全球化”的理论有不同认识：大前研一（1990）及英国社会学家阿尔·布劳（1990）作为“激进的全球化主张”的代表人物，他们认为日益整合的全球经济通过建立生产、贸易、金融的跨国网络削弱了国家对经济的控制能力，并在此过程中使得民族国家的权威和合法性受到了挑战[①]；而“怀疑论者”与“激进的全球化主张者”的观点恰恰相反，作为“怀疑论者”的代表人物，郝斯特等（1996）认为全球化的程度完全被夸大了，它也就算是国家经济体之间的一种互动，并且批评全球化依然掩盖不了国际经济不断分裂、国家政府依然强大、各国政府的管制地位依然不断提高的现实。英国伦敦经济与政治学院的政治学教授戴维·赫尔德、英国社会学家安东尼·吉登斯以及德国社会学家乌尔里希·贝克则都是“温和的全球化主张”的代表人物（1996），他们承认全球化是推动社会政治以及经济快速变革的中心力量，并且全球的国家和社会正在经历一场深刻的变革过程并努力适应这个全球联系日益紧密但非常不确定的世界，他们认为新的主权体制正在代替传统的国家形态，政府的权力没被全球化削

① 陈振光，姚士谋. 全球经济一体化与城市体系发展趋势. 城市规划学刊，2001（1）：14-17.

弱，而是正在经历重组和重构，以应对“国际性的国内事务”的挑战。

2.2.2 全球城市区域理论的发展

2.2.2.1 从传统的城市理论到全球城市理论

在传统城市理论研究中，有以农业区位为基础的“中心区位”的城市理论（1945）和伯吉斯的同心圆理论（1923）、霍伊特的扇形理论（1939）、哈瑞斯等的多核心理论（1945）。芝加哥社会学家以竞价-租金为模型提出简化的城市发展模式，如在CBD周围土地价值最高。Brian Berry（1963）区分出带状发展地带和次级中心，试图修正“单中心”模式。这些理论研究有局限性，它们仅仅是在一个相对封闭区域里进行研究。这些古典城市中心区位体系的理论模型虽然能描述区域层面的城市化模式，但这对于解释世界范围内城市之间的关系是无能为力的。

德国学者Goethe（1889）最先使用“世界城市”一词来描述当时的罗马和巴黎。英国学者Geddes（1915）在《进化中的城市》中明确提出了世界城市的概念，即那些在世界商业活动中占有不成比例数量的城市，并用来说明起统领作用的国家首都（如巴黎、柏林）和商业、交通网络系统中的工业中心（如杜尔塞多夫、芝加哥）。Hall（1996）用范围的大小和强度两个概念来衡量城市的功能，并对伦敦、巴黎等7个城市进行了综合研究，认为世界城市基本上是欧洲单一工业资本主义经济体系发展的产物，它们居于世界城市体系的最顶端。Hymer（1972）开拓性地将跨国公司这一关键因素引入全球城市的研究中。他认为，在联系日益紧密的全球经济中，公司决策机制是至关重要的，跨国公司总部往往倾向于集中在世界的主要城市①。因此，可以采用跨国公司总部落户数量的指标来衡量城市的重要性和地位，并依其数量多少来进行排序。

随着信息技术对城市之间联系的影响越来越大，以Castells、Batten、Warf、Hepworth、Lanvin等为代表的学者，从信息网络角度展开对全球城市和全球城市网络的研究，这其中，Castells（1989）首次提出了信息城市的理论，他认为全球城市是在世界范围内最具有直接影响力的节点和网络中心。

在学术组织方面，由英国拉夫堡大学地理学者组成的全球化与世界城市研究小组（Globalization and World Cities Study Group and Network，GaWC）尝试为“世界城市”定义和分类，并对此做出了系统的探索。他们认为，理解“世界/全球城市”的本质需要着重于“关系”层面的分析，从传统的静态分析转向动态的分析，并应将全球城市和经济学紧密联系起来，将全球城市置于经济学脉络中进行观察。在对世界/全球城市进行层级分析的过程中，Taylor等人采用公司网络的实证研究方法，汇集了大量的一手数据材料，并通过典型性企业的分支机构网络来测定全球城市网络。

2.2.2.2 全球城市内涵、功能及地位

多年来，研究者对全球城市的理解并未形成一致性的定义，从已有的文献看，对全球城市的内涵有着各种各样的解释。

① 谢守红，宁越敏. 世界城市研究综述. 地理科学进展，2004，23（5）：56-66.

“全球城市”的解释包括以下几方面内涵：主要的政治权力中心；国家的贸易中心；主要银行所在地和国家金融中心；各类专业人才聚集的中心；信息汇集和传播的地方；大规模人口中心（集中了相当比例的富裕阶层人口）；娱乐业成为重要的产业部门。

Friedmann（1986）指出世界城市作为全球经济系统的中枢或组织节点，集中了控制和指挥世界经济的各种战略性的功能，这种控制功能直接反映在其生产和就业结构及活力上。Friedmann（1995）归纳了世界城市的五个主要特征：①是全球经济体系的连接点，地区经济通过世界城市连接成整体；②是全球资本的汇聚地，但受到制度、政治、经济影响，对全球资本的汇聚规模远小于全球资本的规模；③包括范围广泛的城市地带，经济与社会的互动非常多；④控制全球资本的实力决定了世界城市的等级，对技术创新、政治变革等的应变消化能力以及其在整个城市体系中的等级排序有重大的影响；⑤城市发展几乎都掌握在跨国资本家手中。同时，Friedmann等（1982）认为全球化进程的空间表现之一就是经济与制造业向生产性服务业和金融业的转移过程，尤其是跨国资本的快速无规则的流动。Friedmann（1986）指出世界城市的本质特征是跨国公司总部拥有全球经济控制能力。世界城市不仅仅是生产与消费中心，也是信息、娱乐及其他文化产品的生产与传播中心，从而形成一种“榜样效应”。同时，世界城市由于经济发达，就业机会相对较多，因此它还是国际、国内劳动力及移民的主要集中地。

Sassen（1991）将全球城市的特征归纳为以下四方面：①高度集中化的世界经济控制中心；②金融机构专业服务业的所在地；③包括创新生产在内的主导产业的生产场所；④作为产品和创新的市场。她指出全球城市具有特殊的空间、内部动力和社会结构，全球城市不仅仅是节点，更是从事某种特定工作的场所及专业化服务的供给基地，伴随着全球经济结构的转型，全球城市也将被赋予新的意义，它所提供的专业化服务是跨国公司所必需的，它也对金融产业的国际化和扩张有着重要的影响。Sassen认为全球城市服务功能的发展会随着全球经济贸易的迅速增长而扩大，全球城市会渐渐取代政府在世界经济事务中的管理和服务职能。

Castells（1996）认为全球城市的发展是一个将生产、消费、服务以及以这些为中心的社会融入某网络的过程，如信息技术的发展使得信息经济的（流）动显现出特殊的网络结构特征，世界经济也将由“地方空间”（space of space）转向“流动空间”（space of flow），他赋予全球城市以动态的、联系的内涵，他强调：“城市不是依靠它所拥有的东西而是通过流经它的东西来获得和积累财富、控制和权力。”

以上对全球化内涵的研究和各种解释，有着不同的视角与侧重点，但都突出了全球城市的基本属性，主要表现为“是否作为一个资本的集聚地及是否充当组织、控制生产的分配、流通的角色”。全球城市已成为一个专门研究对象，学者们对全球城市的功能及地位作用方面的研究也同时展开，并且大部分是从全球范围的角度来展开的。

2.2.2.3 全球城市形成的基本动力

Friedmann（1986）认为全球城市形成的基本动力来自于新的国际劳动地域分工，以及城市与世界经济整合的程度，城市在新的国际劳动分工中的地位将决定着城市的功能和结构重组。全球城市是全球资本流动的出发点和归结点，也是全球生产和市场的指挥者和协调者。

Sassen（1991）认为资本流动的增加带来了生产组织的地理区位及金融市场网络的变化，为了确保对资本流动进行管理控制及提供相关的服务，城市需要产生一种新的生产形式，即城市要成为国内外企业运作的跨国经济空间，因此全球城市存在的基本动力是：经济全球化程度越高，则全球城市集聚的程度越高。她还指出，全球城市形成的重要基础是投资国际化和金融证券化，为已经形成的工业生产国际化提供所需要的相应的配套服务需求，如贸易、金融、会计和法律等。Sassen（1995）也同时注意到全球城市的功能形成也与当地制度环境、行政框架等有着密切的关系。

Castells从流动空间的视角来分析全球城市的形成动力，他认为，在通讯社会中取得信息空间的进入权以及对信息空间主要节点的控制权，是成为全球城市的关键所在。Leyshon等（1997）的研究也表明全球城市的发展及功能是以通信网络及服务为基础的。通信网络促进了全球城市的形成和发展，通信网络的这一重要作用已经得到了公认。

2.2.2.4 全球城市分类及体系

Friedmann（1986）提出了世界城市的七种表现：①主要的金融中心；②跨国公司总部所在地；③国际性机构的集中地；④高度增长的第三产业；⑤主要制造业中心（具有国际意义的加工工业等）；⑥世界交通的重要枢纽（尤其指港口与国际航空港）；⑦城市人口达到一定标准。按照这些衡量标准，他采用了“核心—边缘”的分析方法，区分出主要城市和次要城市，进而构建了世界城市层级体系，其后Friedmann（1995）在原有衡量标准的基础上增加了“人口迁移目的地”这一指标，按照城市所连接的经济区域的大小，重新划分了世界城市[①]。

Thrift（1989）在Friedmann世界城市分类的基础上，更突出了服务的重要性，选择了公司总部及银行总部的数量这两个指标来划分全球城市等级，划分为全球中心、洲际中心、区域中心三级。

Knox（1995）则从功能角度提出全球城市的三个判别标准：①跨国商务活动的活跃度，由入驻城市的世界500强企业数来衡量；②国际事务参与度，由入驻城市的非政府组织和国际组织数来衡量；③文化聚集度，由该城市在国家中的首位度来体现。

2.2.2.5 全球城市区域理论

在城市研究领域，一般认为，城市区域与Hall（1966）、Friedmann（1982）等人的世界城市、Sassen（2000）的全球城市、Taylor（2001）的世界城市网络、Castells（1996）的流动空间、Scott（2001）的全球城市区域在概念上有着密切的渊源关系。

尽管1966年Hall就提出了世界城市的理论假说，但从20世纪80年代开始，国际学术界才关注到全球化对于城市和区域发展的重要影响。Friedmann（1986）提出了世界城市作为全球经济网络的“支点”所具有的特定属性，Friedmann也被认为是世界城市体系研究的“属性方法”（attribute approach）的开拓者。

1996年，卡斯特尔（Castells）提出流动空间的概念，认为网络是信息社会的新的社会形态，新的通讯和信息技术、已经出现的网络新层域、范围和强度正改变着我们社会的物质基础。他将

① 杨章贤，叶宝明. 我国中心城市的国际化发展研究. 世界地理研究，2002（2）：48-53.

流动空间由形态到功能分为三个层次：第一层是基础设施；第二层是从全球互联网到全球航空网构成的电子脉冲圈；第三层是空间经济组织。在这种“流动空间”的视角中，城市是流动空间的关键中心和节点，城市间不仅是竞争关系，更重要的还有合作关系，以流通、网络、合作为特征的“中心流”理论取代了以地方、等级、竞争为特征的“中心地”理论（Taylor，2004）。依据这一理论，从20世纪90年代后期开始，英国的全球化与世界城市研究小组（GaWC）的Taylor等（2001，2004）采用“网络方法”（network approach）研究全球化时代的世界城市体系，从“属性方法”过渡到“网络方法”，对全球化进程背景下的世界城市体系研究取得了很大进展。最近一两年，在城市研究的相关领域涌现出了大批的研究成果，例如Lang等（2005）、Sassen（2010）、Derudder（2010）分别从不同角度探索了全球经济网络中城市和区域的主要特征。

一些学者注意到了全球化所导致的城市区域的形成，Scott（2001）将这种史无前例的大城市集聚现象定义为“全球城市区域”（global city-regions，GCRs）。对城市政策制定者和相关研究者来说，这种巨型城市区域的迅速发展带来了一系列的挑战，其中最值得关注的就是城市区域不断增强的外部联系（全球层面的市场经济组织）与其不断变化的内部联系（城市区域层面的空间组织）之间的耦合关系。

自此，城市区域研究的理论和视角均发生了重要的转变：在理论方面，表现为从全球城市向全球城市区域的理论演进，从城市等级体系向城市网络和城市间关系的理论演进；在研究视角方面，全球城市不再被视为简单的核心，而是被看成更加复杂的城市区域，包括核心大都市区、腹地大都市区与一系列大小城镇组成的城市群，这一视角更为准确地反映了全球化和本地化互动中形成的空间分工的全新格局。

2.2.2.6 国内研究现状

我国改革开放以来，城市经济迅猛发展，很多城市提出了建设国际化大都市的战略目标。因此，国内学术界对全球城市的研究也有了一定的成果。

在对国外全球城市理论的引进方面，代表文献如下：周振华等（2005）翻译的Sassen的《全球城市：纽约、伦敦、东京》，周振华等（2004）主编的《世界城市——国际经验与上海发展》，宁越敏（1991）的《新国际劳动分工、世界城市与我国中心城市的发展》，汤正刚（1993）的《国际性城市的基本特征与形成条件》，李立勋（1994）的《城市国际化与国际城市》等。

有学者在中国国情基础上较为系统地提出了建设全球城市的战略思路，如蔡来兴等（1995）著的《国际经济中心城市的崛起》。

在相关研究中，周一星（2000）从全球城市发展趋势展望了新世纪中国国际城市的发展前景；沈金简等（2003）认为，随着经济越来越全球化，以及全球经济重心的转移，世界城市的等级和格局将发生重大改变，在发展中国家有可能出现一批世界城市。顾朝林等（1999）则在全球城市体系框架下对中国城市体系的发展进行了系统研究。具体到城市方面，宁越敏（1994）对上海建设现代国际大都市进行了分析；李立勋等（1994）提出了对广州建设国际城市的初步思考；顾光建等（2000）具体分析了上海国际经济中心城市建设面临的机遇与挑战等。

这些成果成功地借鉴了国外的研究思路和方法，对我国具有现实的针对性。但国内对全球城市的研究多侧重于对策性思路的研究，未建立理论框架，因而理论指导性较弱。

2.3 城市区域的多中心网络组织

在全球化进程中，随着网络社会的崛起（Castells，1996），传统的“场所空间”（space of place）正被“流动空间”（space of flow）所取代，产业和功能在大范围内扩散和集聚，导致空间形式和组织发生了巨大的变化，重构了先前的区域空间关系，出现了“城市区域”这一新的空间形式。城市之间的互动性增强，传统的行为空间模式被打破，流动交换交织的网络也随之形成。城市流动空间，并未否定传统的地方或场所的存在，而是用网络连接了特定的地方，使城市不受物理距离的限制，网络中的节点未必需要接近。城市发挥着全球资本流动基点的作用，其在网络中的位置也是由网络中的流动交换界定的，周振华（2008）认为流动空间的样貌是：地方并未消失，但是地方的逻辑与意义已被吸纳进了网络。

城市作为信息网络的节点，是以完善的通信技术作为基本的基础设施的，因为信息对各类高端的管理机构及服务机构有巨大的吸引力，跨国公司总部及服务公司选址常常以此为据。全球城市体系中的城市定位取决于它们创造、处理和交换信息的能力，尤其是专业化和独享的高端信息，这些信息始终依赖于相当程度的近距离面对面交流（Hall，1997）。大规模的网络化也引起了资源集聚与扩散空间格局的重组，传统的“核心—外围”结构转变为以“全球—地方”为特征的垂直结构，也形成了多层次的全球城市网络体系。

Scott（2001）虽然提出了全球城市区域概念，但是并没有关注区域的内部空间组织，而仅仅指出这种空间形态代表了一种大都市地区与其腹地中散布的城镇聚落的共同发展。为此，Hall等（2006）提出了用来描述内部联系频密的大型城市集聚区域的基本概念，包括“多中心巨型城市区域”（polycentric mega-city regions，PMCRs）和“多核心城市区域”（polynuclear urban regions，PURs）。Hall等（2006）指出，全球城市区域由内部联系日趋紧密的不同规模的城市组成，并认为这种多中心巨型城市区域或者多核心城市区域反映了全球主要城市与其所在腹地区域城市之间的内部功能联系，且这种内部联系与经济全球化所带来的外部联系是同步扩展的。

在学术概念方面，“多中心”是与“单中心”相对的区域模式，是一种由多个核心共同组成的空间实体，但是不同学者对于“多中心”的内涵解读和空间尺度界定则不尽相同，且不同的空间尺度也有不同的表现形式。一般地，形态意义上的多中心表现为城市区域系统中存在物理意义上相邻近的多个核心，以城市间空间距离、居住人口或者就业岗位的位序—规模为衡量标准，即从属性的角度来对多中心进行界定；而功能意义上的多中心则以城市区域的功能性联系为判别标准，即从网络的角度对多中心的功能进行界定（Meijers，2010；Burgalassi，2010）（见图2-1）。在这两方面特征中，Meijers（2008）指出，多中心城市区域的功能联系更为重要，因为在功效上“大城市并不等于多个小城市的简单加和”。需要指出的是，巨型城市区域除了欧美发达国家外，还包括了日本的京阪走廊、印度尼西亚的大雅加达地区和我国的长三角、珠三角等地区（Hall，1999）。

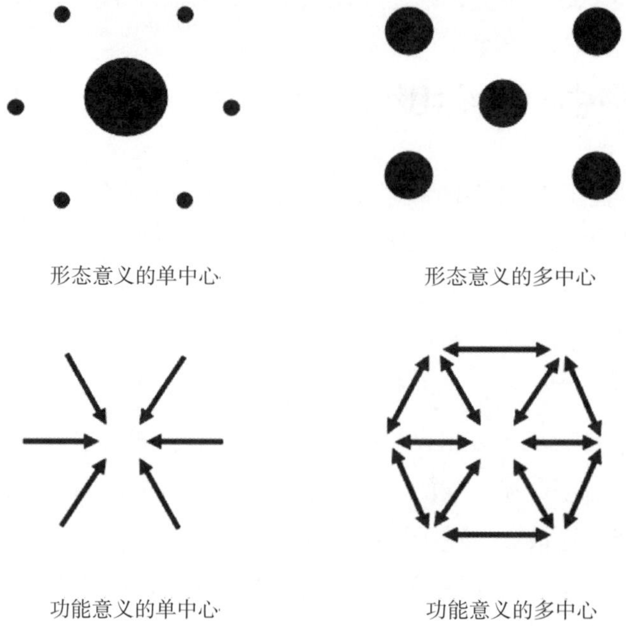

图2-1　单中心和多中心在形态属性和功能联系上的差别

（资料来源：Meijers，2010；Burgalassi，2010）

在实证研究方面，Hall等（2006）采用GaWC的关联网络分析方法计算了8个区域的城市联系，在此基础上还采用图论方法研究了功能联系的多中心特征；Taylor（2008）则从实证的角度分析了欧洲城市区域在不同空间尺度的多中心特征，即随着空间尺度从城市区域内部跃升到国家层面及全球层面，城市关联网络的多中心特征逐渐减弱；Meijers（2008，2010）等学者则深入分析了多中心城市区域的功能互补性，并探讨了城市网络的外部性，即城市间不仅是竞争关系，更重要的还有合作关系；Limtanakool等（2009）、Burgalassi（2010）等人采用熵值计算方法分析了城市区域的多中心网络。Batten（1995）、Parr（2002）、Meijers（2008）还对中心地模式与网络化模式进行了理论演绎与实证检验。

在规划实践方面，1999年《欧洲空间发展展望（ESDP）》将多中心大都市（polycentricity）作为区域发展规划的核心理念，并将其作为城市和区域空间发展的一种范式；在2007年欧盟《国土规划议程（TA）》中，欧盟委员会将多中心的城市区域政策作为空间规划的重要目标，期望通过网络化的多中心实现区域的平衡发展（Davoudi，2003）。与此同时，对多中心城市的各种理论探讨重点转向了区域自身层面，即在“大都市区内部（metropolitan areas）”这一层次探讨空间发展规划的导引（Burgalassi，2010）。另外，多中心作为区域一种发展范式也存在争议，主要是对这种城市集群的效率尚没有确切的证据，因此研究中学者更为关注既有的多中心城市区域（Kloosterman et al，2001； Parr，2004）。

总体上来说，无论是理论研究还是范式反思，西方对多中心城市区域的研究正迈入新一轮的高潮：在理论探索方面，既有对区域空间结构的传统中心地模式与网络化模式的反思（Batten，1995；Parr，2004），也有对全球化与本地经济网络关系的观点讨论（Sassen，2010），而国内对于城市多中心和空间网络的研究只是近年才成为热点，囿于数据和分析技术的限制，目前这一领域的实证检验相对有限（王德等，2004；张晓明，2006；罗震东，2010；赵渺希，2011），且现有研究多从单一角度进行分析，尚未形成体系性的研究成果。因此，这些西方的前沿性的学术探索的成果，将为中国城市区域多中心网络组织的研究提供直接的理论基础。

2.4 关于珠三角城市区域的研究

自20世纪80年代初期开始，众多研究珠三角的主体学术机构纷纷出现，珠三角地区发展研究文献也越来越多，涉及内容随着珠三角城市经济的发展而扩大。这些文献反映了珠三角改革开放各个发展阶段的特征及问题，提出了经验和远景构想，一方面丰富了城市与区域发展的理论，另一方面一些有实践意义的观点也推动了城市与区域的发展（李红卫，2005）。从相关的文献来看，大致可以划分为具有递进关系的两类研究。

首先，在珠三角城市区域的空间组织方面，许学强（1988）较早认识到珠三角城镇发展表现出三足鼎立的发展势态；张紧跟（2008）认为，20世纪80年代以来，珠三角经济区承接了香港制造业，原有的城市布局被打破，城市群格局从单中心、双中心向多中心模式演化；陈刚强（2009）根据城镇用地空间扩展的特征分析，认为珠三角地区的城市化空间正向“小分散、大集中”网络状巨型城市区域转变；李志刚等（2008）认为，2000年以来珠三角城镇空间拓展的模式转型表现出正规化和多样化的新趋势；黄新飞等（2010）发现，珠三角地区9个城市制造业的发展已进入聚集与扩散并存的新阶段，各城市间制造业结构的差异性增强，地区专业化水平提高。

其次，珠三角城市区域空间组织过程中的全球化因素也成为众多学者的研究重点。许学强等（1994）指出，珠三角城市区域（都市连绵区，大都市带）的形成原因包括了经济全球化背景下香港和外资的注入；陈彦光（2010）通过城市地理时段性统计模拟分析方法发现，广东的城市化过程受外资影响最为明显；薛风旋等（1997）则认为，珠三角地区的城市化是受到外部因素影响的城市化区域，是“外向型城市化区域”。

需要指出的是，在上述对珠三角地区的相关研究成果中，尚没有将经济全球化的外部联系、城市区域内部的功能联系结合起来进行系统化的分析，赵渺希（2013）在前人研究基础上将样本对象扩展到多区位企业，形成权重型关系数据，以企业总部—分支机构关系数据为基础，运用复杂网络方法来度量珠三角区域空间链接的属性特征。蔡莉丽等（2013）利用城际客运交通流，分别从联系强度、联系方向、联系节点等方面对珠三角城市之间功能联系的空间格局进行了分析。

在对珠三角地区的研究中，尚缺乏将产业集聚—扩散过程中的多样性与城市网络的外部性结合起来进行的因果关联研究。这意味着，通过合适的理论视角、可行的技术手段对全球化中的珠三角城市区域经济空间演化进行实证分析具有重要的理论意义和实践意义。

第三章

珠三角区域经济全球化的时空演化

3.1 引言

经济全球化是世界经济发展的重要趋势，它表现在货物和服务市场、金融体系、公司和产业以及技术和竞争等各个领域之中。一直以来，经济全球化对国家或区域城市体系的发展产生的重大影响，都是学术界关注的领域。

自从2001年加入世界贸易组织（WTO）以来，我国融入国际社会的程度越来越深，对国际社会的影响也在不断地扩大，城市和区域发展也越来越融入全球经济网络，珠三角作为中国参与经济全球化的三大经济圈之一，其时空演化格局更具有典型性。本部分研究以珠三角城市区域9个城市为空间范畴，以2002—2012年为时间范畴，考察和分析经济全球化进程的时空演化格局，并通过投资、消费、外贸与地区生产总值的关系，分析外贸对地区经济增长的作用。

3.2 经济全球化进程的测度方法

尽管对经济全球化进程的研究出现了各种各样的测度及衡量方法，但在实际研究中，数据的可获得性是现实存在的难题，本次研究采用全球化指数的测度指标（胡鞍钢，2002），结合《广东统计年鉴》中的数据，作为珠三角各个区域经济全球化进程的测度的基础数据（本章选取《广东统计年鉴》中2002—2012年的统计数据作为基础数据进行指标测算）。

在本次研究中选取赵渺希（2010）所采用的方法：

选取“外资依存度（即港澳台地区和外国直接投资占区域或城市国内生产总值的比例）、外贸依存度（即商品进出口总额占区域或城市国内生产总值的比例）、人均接待境外访客数（即年入境港澳台地区和外国访客人数占区域或城市总人口的比例）和国际互联网普及率（即国家互联网用户占区域或城市总人口的比例）作为区域或城市经济全球化进程的表征指标，并进行初始数据的标准化处理和权重赋值（上述4项表征指标的权重分别为0.4，0.4，0.1，0.1），最终形成珠三角区域各个城市的经济全球化指数，这4个指标分别从资本、产品、人员和信息的全球流通方面表征了区域和城市的经济全球化进程，其中外资依存度和外贸依存度是经济全球化的核心指标……”

区域和城市的经济全球化指数的计算公式如下：

$$f_{ij}=100 \cdot S_{ij}/S_{i\max}$$

$$f_{jz}=\sum_{\alpha_i} \cdot f_{ij}$$

$$F_{jz}=100 \cdot f_{jz} / f_{z\max}$$

其中，在本次研究中，各个值的意义如下：

f_{ij}——珠三角9个城市中，某城市j的i（i=1，…，4）项指标的标准值；

S_{ij}——珠三角9个城市中，某城市j的i（i=1，…，4）项指标的初始值；

$S_{i\max}$——珠三角9个城市在全部年份中的i（i=1，…，4）项指标的最大值；

f_{jz}——珠三角9个城市中，某城市j的4项指标的加权值；

α_i——i（i=1，…，4）项指标的权重系数；

F_{jz}——珠三角9个城市中，某城市j的全球化指数；

$f_{z\max}$——珠三角9个城市在全部年份中的i（i=1，…，4）项指标加权值的最大值。

3.3 外资依存度的时空演化

珠三角地区利用外资是从“三来一补”的加工贸易开始起步的，自第一家对外加工厂在东莞成立，珠三角地区开始出现“三资”企业，即利用外商直接投资的“中外合资企业”“中外合作企业”“外商独资企业”，这成为珠三角地区城市利用外资的主要形式。

随着我国加入WTO时承诺的实施，对服务贸易领域的开放程度更加宽松，外资进入服务业的进度加快，第三产业和社会服务业成为外商投资的热点，尤其是对服务业的投资增幅明显快于对其他行业的投资。在2001—2010年，珠三角区域的外资依存度呈曲折变化态势（见表3-1、图3-1）。数据显示，自2004年起，广州、深圳、佛山、东莞各市实际利用外资的数量一直较为平稳地上升，至2008年，受美国次贷危机的影响，珠三角城市区域的9市的外资投入量呈缓慢递减的状态，这种情况一直延续至2010年。考察珠三角区域的外资依存度的空间演化格局，在2001—2010年这段时间内，珠海、惠州、肇庆的实际利用外资数交替处于最高位，而佛山、广州对外资的依存度较低，这与这些地区的劳动力成本、优惠政策等外资投资所需要的条件有很大的关系。

表3-1 珠三角区域各城市2001—2010年外资依存度 %

序号	城市	年份									
		2001年	2002年	2003年	2004年	2005年	2006年	2007年	2008年	2009年	2010年
1	广州	18.77	12.78	12.40	9.80	8.50	8.08	7.77	7.41	6.94	6.22
2	深圳	22.27	23.76	21.03	11.53	9.76	9.45	9.05	8.67	8.52	7.54
3	佛山	15.57	14.05	14.90	7.01	6.54	6.52	7.33	7.00	6.53	5.85
4	东莞	33.29	36.42	31.09	14.07	11.25	11.56	11.28	11.10	11.58	10.81
5	珠海	39.63	28.87	30.13	14.46	17.60	18.52	19.29	19.34	19.09	17.01
6	惠州	33.58	34.61	40.00	15.50	21.56	18.78	18.67	17.61	16.56	13.96
7	中山	29.81	25.81	25.81	14.04	11.92	11.56	9.97	8.89	6.52	6.07
8	肇庆	19.27	20.36	24.57	14.77	20.21	22.47	21.95	20.15	17.31	14.45
9	江门	22.60	18.70	19.55	10.31	12.45	12.09	11.89	12.03	12.99	11.85

资料来源：作者根据统计年鉴及报表数据分析得出。

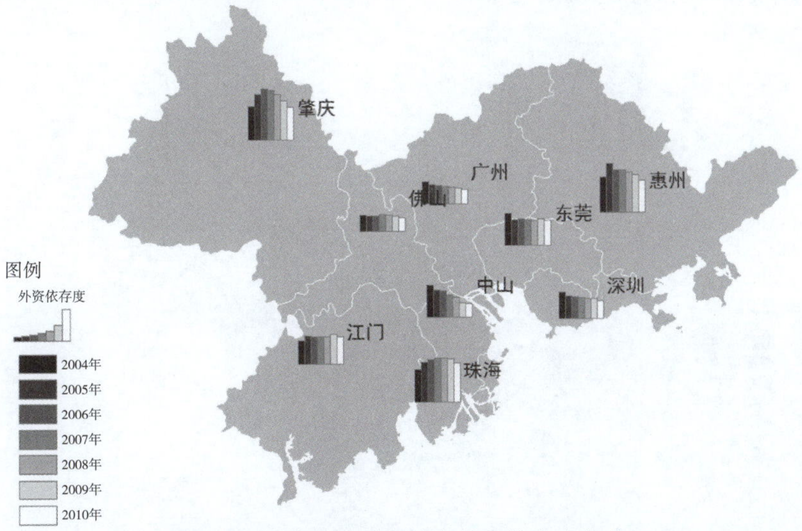

图3-1 珠三角区域各城市外资依存度变化

3.4 外贸依存度的时空演化

外贸依存度指一定时期内一国经济发展对外贸的依赖程度，随着对外开放的不断扩大，广东省在更深程度上参与国际经济合作与竞争，外贸依存度也顺应发展潮流而不断地攀升。据相关数据统计，2006年，广东外贸依存度甚至超过了160%，这样的高值在世界大国的历史上都没出现过（李宪峰，2010）。从表3-2数据来看，加入WTO以来，珠三角的对外贸易出现强劲增长的势头，2005年受人民币的小幅升值的影响，外贸依存度比2004年略微降低，之后一直维持稳定的推进速度，经历了2008年次贷危机后，外贸依存度出现震荡性的跌幅，在2009年跌至最低点，并在2010年又显示出上扬的态势。

从图3-2也可以看出，自2003年起，东莞的外贸依存度一直处于下降过程，有的年份下降得还很剧烈，这与我国产业转型政策相关，东莞作为一个典型的以粗放式初加工为主要特征的贸易地区，随着产业结构的升级，一批初级加工产品的出口连年处于下降状态，而在珠三角出口商品中初级产品的比重也在不断下降，工业制成品比重逐渐上升，并形成了以机电产品、高新技术产品为主导的出口商品格局，这也说明广东在外贸领域积极实施科技兴贸的品牌战略后，出口商品结构正处于不断优化的过程中（李宪峰，2010）。

表3-2　珠三角区域各城市2001—2010年外贸依存度　　%

序号	城市	年份									
		2001年	2002年	2003年	2004年	2005年	2006年	2007年	2008年	2009年	2010年
1	广州	5.22	5.66	6.08	6.62	6.31	6.39	6.29	6.07	5.11	5.87
2	深圳	21.35	23.51	24.67	26.18	22.46	24.83	25.70	23.39	20.04	22.02
3	佛山	6.30	6.71	7.25	7.97	6.56	6.44	6.39	5.93	4.84	5.56
4	东莞	36.20	40.00	33.38	33.97	20.74	19.51	20.62	18.64	15.22	17.42
5	珠海	16.27	19.22	21.57	24.28	24.65	26.70	27.07	28.72	21.93	21.89
6	惠州	11.18	13.00	13.52	14.77	14.40	13.82	13.28	14.02	12.57	12.04
7	中山	11.99	13.67	15.93	15.59	12.96	13.58	12.12	11.19	9.50	10.23
8	肇庆	1.69	1.81	2.04	2.11	2.94	3.28	3.51	3.12	2.30	2.46
9	江门	4.34	4.40	4.90	5.72	6.84	6.97	6.76	6.24	5.01	5.55

资料来源：作者根据统计年鉴及报表数据分析得出。

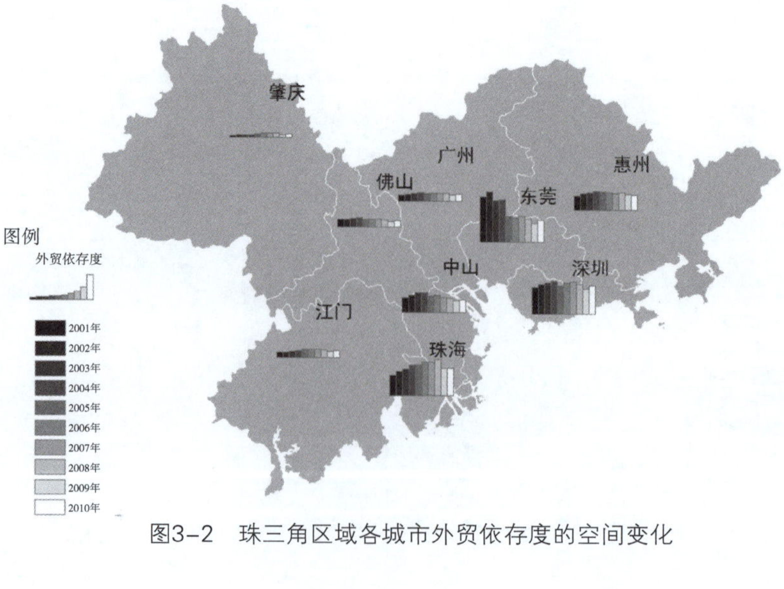

图3-2　珠三角区域各城市外贸依存度的空间变化

从时空演化的趋势可以考察珠三角区域的外贸依存度的空间演化格局，在2001—2010年，珠海的外贸依存度一直处于上扬态势，深圳也处于稳定且数值较高的地位，其余城市的外贸依存度在十年内的变化不大。从空间分布差异上说，深圳、珠海是除东莞以外外贸依存度较高的城市。

3.5 人均接待境外访客数的时空演化

如表3-3、图3-3所示，在2001—2010年，珠三角区域的人均接待境外访客数呈现持续上升的趋势，但2003年受到非典型性肺炎的不利影响，人均接待境外访客数有所下降，到2004年又反弹到正常的水平。在十年间，珠三角区域的人均接待境外访客数的空间格局并未发生显著变化。

作为主要的旅游城市，珠海、深圳、广州的排名靠前且占有绝对的优势，尤其是珠海和深圳，作为口岸城市，人均接待境外访客数一直处于高位。自2003年起惠州、东莞的排名也渐渐上升，这些城市既拥有良好的旅游资源，又具有完善的配套服务、便利的交通条件，属于经济开放程度较高的城市。

表3-3 珠三角区域各城市2001—2010年人均接待境外访客数 人

序号	城市	年份									
		2001年	2002年	2003年	2004年	2005年	2006年	2007年	2008年	2009年	2010年
1	广州	2.13	2.31	1.79	2.17	2.58	2.72	2.79	2.64	2.79	3.08
2	深圳	2.81	2.89	2.69	3.36	3.58	3.93	4.38	4.38	4.33	4.73
3	佛山	0.57	0.60	0.44	0.59	0.63	0.66	0.76	0.72	0.69	0.69
4	东莞	0.42	0.50	0.49	0.91	1.05	1.10	1.51	1.39	1.38	1.53
5	珠海	4.11	4.74	3.76	4.85	5.87	6.74	6.67	9.10	9.28	10.00
6	惠州	0.40	0.42	0.30	0.41	1.03	1.25	1.45	1.52	1.59	1.67
7	中山	1.29	1.32	1.14	1.23	1.31	1.31	1.22	1.11	0.77	0.74
8	肇庆	0.20	0.20	0.14	0.15	0.15	0.15	0.16	1.27	1.41	1.71
9	江门	0.33	0.37	0.27	0.33	0.38	0.07	0.66	1.25	1.27	1.28

资料来源：作者根据统计年鉴及报表数据分析得出。

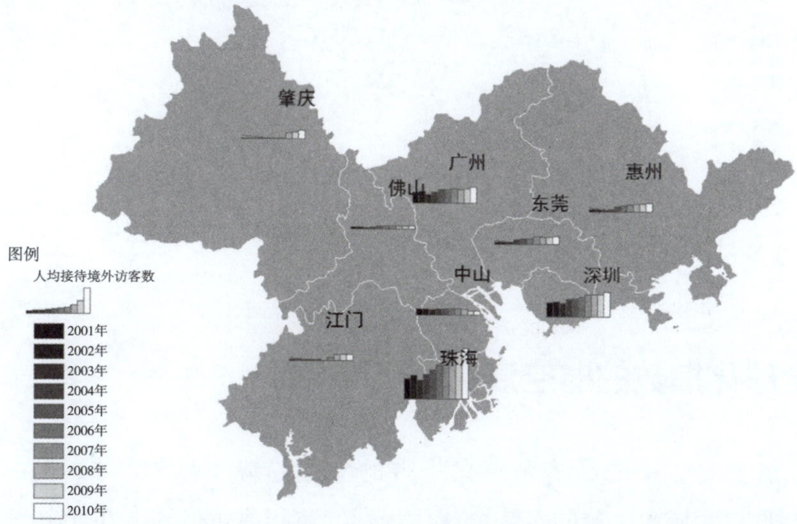

图3-3 珠三角区域各城市人均接待境外访客数的空间变化

3.6 国际互联网普及率的时空演化

如表3–4、图3–4所示，珠三角区域的国际互联网普及率处于一个上升与下降不断交替的动态变化中。2001—2002年、2004—2005年基本上是快速上升阶段。自2007年起，国际互联网普及率的增幅放缓，但基本保持了上升态势。考察珠三角区域的国际互联网普及的空间演化格局，国际互联网普及率较高的城市有深圳、广州、珠海、中山，尤其是深圳的优势特别突出，这与集中于深圳的技术密集型产业相关。

表3–4　珠三角区域各城市2001—2010年国际互联网普及率　　%

序号	城市	年份									
		2001年	2002年	2003年	2004年	2005年	2006年	2007年	2008年	2009年	2010年
1	广州	3.51	7.45	7.36	7.26	6.60	6.64	5.25	5.74	6.69	5.47
2	深圳	4.39	7.54	8.10	8.65	9.99	8.00	6.21	6.45	7.45	7.55
3	佛山	0.78	4.14	3.33	2.52	2.60	2.51	2.87	3.66	4.86	4.95
4	东莞	1.30	1.80	1.68	2.30	2.41	2.53	3.04	3.84	4.50	5.58
5	珠海	3.97	5.23	4.73	4.22	6.84	6.24	4.77	4.75	5.79	6.40
6	惠州	0.66	1.79	1.27	0.74	1.22	1.68	2.14	2.61	2.49	2.77
7	中山	2.60	6.73	3.69	3.92	7.25	7.19	5.03	4.89	5.44	6.37
8	肇庆	0.56	0.67	0.77	0.80	1.09	1.11	1.36	0.85	0.88	1.12
9	江门	0.45	0.72	0.84	0.81	1.16	1.51	4.77	1.85	6.24	2.24

资料来源：作者根据统计年鉴及报表数据分析得出。

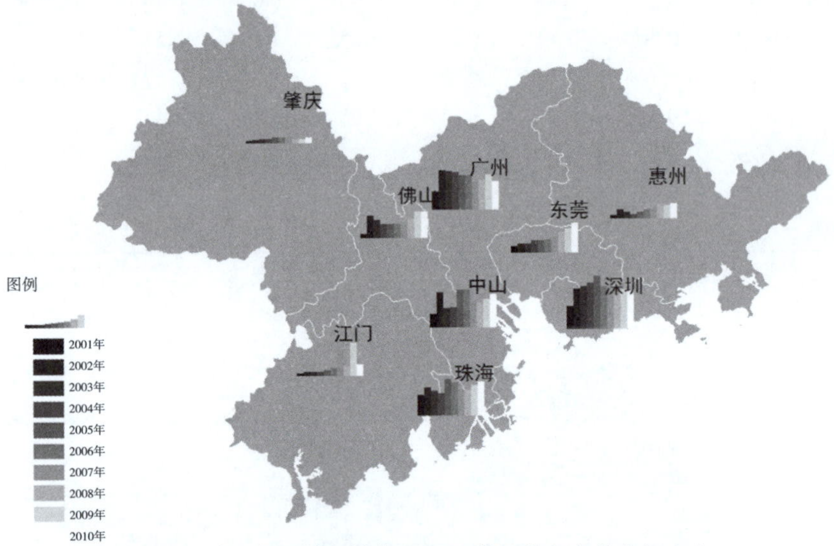

图3–4　珠三角区域各城市国际互联网普及率的空间变化

3.7 经济全球化指数的时空演化

从时间的截点上看各市的经济全球化指数的变化趋势（见表3–5、图3–5、图3–6、图3–7），可以考察珠三角城市区域的经济全球化程度的空间演化格局。在2001—2010年的时间段内，珠三角各城市中经济全球化指数排名在前四位的城市分别是珠海、深圳、东莞、广州，这一格局受到城市综合发展基础、地方政府和自然环境等因素的影响。珠三角城市区域的经济全球化进程的主要特征是以制造业为外商投资的主要领域，以出口贸易为主要产业。除排名前四的城市外，其他的城市也显示出较高的经济全球化指数，这说明珠三角各城市的经济全球化指数的差距在缩小，在进程上呈现出空间扩散的趋势，这也意味着更多的城市融入全球经济网络。

这种格局的形成与该区域主要港口城市有空间关联性，广东年进出口总额占全国的三分之一，当地的海运能力增长具有重要产业价值，珠三角城市区域已经成为出口导向的世界级制造基地，而港口是经济全球化中最为关键的区域性基础设施，因为绝大部分的制造产品的出口运输需要采用海运方式，区域主要港口空间关联性也是制造业外资企业区位选址时的重要考虑要素之一[①]。在2008年，广东省政府常务会议通过了《广东省沿海港口布局规划》，确定将广州、深圳、珠海等建设成为枢纽港口，将惠州、中山、江门等港口建设成地区性重要港口，利用广东特有的岸线资源，建设大型的专业深水码头港，并且推进港口与公路、铁路运输和内河航运相连接的综合交通运输体系[②]。

表3-5　珠三角区域各城市2001—2010年经济全球化指数

序号	城市	年份									
		2001年	2002年	2003年	2004年	2005年	2006年	2007年	2008年	2009年	2010年
1	广州	29.63	28.20	20.27	25.85	24.00	23.83	22.09	21.86	21.53	20.64
2	深圳	50.82	57.69	48.38	49.72	45.79	46.20	45.33	42.88	40.34	41.83
3	佛山	23.22	25.50	22.59	18.09	16.33	16.14	17.35	17.31	16.92	12.10
4	东莞	71.21	78.72	66.63	51.25	35.45	34.70	36.44	34.97	32.67	35.33
5	珠海	63.97	58.06	55.46	47.81	54.96	58.20	57.81	61.92	56.09	55.30
6	惠州	45.82	49.83	53.82	31.43	37.00	33.84	33.39	35.76	33.22	30.44
7	中山	45.69	47.53	46.57	34.78	33.45	33.63	28.35	26.07	22.23	23.41
8	肇庆	21.72	23.03	27.52	17.83	24.39	27.02	26.98	25.39	21.90	18.62
9	江门	27.71	24.18	25.55	17.17	19.66	19.13	24.07	21.37	25.51	20.93

资料来源：作者根据统计年鉴及报表数据分析得出。

图3-5　珠三角区域各城市经济全球化指数的空间变化

① 唐子来，赵渺希. 长三角区域的经济全球化进程的时空演化格局. 城市规划学刊，2009（1）：38-45.

② 资料来源：http://www.gdcd.gov.cn/zxgh/20081103095309853_1.shtml.

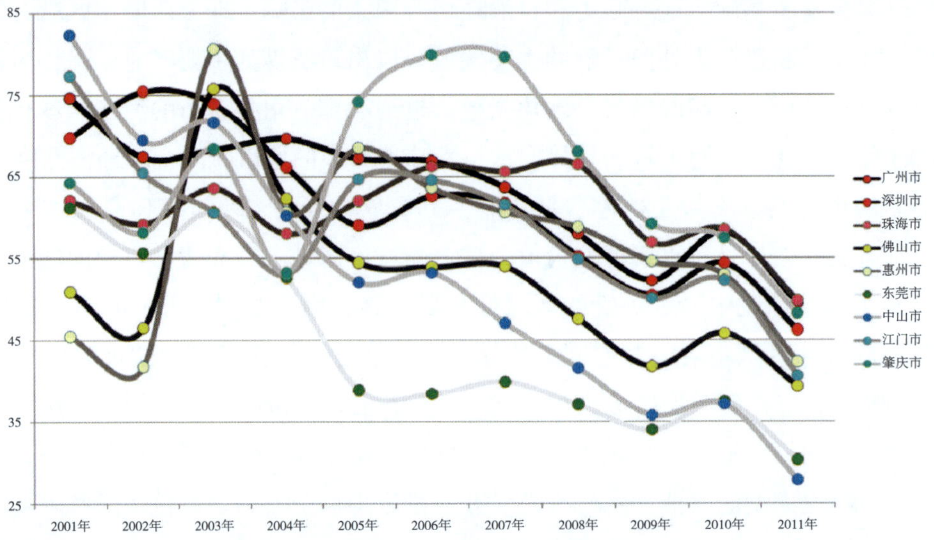

图3-6 珠三角各市2002—2012年全球化指数（相对值）

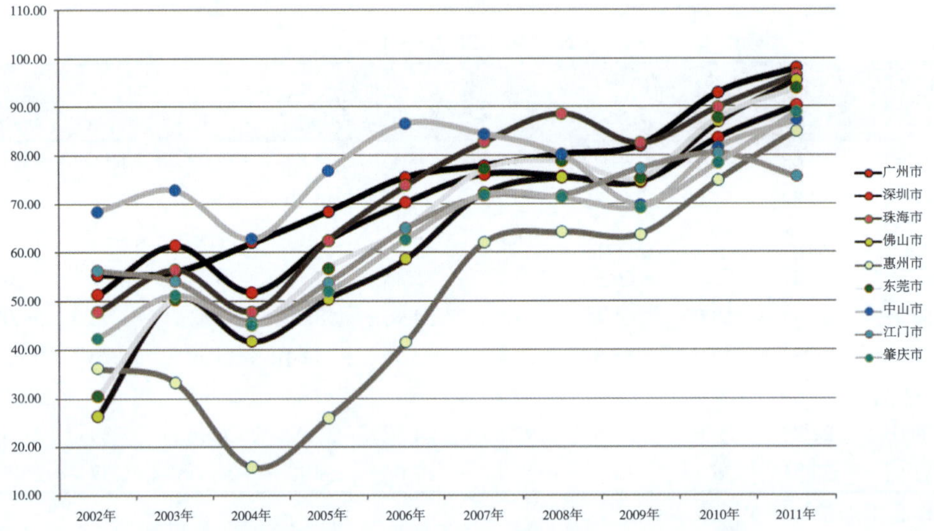

图3-7 珠三角各市2002—2012年全球化指数（绝对值）

由外资依存度、外贸依存度为主要度量因素的全球化指标得出的珠三角各市的全球化指数是下降的，说明珠三角对外资和外贸的依赖程度都在减弱。但是从外资和外贸总额、境外访客数以及国际互联网用户数等绝对数值相关指标可以看出，珠三角各市的全球化指数是在增加的。这说明珠三角各市与全球联系的紧密程度以及科学技术生活水平等都在提高，这两者并不矛盾，反而更充分地说明了珠三角各市的全球化情况。

3.8 全球化下的区域经济发展

投资、消费和需求被认为是带动经济增长的三驾马车，也是城市发展的重要动力。依据投资率（固定资产投资占国内生产总值的比重）、最终消费率（社会消费品零售总额占国内生产总值的比重）以及对外贸易总额占国内生产总值比重的演变，可以分析投资、消费和外贸对城市经济发展的贡献，分析城市经济发展的动力特征，探究珠三角不同城市经济发展动力的异同。

根据地理相邻性原则，下面将珠三角九市划分为“广佛肇”　“珠中江”　“惠莞深”三个城市组团进行对比分析。

3.8.1　“广佛肇”城市发展动力演化

首先，从广州、佛山、肇庆三个城市中固定资产投资、社会消费以及进出口贸易占国内生产总值的比重来看（绝对值）（见图3–8），广州和佛山城市发展对外贸的依赖更明显，这种趋势在2004年、2005年达到高峰，之后迅速减弱；特别是2008年之后虽有小幅反弹但很快回落。说明广佛两地在经历了2008年经济危机之后，其经济发展已经转向内源型模式，而不再过多依赖外贸。然而，肇庆的经济发展则更多地依赖投资拉动，而且从2000—2013年，虽然投资率略有波动，但整体呈现出上升趋势；2013年，肇庆市固定资产投资占到了国内生产总值的60%，创下了近十年来的新高。值得说明的是，广州的消费率从2000—2013年，呈现“U”字形的变化，2000—2006年虽有所下降，但幅度并不明显；2006年至今，消费占国内生产总值的比重一直在增加，且这种趋势仍在持续。说明广州在转变经济发展方式的道路上已经取得了一定成就。

若以各年度、各城市相应指标的最大值作为100计算相对值（见图3–9），则“广佛肇”三市的外贸对经济贡献率在2004—2006年间相继达到顶峰，之后均呈现出剧烈的下降趋势。2010年虽有所反弹，但也迅速回落。说明三市的经济发展对外贸的依赖程度均在减弱。从2000—2013年，

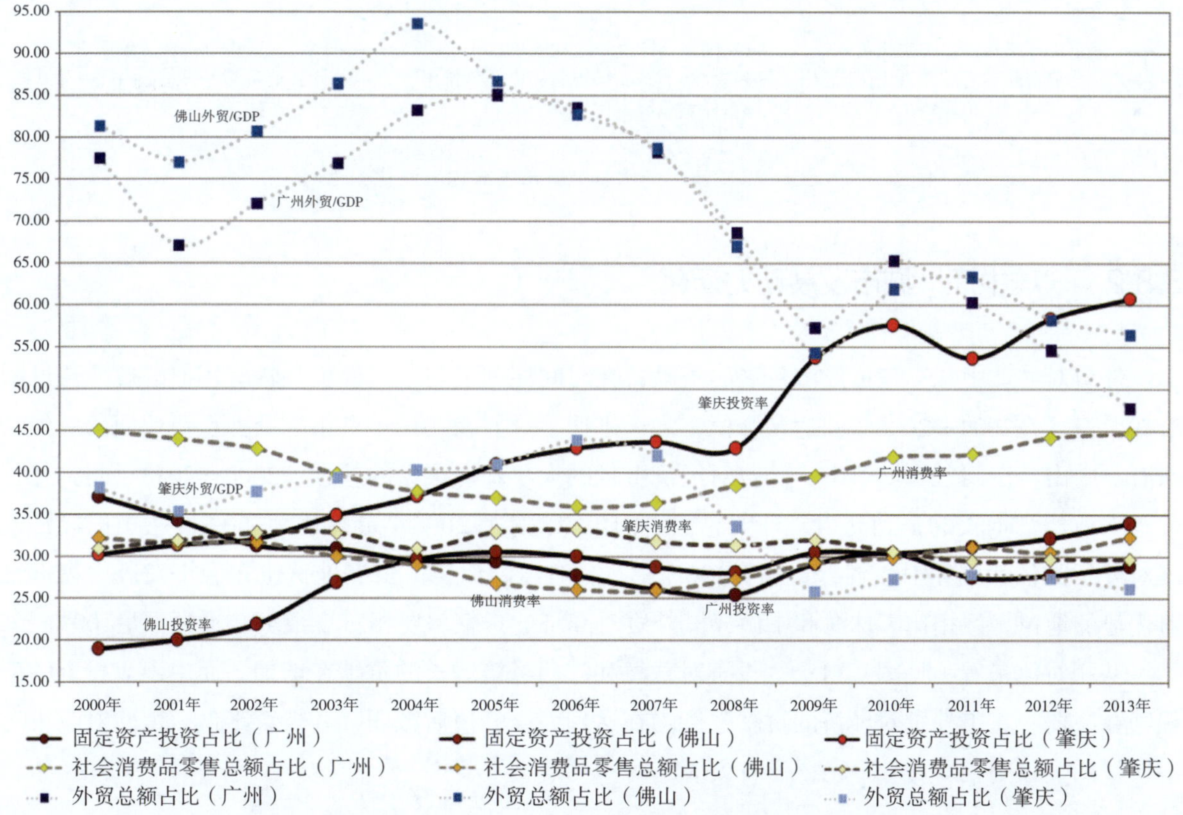

图3–8　2000—2013年“广佛肇”城市发展动力演化（绝对值）

肇庆和佛山的经济发展对投资的依赖在增强，而广州对投资的依赖在大幅下降。消费对三市经济发展的影响虽有所波动，但相比于投资和外贸，从2000—2013年消费对三个城市经济增长的贡献率均保持在较高水平。

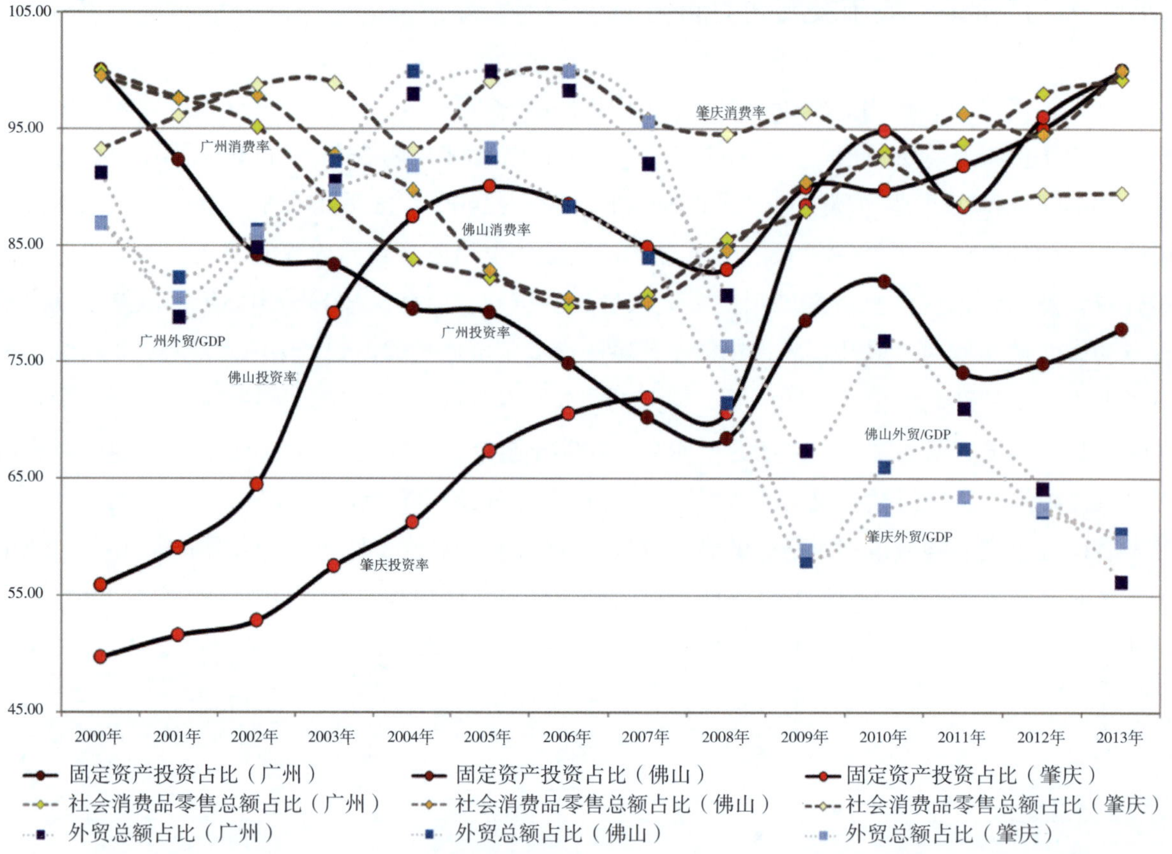

图3-9　2000—2013年“广佛肇”城市发展动力演化（相对值）

3.8.2　“珠中江”城市发展动力演化

外贸对“珠中江”三市经济发展的贡献，在时间序列上与“广佛肇”具有相似的规律（见图3-10）：均在2004—2006年间达到峰值，之后迅速下降并在2010年有小幅反弹且快速回落。但在珠海、中山、江门三个城市中，外贸对经济贡献的大小却有很大的差异；2000—2013年间，外贸曾是珠海经济增长的强劲动力，外贸总额占GDP的比重在2006年最高达到350%。中山的经济发展对外贸的依赖则相对较弱，最高在190%左右。对江门而言，虽然外贸也在经济发展中占据绝对优势的地位，但相比于珠海和中山，其外贸对经济的贡献率要相对小很多，最高不足100%。

从相对值来看（见图3-11），投资对珠海和江门经济增长的贡献在增加，而中山对投资的依赖则在减弱。三市外贸对经济的贡献强度均在达到一个峰值后减弱，并持续走低。消费对三市经济增长的贡献则相对比较平稳，没有太大起落。

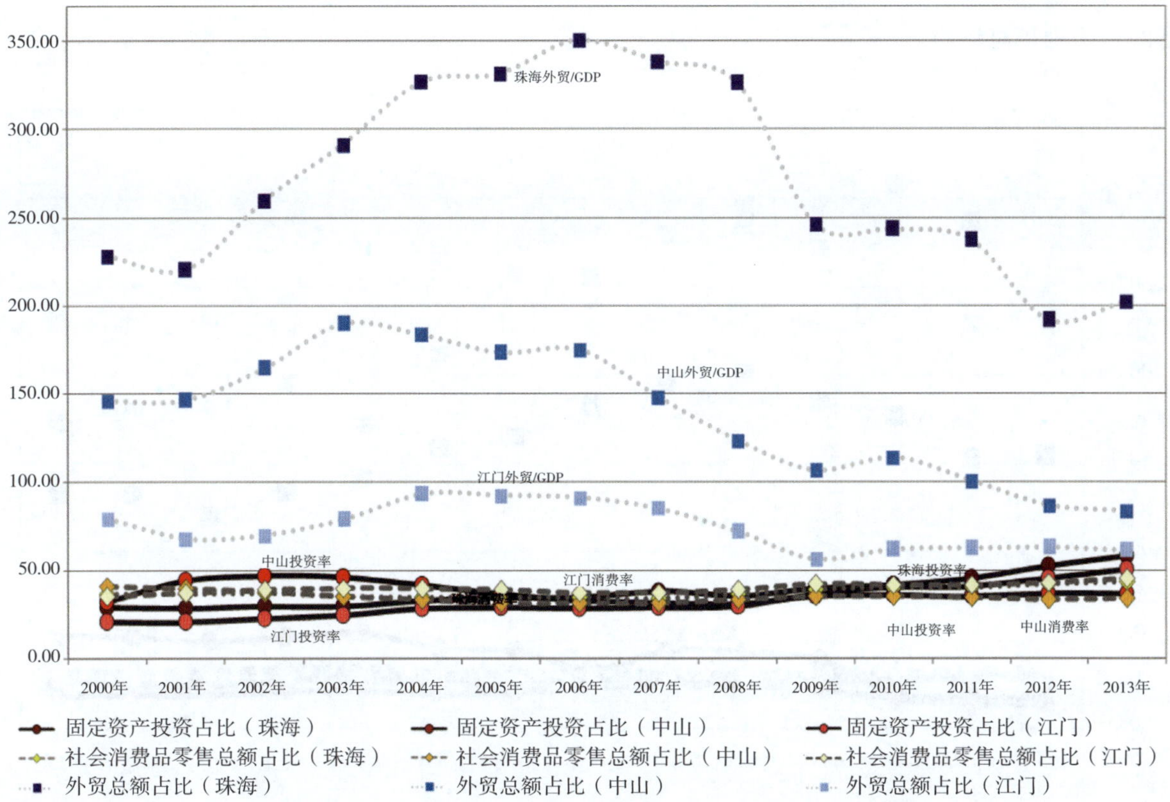

图3-10　2000—2013年“珠中江”城市发展动力演化（绝对值）

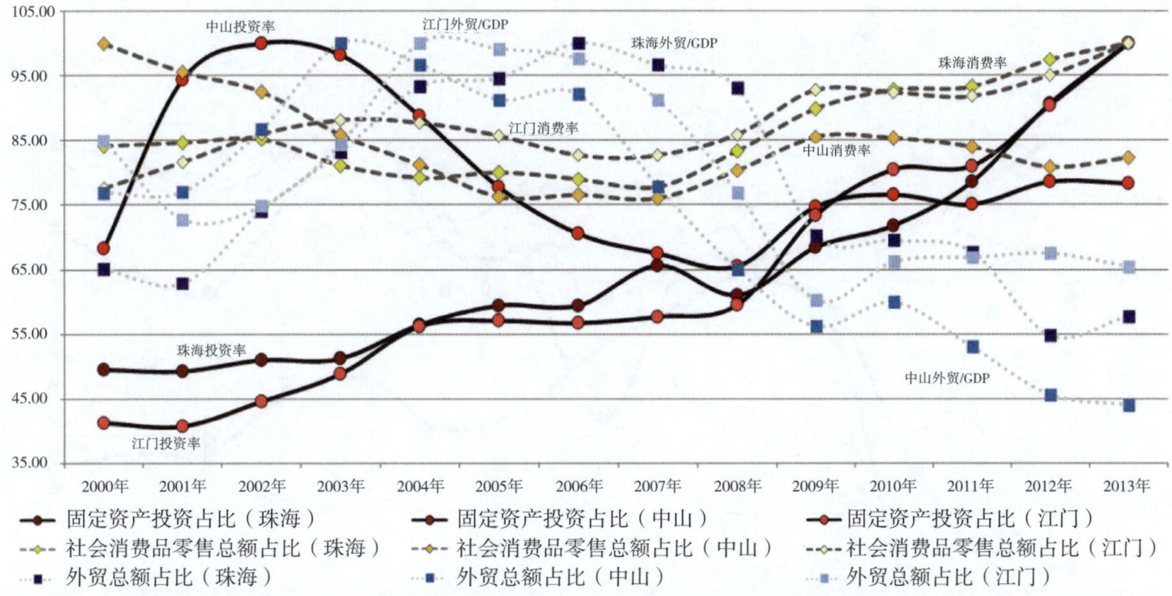

图3-11　2000—2013年“珠中江”城市发展动力演化（相对值）

3.8.3　“惠莞深”城市发展动力演化

外贸对深圳经济发展的贡献也在2006—2007年出现峰值（见图3-12），其变化的规律与广州、佛山和珠海相似。从2000—2013年，外贸对东莞经济发展的贡献一直在降低。虽然相比于投资和消费，外贸对惠州经济发展的贡献仍占主导地位，但相比于深圳和东莞，惠州经济增长对外贸的依赖则相对较弱。

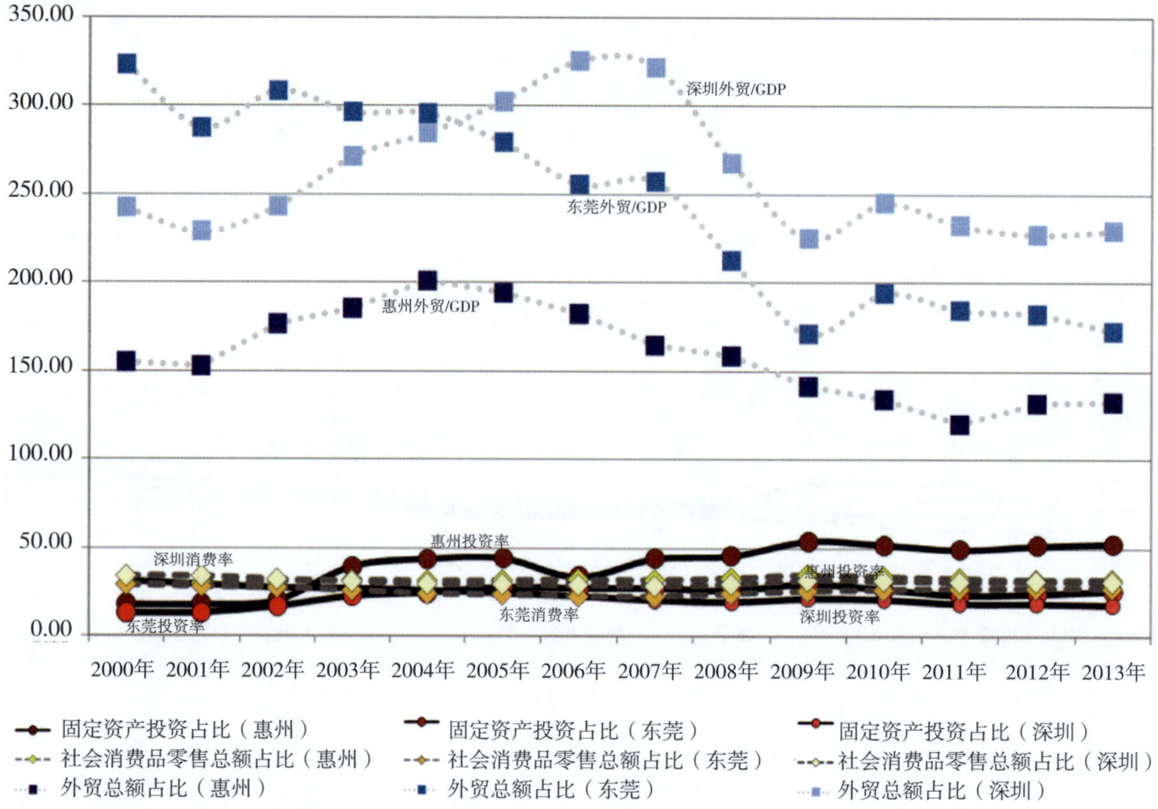

图3-12　2000—2013年“惠莞深”城市发展动力演化（绝对值）

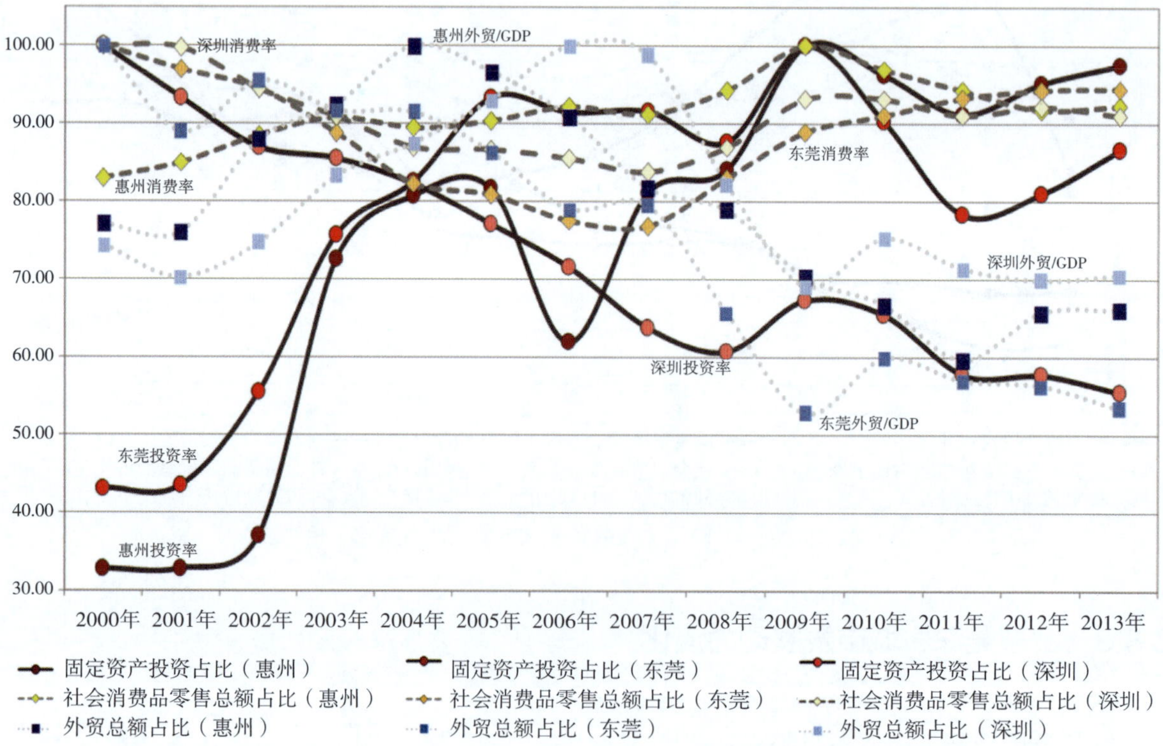

图3-13　2000—2013年“惠莞深”城市发展动力演化（相对值）

从投资、消费和外贸对经济贡献的相对变化来看（见图3–13），投资对深圳经济增长的贡献在降低，东莞和惠州的经济增长对投资的依赖在增强。外贸对“惠莞深”经济增长的贡献均在降低，消费对“惠莞深”经济增长的作用在2000—2013年的13年内没有出现太大变化。

3.9 小结

本研究以资本流通为表征，考察和分析了珠三角城市区域的全球化进程的时空演化格局。受到2001年中国加入世贸组织的积极效应影响、2003年非典型性肺炎的冲击及2008年美国次贷危机的消极影响，珠三角城市区域的经济全球化进程经历了快速上升、快速下降、收敛发展三个阶段。与此相对应的是经济全球化进程的空间格局也发生了变化，即出现了空间扩散的趋势，又显示出区域性一体化带来的各种设施之间的空间关联性，珠三角城市区域越来越融入全球经济网络中，已经成为出口导向的世界级制造基地，而港口是经济全球化中最为关键的区域性基础设施，港口、海岸城市在珠三角城市发展中起到了重要的作用。

在珠三角9个城市中，珠海、深圳、东莞、中山和惠州的城市发展动力更多地来源于外贸；尤其是珠海、深圳和东莞，外贸占国内生产总值的比重均达到300%以上；惠州和中山两市外贸占国内生产总值的比重最高达150%~200%。这一比重在广州、佛山、江门和肇庆虽也很高，但均不足100%。从外贸对经济贡献的相对变化趋势来看，虽然进出口在珠三角经济增长中仍占很大比重，但经济发展对外贸的依赖在减弱；固定资产投资方面，佛山、肇庆、珠海、江门、东莞以及惠州对投资的依赖均在增强，显现出投资带动型的经济发展特征，广州、深圳和中山的经济增长对投资的依赖在减弱。另外，从2006—2013年，社会消费占广州市国内生产总值的比重在持续上升，说明广州的经济发展模式呈现出向消费型转化的迹象，这也有利于缓解全球化冲击带来的不利影响。

第四章

珠三角城市区域产业部类的时空演化

4.1 引言

在城市产业部类的研究中，若用同样的方法来分析两个不同时间点的城市资料，就可分析出城市职能结构的动态变化。因此，可以利用不同的时间截面的数据对珠三角城市区域产业部类进行分析，并分析全球化影响下区域产业异同性的演化。本章主要从城市产业部类的角度分析珠三角城市区域的产业空间分布，并结合莎森、博尔哈、卡斯泰勒、霍尔等学者的一些研究成果，对本区域做因果检验分析。

4.2 城市产业部类的划分

英国经济学家、统计学家克拉克在新西兰经济学家费歇尔的研究基础上，采用三次产业分类法对三次产业结构变化与经济发展的关系进行了大量的实证分析，总结了三次产业结构的变化规律及对经济发展的作用。

第一产业：产品直接取自自然界的部门。

第二产业：对初级产品进行再加工的部门。

第三产业：为生产和消费提供各种服务的部门。

根据中华人民共和国国家统计局网站的分类，我国的三次产业的范围是[①]：

“第一产业：指农、林、牧、渔业（不含农、林、牧、渔服务业）。

“第二产业：指采矿业（不含开采辅助活动），制造业（不含金属制品、机械和设备修理业），电力、热力、燃气及水生产和供应业，建筑业。

“第三产业：即服务业，是指除第一产业、第二产业以外的其他行业。包括：批发和零售业，交通运输、仓储和邮政业，住宿和餐饮业，信息传输、软件和信息技术服务业，金融业，房地产业，租赁和商务服务业，科学研究和技术服务业，水利、环境和公共设施管理业，居民服务、修理和其他服务业，教育，卫生和社会工作，文化、体育和娱乐业，公共管理、社会保障和社会组织，国际组织，以及农、林、牧、渔业中的农、林、牧、渔服务业，采矿业中的开采辅助活动，制造业中的金属制品、机械和设备修理业。”

按照唐子来等（2010）的研究，根据第一产业、第二产业、第三产业的构成比例对产业进行划分，有明显不足之处，这是因为，即使同为服务业，第三产业中为本地居民提供消费服务和为企业提供生产服务的行业都存在较大的差异性。因此，有必要将三次产业结构根据行业特征进一步细分，既体现产业部类的结构关系，又体现细分行业的整体特征。

本研究根据《国民经济行业分类》（GB/T 4754—2011）以及统计年鉴中的细分行业数据进行了适当的筛选和重组，确定了九大产业部类作为本次研究的初始变量，具体包括：农业、劳动密集型制造业、资本密集型制造业、技术密集型制造业、勘测及矿物开采业、建筑业、生产性服务业、基础服务业和公共服务业九类，整理出的九类产业部类构成见表4-1。

① 资料来源：http://www.stats.gov.cn/tjsj/tjbz/201301/t20130114_8675.html.

表4–1　产业部类构成表

序号	产业部类	细分行业
1	农业	农林牧副渔业
2	劳动密集型制造业	农副食品加工业
		食品制造业
		纺织业
		纺织服装、服饰业
		皮革、毛皮、羽毛（绒）及其制品业和制鞋业
		木材加工及木、竹、藤、棕、草制品
		家具制造业
		造纸及纸制品业
		印刷业和记录媒介复制业
		文教、工美、体育和娱乐用品制造业
		橡胶和塑料制品业
		非金属矿物制品业
		金属制品业
3	资本密集型制造业	酒、饮料和精制茶制造业
		烟草制品业
		石油加工、炼焦及核燃料加工业
		化学原料及化学制品制造业
		化学纤维制造业
		黑色金属冶炼及压延加工业
		有色金属冶炼及压延加工业
		通用设备制造业
		专用设备制造业
		汽车制造业
		铁路、船舶、航空航天和其他运输设备制造业
		电气机械及器材制造业
		工艺品及其他制造业
		金属制品、机械和设备修理业
4	技术密集型制造业	医药制造业
		计算机、通信设备及其他电子设备制造业
		仪器仪表制造业
		文化、办公用机械制造业
		废弃资源综合利用业
		石油和天然气开采业
		电力、热力的生产和供应业
		燃气生产和供应业
		水的生产和供应业
5	勘测及矿物开采业	非金属矿物采选业
		有色金属矿采选业
		煤炭采选业
		黑色金属矿采选业
		其他采矿业
6	建筑业	房屋建筑业
		土木工程建筑业
		建筑安装业
		建筑装饰和其他建筑业
7	生产性服务业	金融保险业
		房地产业
		科学研究和技术服务业
		水利、环境和公共设施管理业
		地质勘察业
		商业信息咨询业
8	基础服务业	农林牧渔服务业
		交通运输、仓储、邮电通信业
		批发和零售业
		住宿和餐饮业
		信息传输、软件和信息技术服务业
		租赁和商业服务业
		居民服务、修理和其他服务业
		社会服务业
9	公共服务业	中国共产党机关
		群众团体、社会团体和其他社会成员组织
		人民政协、民主党派
		社会保障
		国家机构
		基层群众自治组织
		国际组织
		教育
		卫生和社会工作
		新闻及出版业
		广播、电视、电影和影视录音制作业
		文化艺术、体育业
		娱乐业
		其他行业

4.3 城市产业部类分析方法的基本确定

经济全球化导致了全球城市分工的深化，形成了全球价值链的产业分工，从而导致了特定范围内产业集群的出现。产业集群是指相同产业或密切相关产业的企业在地理上的集中。空间经济汇总产业集群而引发的地方化增长已经成为非常突出的经济增长现象。分析珠三角区域城市产业部类的演化，也能掌握区域产业集群的分布状况和演化趋势。为了既能从整体把握9个城市产业部类的演化，又能对各城市优势产业进行判别，还能加入城市规模因素，本次研究参照赵渺希（2010）的研究，采用产业构成比例、区位熵和职能地位相结合的方法来分析城市产业部类，并且采用双S分析法对9个城市的产业区位竞争力做了详细的分析，同时采用细分行业从业人员数据分析城市职能，并用克鲁格曼的专业化指数方法来测度珠三角城市区域的产业结构差异性。

4.3.1 区位熵的测定方法

区位熵又称专门化率。所谓熵，就是比率的比率。它由哈盖特（P. Haggett）首先提出并运用于区位分析中。

在区域经济学中，通常用区位熵来判断一个产业是否构成地区专业化部门。区位熵是指一个地区特定部门的产值（或就业人数）在地区工业总产值中所占的比重与全国该部门产值在全国工业总产值（或就业人数）中所占比重的比值。具体计算式为：

$$L_{i,j}=\frac{\dfrac{E_{i,j}}{\sum_i E_{i,j}}}{\dfrac{\sum_j E_{i,j}}{\left[\sum_j\left(\sum_i E_{i,j}\right)\right]}}$$

式中：$E_{i,j}$——j城市i产业部类的增加值或从业人数；

$L_{i,j}$——j城市i产业部类在珠三角区域的区位熵。

当区位熵大于1时，可以认为该城市某产业部类发展在珠三角区域处于优势地位；当区位熵等于1时，可以认为该城市某产业部类发展与珠三角区域水平相等；当区位熵小于1时，可以认为该城市某产业部类发展在珠三角区域处于劣势地位。

结合2000年和2010年9个城市的区位熵的分析结果（见表4-2、表4-3），可对城市职能进行详细的分析。

表4-2 2000年珠三角9个城市区位熵

地区	农业	劳动密集型制造业	资本密集型制造业	技术密集型制造业	勘测及矿物开采业	建筑业	生产性服务业	基础服务业	公共服务业
广州	1.043	0.821	0.613	0.870	1.131	1.289	1.575	1.156	1.247
深圳	0.089	0.966	1.431	1.698	0.654	0.893	0.938	1.206	1.172
珠海	0.751	0.804	0.731	1.128	0.709	1.287	1.956	1.225	1.285
佛山	0.711	1.152	1.137	0.548	1.089	1.320	1.233	1.125	0.921
江门	2.792	0.473	0.407	0.471	1.861	0.952	1.230	0.671	0.655

续表

地区	农业	劳动密集型制造业	资本密集型制造业	技术密集型制造业	勘测及矿物开采业	建筑业	生产性服务业	基础服务业	公共服务业
肇庆	3.608	0.268	0.215	0.306	2.154	0.836	0.857	0.425	0.593
惠州	1.925	0.894	0.634	0.879	1.220	0.633	0.815	0.757	0.859
东莞	0.216	1.559	1.506	1.269	0.450	0.681	0.263	0.934	0.984
中山	0.838	1.332	1.131	0.684	0.763	1.308	0.816	0.989	0.733

资料来源：作者根据人口普查数据分析得出。

表4-3　2010年珠三角9个城市区位熵

地区	农业	劳动密集型制造业	资本密集型制造业	技术密集型制造业	勘测及矿物开采业	建筑业	生产性服务业	基础服务业	公共服务业
广州	0.886	1.049	0.635	0.644	0.983	0.970	1.595	1.146	1.181
深圳	0.032	0.595	1.064	1.799	0.876	0.792	1.201	1.136	1.165
珠海	0.587	0.553	0.716	1.618	0.955	1.871	1.123	1.142	1.067
佛山	0.586	1.072	1.392	0.535	1.148	1.281	1.083	1.083	0.943
江门	3.285	0.761	0.771	0.405	0.823	1.643	0.835	0.801	0.692
肇庆	5.730	0.424	0.555	0.236	1.448	1.465	0.518	0.462	0.551
惠州	2.017	1.044	0.662	0.920	2.369	1.316	0.586	0.861	0.916
东莞	0.104	1.597	1.314	1.195	0.434	0.463	0.540	0.904	0.949
中山	0.528	1.310	1.393	0.743	1.127	0.983	0.660	0.981	0.920

资料来源：作者根据人口普查数据分析得出。

4.3.2　职能地位的测定方法

对于两个不同规模的城市，仅仅反映各自内部主导产业部类的比例，并不能完整地反映两个城市在该主导产业的区域影响力，比如惠州和广州都具有较高的服务业比例，但由于总量的差异悬殊，两者对区域影响力也大不相同，因此有必要引入规模因素，把对主导产业的分析扩展到对“职能地位”的研究。对于珠三角一个城市某产业部类的职能地位，本研究借鉴采用如下的方法进行衡量：

首先，把珠三角各城市某产业部类就业人数占对应城市总就业人数的比重与珠三角平均比重（加权平均）进行比较，选取比重高于珠三角平均比重的城市，这一计算过程实际上即上述区位熵的计算过程。其次，对于这些城市，把产业部类的区位熵减去珠三角平均比重（所有行业的区位熵平均值为1），乘以对应城市的相应产业部类就业人数，即得到这个城市该行业的职能规模。最后，计算一个城市该产业部类的职能规模与上述城市产业部类的职能规模加总数的比值，即得到这个城市该产业部类的职能地位。按照这样的方法，可分别计算出珠三角各城市产业部类的职能地位①。具体公式如下：

$$T_{i,j}=\frac{\left[\left(L_{i,j}-1\right)+\left|L_{i,j}-1\right|\right]\times E_{i,j}}{2}$$

$$F_{i,j}=\frac{T_{i,j}}{\left(\sum_{j} T_{i,j}\right)}$$

① 赵渺希. 经济全球化进程中长三角区域的城市体系演化［D］. 上海：同济大学，2010：111-112.

式中：$E_{i,j}$——j城市i产业部类增加值；

$L_{i,j}$——j城市i产业部类在珠三角区域的区位熵；

$T_{i,j}$——j城市i行业职能规模；

$F_{i,j}$——j城市i行业职能地位。

$F_{i,j}$在0~1之间变化，0表示该城市该行业不具备职能地位（区位熵小于1），1表示该城市为珠三角区域中该行业仅有的主导该产业的城市（见表4-4、表4-5）。

表4-4　2000年珠三角9个城市职能地位

地区	农业	劳动密集型制造业	资本密集型制造业	技术密集型制造业	勘测及矿物开采业	建筑业	生产性服务业	基础服务业	公共服务业
广州	0.076	—	—	—	0.001	0.110	0.041	0.456	0.315
深圳	—	—	0.340	0.294	—	—	—	0.275	0.091
珠海	—	—	—	0.061	—	0.081	0.064	0.516	0.279
佛山	—	0.279	0.204	—	0.001	0.130	0.014	0.373	—
江门	0.997	—	—	—	0.001	—	0.002	—	—
肇庆	0.999	—	—	—	0.001	—	—	—	—
惠州	0.999	—	—	—	0.001	—	—	—	—
东莞	—	0.537	0.386	0.077	—	—	—	—	—
中山	—	0.689	0.190	—	—	0.121	—	—	—

资料来源：作者根据人口普查数据分析得出。

表4-5　2010年珠三角9个城市职能地位

地区	农业	劳动密集型制造业	资本密集型制造业	技术密集型制造业	勘测及矿物开采业	建筑业	生产性服务业	基础服务业	公共服务业
广州	—	0.072	—	—	—	—	0.081	0.551	0.297
深圳	—	—	0.035	0.601	—	—	0.009	0.233	0.122
珠海	—	—	—	0.479	—	0.184	0.006	0.279	0.052
佛山	—	0.098	0.558	—	0.001	0.070	0.007	0.267	—
江门	0.968	—	—	—	—	0.032	—	—	—
肇庆	0.994	—	—	—	—	0.006	—	—	—
惠州	0.920	0.031	—	—	0.005	0.044	—	—	—
东莞	—	0.661	0.233	0.107	—	—	—	—	—
中山	—	0.478	0.522	—	—	—	—	—	—

资料来源：作者根据人口普查数据分析得出。

4.4　珠三角产业部类的空间分布

分析2000年、2010年各部类的产业构成表（见表4-6），从9个城市的产业部类构成的平均值看，农业比重下降趋势较为明显，技术密集型制造业、基础服务业、公共服务业、劳动密集型制造业比重上升趋势较为明显，资本密集型制造业、勘测及矿物开采业、建筑业、生产性服务业比重变化不大，发展较为平稳。

表4-6　2000年及2010年珠三角区域各地区9项产业部类的构成　　%

2000年	农业	劳动密集型制造业	资本密集型制造业	技术密集型制造业	勘测及矿物开采业	建筑业	生产性服务业	基础服务业	公共服务业
广州	19.8	14.0	8.6	5.5	0.1	4.3	0.8	32.7	14.3
深圳	1.7	16.5	20.1	10.7	0.0	2.9	0.5	34.1	13.4
珠海	14.2	13.7	10.3	7.1	0.0	4.2	1.0	34.6	14.7
佛山	13.5	19.7	16.0	3.5	0.1	4.4	0.6	31.8	10.6
江门	52.9	8.1	5.7	3.0	0.1	3.1	0.6	19.0	7.5
肇庆	68.3	4.6	3.0	1.9	0.1	2.8	0.4	12.0	6.8
惠州	36.4	15.3	8.9	5.5	0.1	2.1	0.4	21.4	9.9
东莞	4.1	26.6	21.2	8.0	0.0	2.2	0.1	26.4	11.3
中山	15.9	22.8	15.9	4.3	0.0	4.3	0.4	28.0	8.4
平均值	25.2	15.7	12.2	5.5	0.1	3.4	0.6	26.7	10.8
2010年	农业	劳动密集型制造业	资本密集型制造业	技术密集型制造业	勘测及矿物开采业	建筑业	生产性服务业	基础服务业	公共服务业
广州	8.7	15.6	7.7	6.3	0.0	2.2	1.4	40.4	17.6
深圳	0.3	8.9	12.9	17.6	0.0	1.8	1.1	40.1	17.3
珠海	5.8	8.2	8.7	15.8	0.0	4.3	1.0	40.3	15.9
佛山	5.7	16.0	16.8	5.2	0.0	3.0	1.0	38.2	14.0
江门	32.3	11.3	9.3	4.0	0.0	3.8	0.8	28.3	10.3
肇庆	56.3	6.3	6.7	2.3	0.1	3.4	0.5	16.3	8.2
惠州	19.8	15.6	8.0	9.0	0.1	3.0	0.5	30.4	13.6
东莞	1.0	23.8	15.9	11.7	0.0	1.1	0.5	31.9	14.1
中山	5.2	19.5	16.8	7.3	0.0	2.3	0.6	34.6	13.7
平均值	15.0	13.9	11.4	8.8	0.0	2.8	0.8	33.4	13.8

资料来源：作者根据人口普查数据分析得出。

4.5　各产业部类空间分布演化情况

通过对九大产业部类的区位熵、职能强度的计算结果的比对，可显现出2000年、2010年这两个时间截面的各产业部类特征。

4.5.1　农业的空间分布演化

从各城市农业比例来看，2000—2010年珠三角区域农业所占的比例一直在下降，2个年份9个城市农业比重的平均值分别为25.2%和15.0%（见表4-6），也反映出在全球化过程中，伴随着经济的发展，劳动力从第一产业中转移出来，就业结构发生了变化。

从表4-7来看，2000年农业区位熵大于1的城市有肇庆（3.608）、江门（2.792）、惠州（1.925）、广州（1.043），其中肇庆、江门的农业在珠三角区域中占据绝对的优势，农业总体呈现由粤中向外扩展的放射格局；至2010年农业区位熵大于1的有肇庆（5.730）、江门（3.285）、惠州（2.017）这3个城市，10年中，除了广州的农业产业优势有所降低外，珠三角的农业产业的空间格局没有发生太大的改变，依然是肇庆市和江门市的区位熵最为突出，均超过了2.70，肇庆甚至在2010年达到5.730的高值。肇庆、江门、惠州3个城市在10年间农业产业优势迅速提升（见图4-1）。肇庆的农业发展与地理条件息息相关，如肇庆怀集县是广东产粮大县之一，有着得天独厚的自然环境和丰富的生态资源，通过与广东省农业科学院等科研院所全方位的合作，怀集成为全省首个面向珠三角地区的安全食品产业基地。惠州市的对台农业合作开发向链条式、区域化、高层次、高投入、高效益的方向发展，台资企业成为惠州市经济发展的一支生力军，其优秀企业的辐射功能初步显现，特色农业示范基地也初具规模。另外，惠州还成为供港蔬菜种植基地，以香港市场为主要依托打造了现代特色农业区域中心。

另外，从农业职能地位的分析数据来看，2000—2010年，该行业的首位城市为肇庆，没有改变。2000年，农业产业的首位城市肇庆的职能地位为0.999，而在2010年为0.994；江门市、惠州市也紧随其后，其农业职能强度在2010年分别高达至0.32、0.15。（注：职能强度的总和为1）。

表4-7 农业区位熵、职能地位、职能强度一览表

序号	地区	区位熵		职能地位		职能强度	
		2000年	2010年	2000年	2010年	2000年	2010年
1	广州	1.043	0.886	0.076	—	0.02	—
2	深圳	0.089	0.032	—	—	—	—
3	珠海	0.751	0.587	—	—	—	—
4	佛山	0.711	0.586	—	—	—	—
5	江门	2.792	3.285	0.997	0.968	0.37	0.32
6	肇庆	3.608	5.730	0.999	0.994	0.45	0.53
7	惠州	1.925	2.017	0.999	0.920	0.16	0.15
8	东莞	0.216	0.104	—	—	—	—
9	中山	0.838	0.528	—	—	—	—

资料来源：作者根据人口普查数据分析得出。

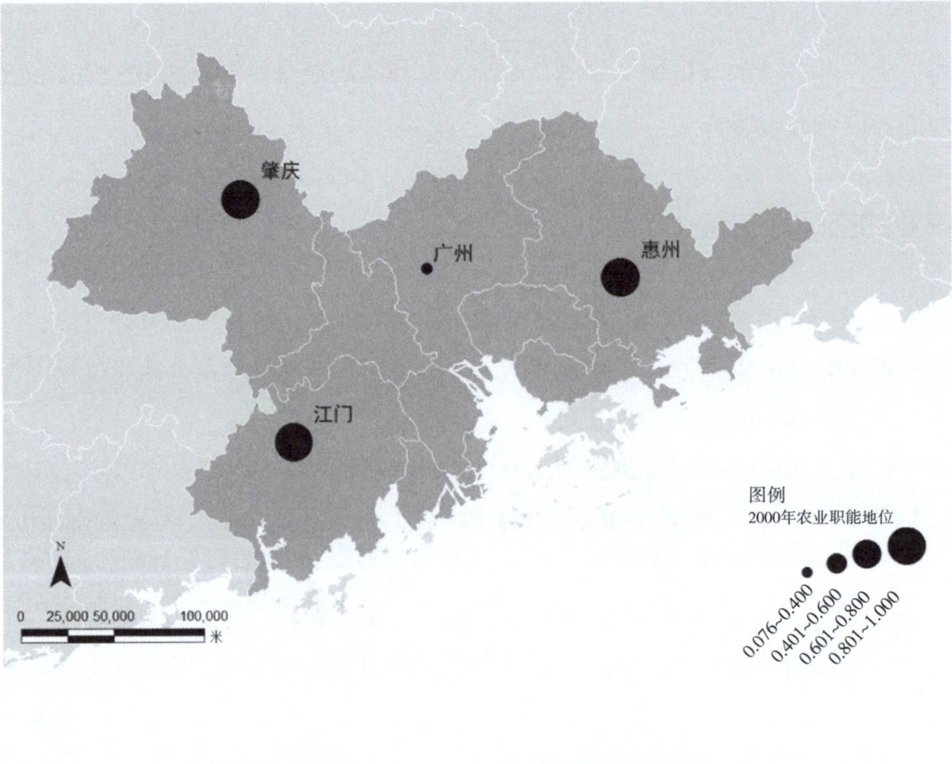

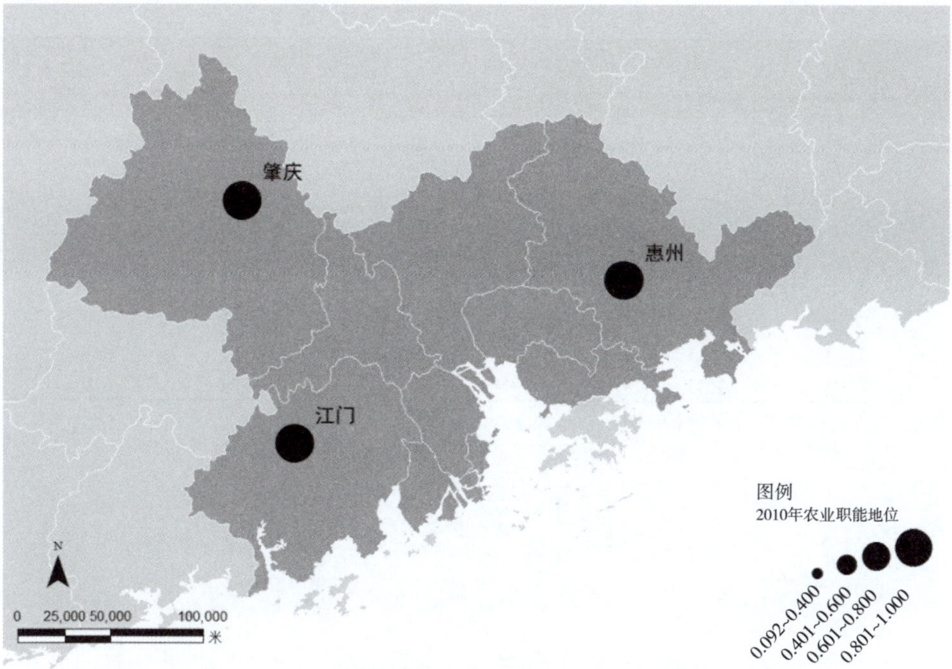

图4-1　2000年、2010年珠三角城市农业职能地位区域分布图

4.5.2　制造业的空间分布演化

4.5.2.1　劳动密集型制造业的空间分布演化

2000年到2010年珠三角城市区域劳动密集型制造业所占的比例略有上升，9个城市在2个年份中的劳动密集型制造业比重基本维持在15%左右（见表4-6）。

从劳动密集型制造业区位熵大于1的城市来看（见表4-8），2000年有东莞（1.559）、中山（1.332）、佛山（1.152）这3个城市，深圳（0.996）的区位熵值也接近1，而惠州（0.894）、广州（0.821）和珠海（0.804）也都处于高位值；至2010年，广州（1.049）、惠州（1.044）这2个城市的区位熵上升得较为明显，江门、肇庆等市也略有上升，其中深圳（0.595）、珠海（0.553）区位熵下降得最为明显，说明10年来，劳动密集型制造业在珠三角的空间格局一直维持着东莞、中山、佛山这样一个稳定的三角格局。以佛山为例，在佛山禅城区、南海区，分布有250多家陶瓷生产企业，但由于产业结构趋同，地方与地方、企业与企业之间常常发生过度竞争和恶性竞争，造成资源浪费，同时使得产业升级的空间日渐萎缩。

劳动密集型制造业的职能强度显示（见表4-8），2000年和2010年的该产业部类的首位城市均为东莞，没有变化。至2010年（见图4-2），随着人口红利消失带来的中国人力成本比较优势的降低以及产业的转型升级，广州、惠州的职能地位有着较明显的上升，而佛山等地劳动密集型制造业比重明显下降，这些城市也因为外资外贸的不同作用的影响，使得城市的产业价值区段有很大的提升，说明全球化对区域制造业的发展布局有很大的影响。而中山、江门、肇庆等地区仍然以相对丰富的廉价劳动力作为资源禀赋来实现对外贸易经济的发展。从行业分布看，劳动密集型制造业主要集中在纺织服装、五金塑料、电子产品、陶瓷建材等行业，而首位城市东莞也正是承接这些行业最多的地方。

表4-8　劳动密集型制造业区位熵、职能地位、职能强度一览表

序号	地区	区位熵		职能地位		职能强度	
		2000年	2010年	2000年	2010年	2000年	2010年
1	广州	0.821	1.049	—	0.072	—	0.06
2	深圳	0.966	0.595	—	—	—	—
3	珠海	0.804	0.553	—	—	—	—
4	佛山	1.152	1.072	0.279	0.098	0.13	0.06
5	江门	0.473	0.761	—	—	—	—
6	肇庆	0.268	0.424	—	—	—	—
7	惠州	0.894	1.044	—	0.031	—	0.02
8	东莞	1.559	1.597	0.537	0.661	0.74	0.74
9	中山	1.332	1.310	0.689	0.478	0.13	0.12

资料来源：作者根据人口普查数据分析得出。

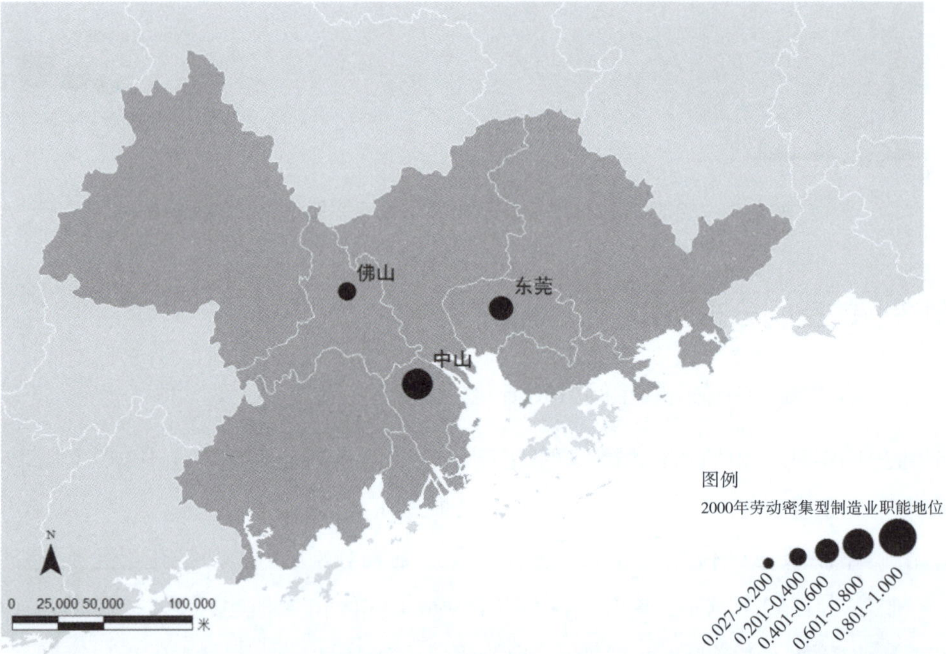

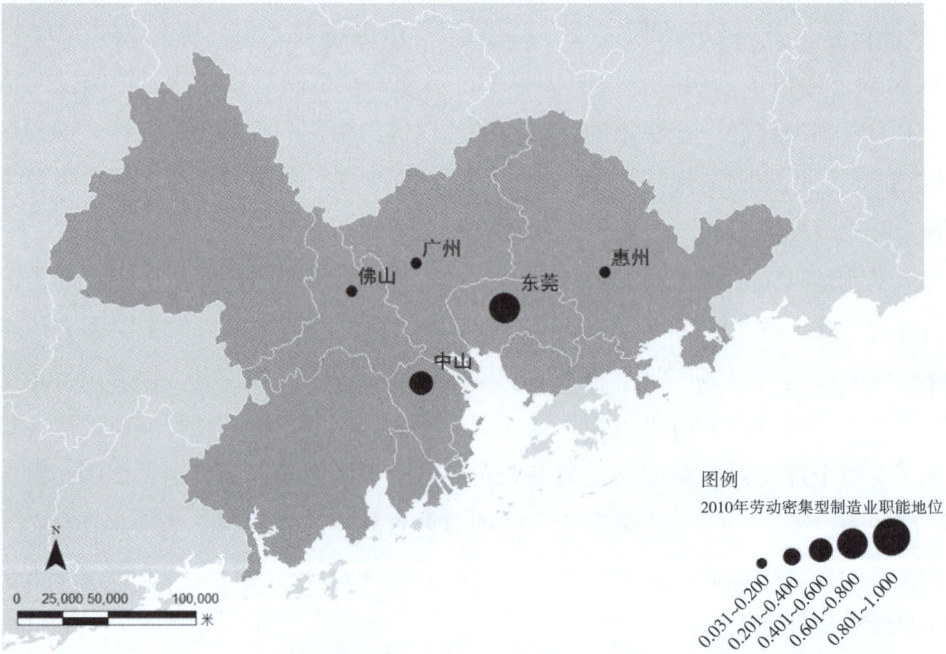

图4-2　2000年、2010年珠三角各城市劳动密集型制造业职能地位区域分布图

4.5.2.2 资本密集型制造业的空间分布演化

从各城市资本密集型制造业所占的比例来看，2000年和2010年珠三角城市区域资本密集型制造业所占的比例分别为12.2%和11.4%（见表4–6），没有太大的变化。

依然从2000年、2010年两个年份的数据进行分析（见表4–9），从资本密集型制造业区位熵大于1的城市来看，2000年有东莞（1.506）、深圳（1.431）、佛山（1.137）、中山（1.131）这4个城市，其中有3个城市都属于沿海城市，资本密集型制造业围绕沿海地区发展的格局非常明显，说明拥有对外港口优势的城市具有相对明显的资本密集型制造业的集群优势；至2010年，从区位熵的变化来看，东莞（1.314）、深圳（1.064）降幅比较大，中山（1.393）、佛山（1.392）、江门（0.771）、肇庆（0.555）等城市略有增长，资本密集型制造业在沿海区域仍具有绝对的优势。同时，外资企业入驻珠三角，广州、深圳被列入"国家服务外包基地城市"，国际四大会计师事务所也在这两地设立分所，花旗银行、美国国际集团等跨国公司也在珠三角地区投资银行和保险业等。

资本密集制造业的职能强度显示（见表4–9），2000年、2010年该行业的首位城市为东莞，没有变化，如佛山、中山的职能地位有大幅度的提升，且至2010年，深圳的职能地位有明显的下降（见图4–3）。受全球化和国际贸易的发展的影响，跨国公司加速向中国转移生产能力，中国

表4–9 资本密集型制造业区位熵、职能地位、职能强度一览表

序号	地区	区位熵		职能地位		职能强度	
		2000年	2010年	2000年	2010年	2000年	2010年
1	广州	0.613	0.635	—	—	—	—
2	深圳	1.431	1.064	0.340	0.035	0.41	0.10
3	珠海	0.731	0.716	—	—	—	—
4	佛山	1.137	1.392	0.204	0.558	0.08	0.34
5	江门	0.407	0.771	—	—	—	—
6	肇庆	0.215	0.555	—	—	—	—
7	惠州	0.634	0.662	—	—	—	—
8	东莞	1.506	1.314	0.386	0.233	0.47	0.41
9	中山	1.131	1.393	0.190	0.522	0.04	0.16

资料来源：作者根据人口普查数据分析得出。

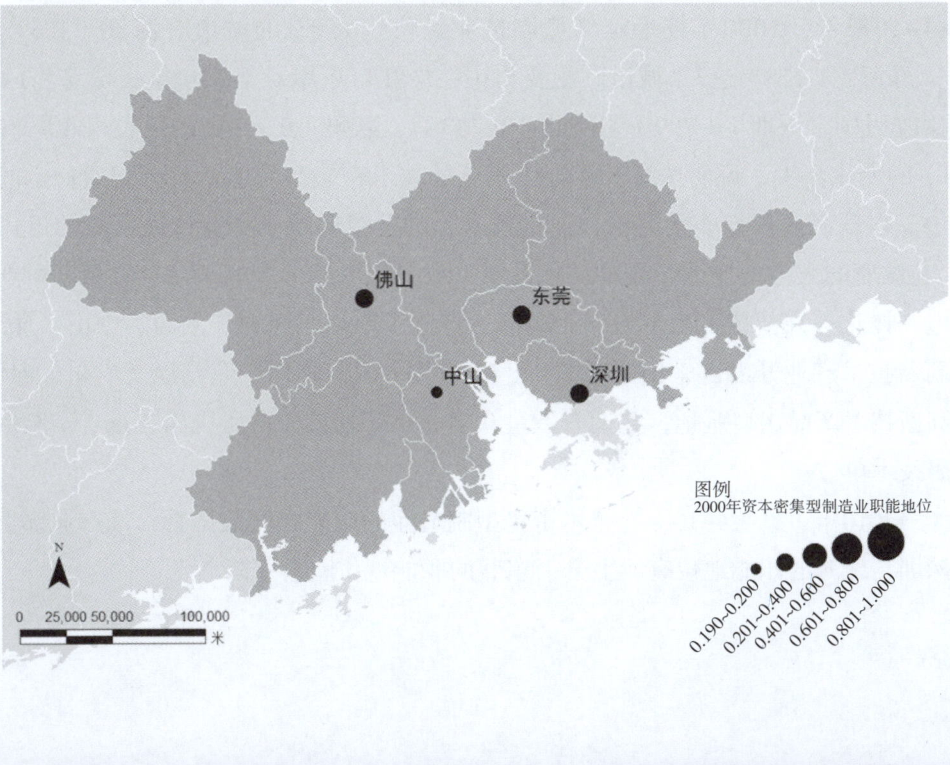

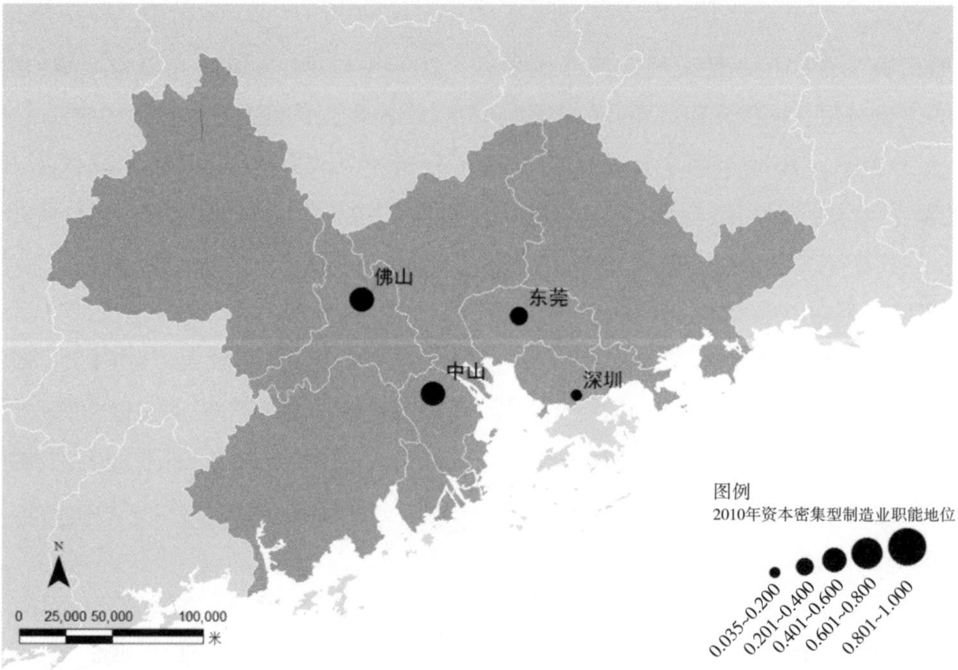

图4-3　2000年、2010年珠三角各城市资本密集型制造业职能地位区域分布图

正在成为全球各种工业建材的生产基地，制造业长期在GDP中占高比例，这对制造业的发展布局有着很大的影响。数据表明，至2007年年底，已有181家世界500强企业在广东设立分企业，总计700余家，外商投资企业设立研发中心达300多家。整体上看，外资更加倾向于信息技术、石化、汽车和装备制造等高端产业，如广州汽车产业集群、东莞电脑资讯制造基地都已形成。

4.5.2.3　技术密集型制造业的空间分布演化

2000年、2010年珠三角区域各城市技术密集型制造业所占的比例分别为5.5%和8.8%（见表4-6），呈上升的趋势，说明在全球化过程中，珠三角地区的产业价值区段得到了很大的提升。

从表4-10来看，2000年技术密集型制造业区位熵大于1的城市有深圳（1.698）、东莞（1.269）、珠海（1.128）这3个城市，主要集中在珠江口东岸；至2010年，珠海（1.618）的区位熵上升比较明显，深圳（1.799）、中山（0.743）、惠州（0.920）的区位熵也略有上升，东莞（1.195）的变化不大，说明珠海、深圳、东莞的技术密集型制造业具有相对稳定的产业部类优势，其中又以珠海表现得非常突出，通过技术上的升级实现了产业价值区段的迅速提升（见图4-4）。在政府的大力支持下，经过10年发展，珠三角形成了以电子信息、新型材料、生物医药、光机电一体化等高新技术为主的产业集群。打造了广州、深圳、佛山、中山、珠海、惠州6个国家级高新技术产业开发区，创建了广州、珠海两个国家软件产业基地及广州、深圳、中山3个国家级高新技术产品出口基地，并拥有数量众多的高等院校、科研机构、重点实验室及大学科技园等科研技术单位。

从2000—2010年（见表4-10），技术密集型制造业的职能强度数据看，该产业部类的首位城市一直是深圳，珠海的职能地位有所上升，东莞的职能地位略有下降。

表4-10 技术密集型制造业区位熵、职能地位、职能强度一览表

序号	地区	区位熵		职能地位		职能强度	
		2000年	2010年	2000年	2010年	2000年	2010年
1	广州	0.870	0.644	—	—	—	—
2	深圳	1.698	1.799	0.294	0.601	0.72	0.76
3	珠海	1.128	1.618	0.061	0.479	0.02	0.08
4	佛山	0.548	0.535	—	—	—	—
5	江门	0.471	0.405	—	—	—	—
6	肇庆	0.306	0.236	—	—	—	—
7	惠州	0.879	0.920	—	—	—	—
8	东莞	1.269	1.195	0.077	0.107	0.27	0.16
9	中山	0.684	0.743	—	—	—	—

资料来源：作者根据人口普查数据分析得出。

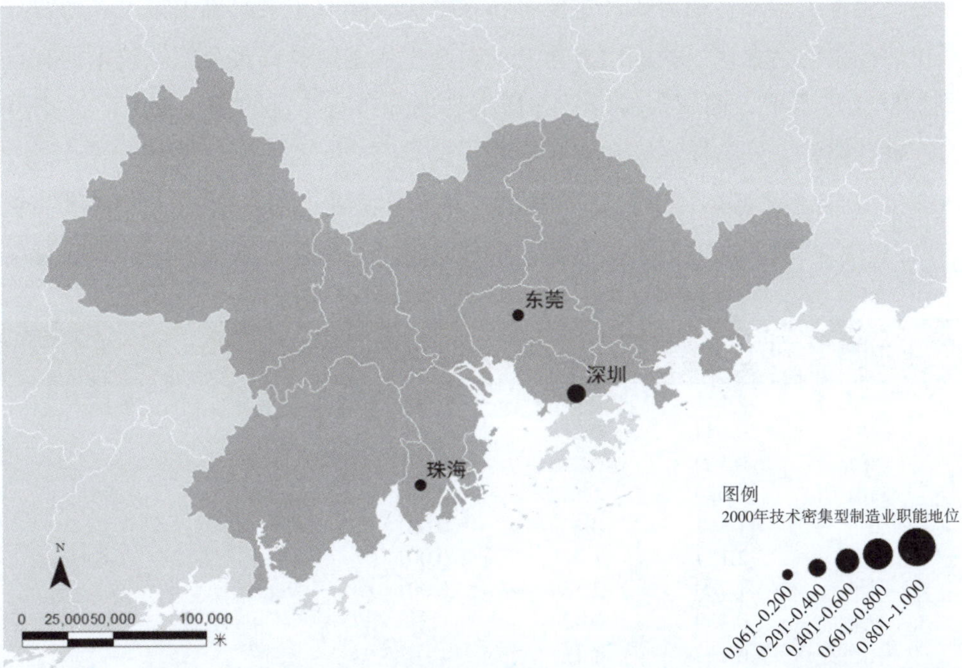

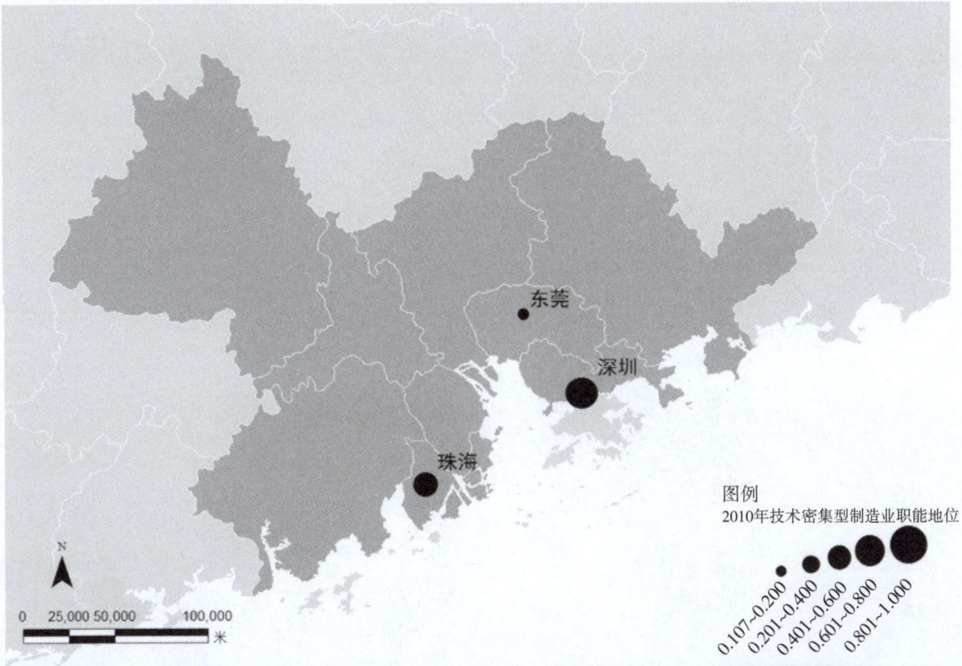

图4-4 2000年、2010年珠三角各城市技术密集型制造业职能地位区域分布图

4.5.3 勘测及矿物开采业的空间分布演化

由珠三角城市区域勘测及矿物开采业所占的比例可知，勘测及矿物开采业在珠三角九大产业部类构成中所占的分值最低（见表4-6）。

从勘测及矿物开采业区位熵大于1的城市来看（见表4-11），2000年有广州（1.131）、佛山（1.089）、江门（1.861）、肇庆（2.154）、惠州（1.220）这5个城市，说明此行业在肇庆和江门两市显现出绝对优势地位，这与该地域的矿物资源分布有关；至2010年，广州（0.983）、江门（0.823）、肇庆（1.448）这3个城市在该行业的区位熵急剧下降；而惠州（2.369）、中山（1.127）有较大幅度的上升，东莞则变化不大。据统计，广东省矿产资源主要分布于粤东、粤西、粤北地区，金银贵金属、稀有矿产主要分布在肇庆、高明（隶属佛山市）和博罗县（隶属惠州市）。其中，高要河台金矿是我国南方重要的黄金生产基地，其黄金精炼技术拥有自主知识产权，已达到国际先进水平，而肇庆封开县和怀集县也分布有丰富的铜（钼）矿及花岗岩、大理石、石灰石、铁、铅锌、铜、锡、铋和瓷土矿等。

自2000—2010年（见表4-11），职能强度方面，首位城市由肇庆转变为惠州，变化较为明显，肇庆、江门、广州的职能地位大幅下降，惠州的职能地位有大幅度的提升（见图4-5）。

表4-11　勘测及矿物开采业区位熵、职能地位、职能强度一览表

序号	地区	区位熵		职能地位		职能强度	
		2000年	2010年	2000年	2010年	2000年	2010年
1	广州	1.131	0.983	0.001	—	0.13	—
2	深圳	0.654	0.876	—	—	—	—
3	珠海	0.709	0.955	—	—	—	—
4	佛山	1.089	1.148	0.001	0.001	0.06	0.12
5	江门	1.861	0.823	0.001	—	0.35	—
6	肇庆	2.154	1.448	0.001	—	0.39	0.17
7	惠州	1.220	2.369	0.001	0.005	0.07	0.66
8	东莞	0.450	0.434	—	—	—	—
9	中山	0.763	1.127	—	—	—	0.05

资料来源：作者根据人口普查数据分析得出。

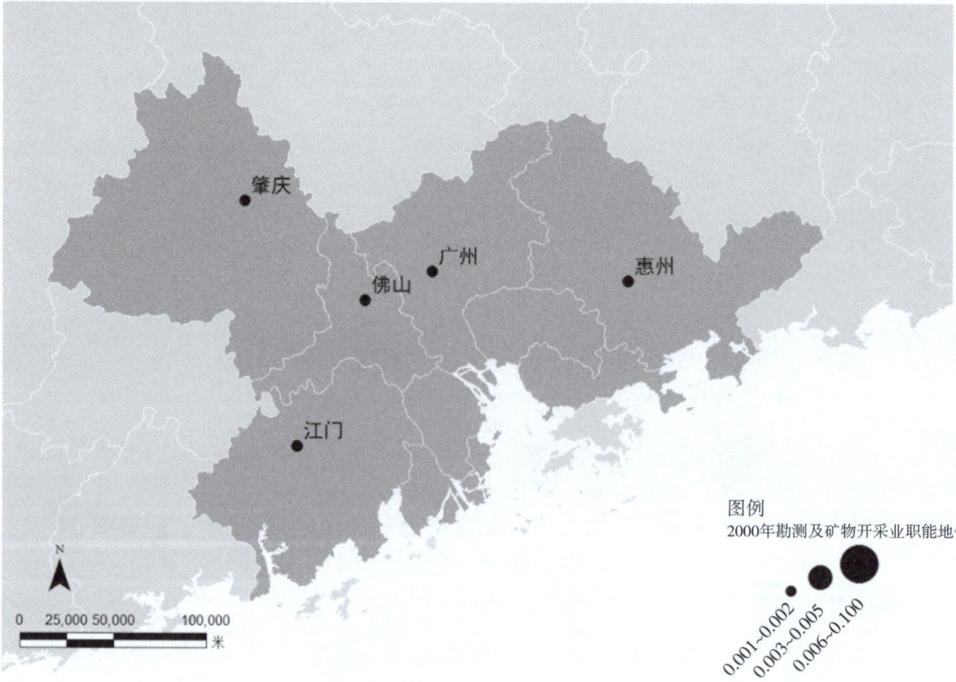

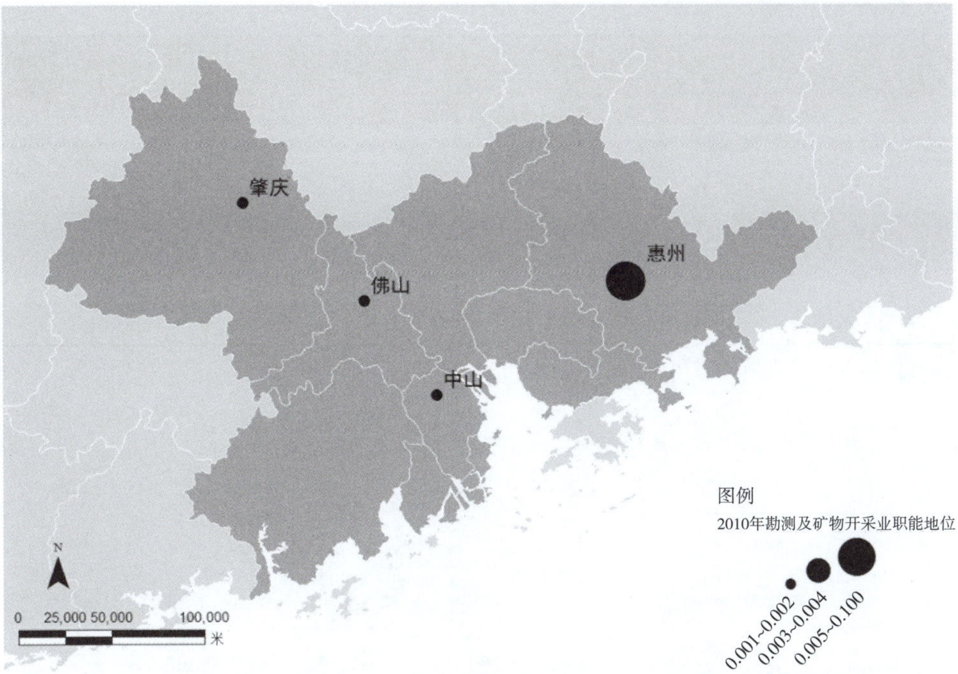

图4-5　2000年、2010年珠三角各城市勘测及矿物开采业职能地位区域分布图

4.5.4　建筑业的空间分布演化

2000年、2010年珠三角城市区域建筑业所占的比例一直在3.0左右徘徊，2个年份9个城市建筑业比重平均值分别为3.4%和2.8%（见表4–6）。

从区位熵大于1的城市来看，2000年有中山（1.308）、佛山（1.320）、广州（1.289）、珠海（1.287）这4个城市；至2010年，珠海（1.871）、江门（1.643）、肇庆（1.465）、惠州（1.316）等4个城市区位熵上升比较明显，尤其是江门、肇庆、惠州后来者居上，其产业区位优势非常明显，而广州（0.970）、中山（0.983）的区位熵下降较为明显，其值低于1.0，说明该地区的建筑业产业部类优势已经渐渐减弱，其他城市则后来者居上，建筑业加速发展（见表4–12）。

建筑业的职能强度数据表明，2000年该产业部类的首位城市是广州，而2010年，该行业的首位城市变成了江门，其余城市如珠海、肇庆、惠州的职能地位都有所上升，佛山、中山的职能地位有大幅度的下降（见图4–6）。江门曾被誉为"建筑之乡"，仅开平就有50多个建筑企业，多个企业都拿过"鲁班奖"，江门市政府也出台相关政策，鼓励建筑企业向一级企业和特级企业发展。

表4–12　建筑业区位熵、职能地位、职能强度一览表

序号	地区	区位熵		职能地位		职能强度	
		2000年	2010年	2000年	2010年	2000年	2010年
1	广州	1.289	0.970	0.110	—	0.48	—
2	深圳	0.893	0.792	—	—	—	—
3	珠海	1.287	1.871	0.081	0.184	0.06	0.17
4	佛山	1.320	1.281	0.130	0.070	0.32	0.23

续表

序号	地区	区位熵		职能地位		职能强度	
		2000年	2010年	2000年	2010年	2000年	2010年
5	江门	0.952	1.643	—	0.032	—	0.29
6	肇庆	0.836	1.465	—	0.006	—	0.17
7	惠州	0.633	1.316	—	0.044	—	0.15
8	东莞	0.681	0.463	—	—	—	—
9	中山	1.308	0.983	0.121	—	0.14	—

资料来源：作者根据人口普查数据分析得出。

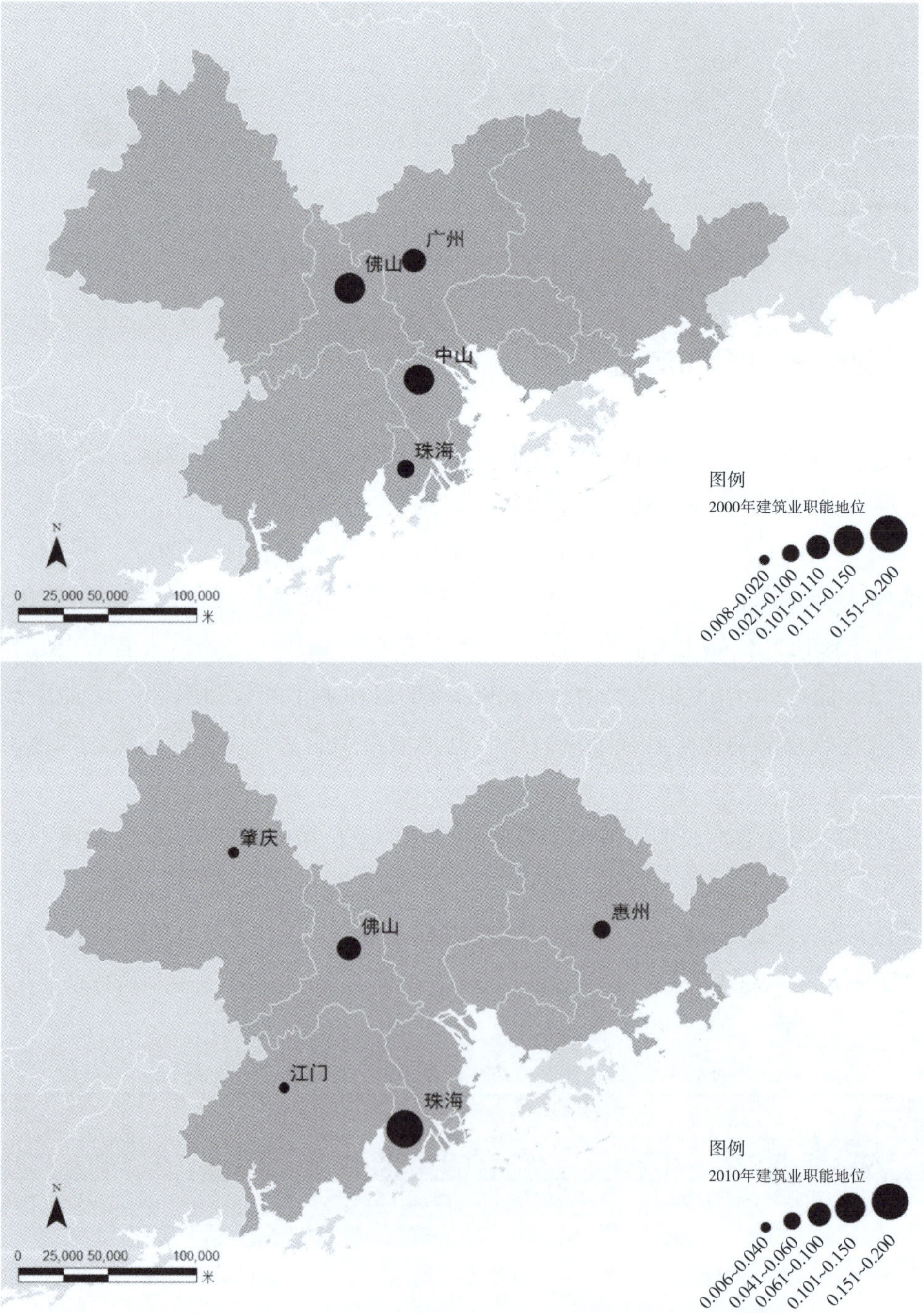

图4-6　2000年、2010年珠三角各城市建筑业职能地位区域分布图

4.5.5 服务业的空间分布演化

4.5.5.1 生产性服务业的空间分布演化

2000年、2010年珠三角城市区域生产性服务业所占的比例略为上升，2个年份9个城市生产性服务业比重平均值分别为0.6%和0.8%（见表4-6）。

从区位熵大于1的城市来看（见表4-13），2000年有广州（1.575）、珠海（1.956）、佛山（1.233）、江门（1.230）这4个城市，主要集中在珠三角中部；至2010年，深圳（1.201）、东莞（0.540）的区位熵上升较明显，珠海（1.123）、佛山（1.083）、江门（0.835）、肇庆（0.518）、惠州（0.586）、中山（0.660）等城市的区位熵下降较为明显，其他城市变化不大，广州一直保持着优势地位，呈现相对稳定的产业部类优势，深圳紧随其后。

从2000—2010年，生产性服务业的职能强度方面（见表4-13），该产业部类的首位城市是广州，没有变化。深圳的职能地位有所上升，珠海下降明显，佛山的职能地位略有下降（见图4-7）。

表4-13 生产性服务业区位熵、职能地位、职能强度一览表

序号	地区	区位熵		职能地位		职能强度	
		2000年	2010年	2000年	2010年	2000年	2010年
1	广州	1.575	1.595	0.041	0.081	0.62	0.66
2	深圳	0.938	1.201	—	0.009	—	0.26
3	珠海	1.956	1.123	0.064	0.006	0.13	0.02
4	佛山	1.233	1.083	0.014	0.007	0.15	0.06
5	江门	1.230	0.835	0.002	—	0.10	—
6	肇庆	0.857	0.518	—	—	—	—
7	惠州	0.815	0.586	—	—	—	—
8	东莞	0.263	0.540	—	—	—	—
9	中山	0.816	0.660	—	—	—	—

资料来源：作者根据人口普查数据分析得出。

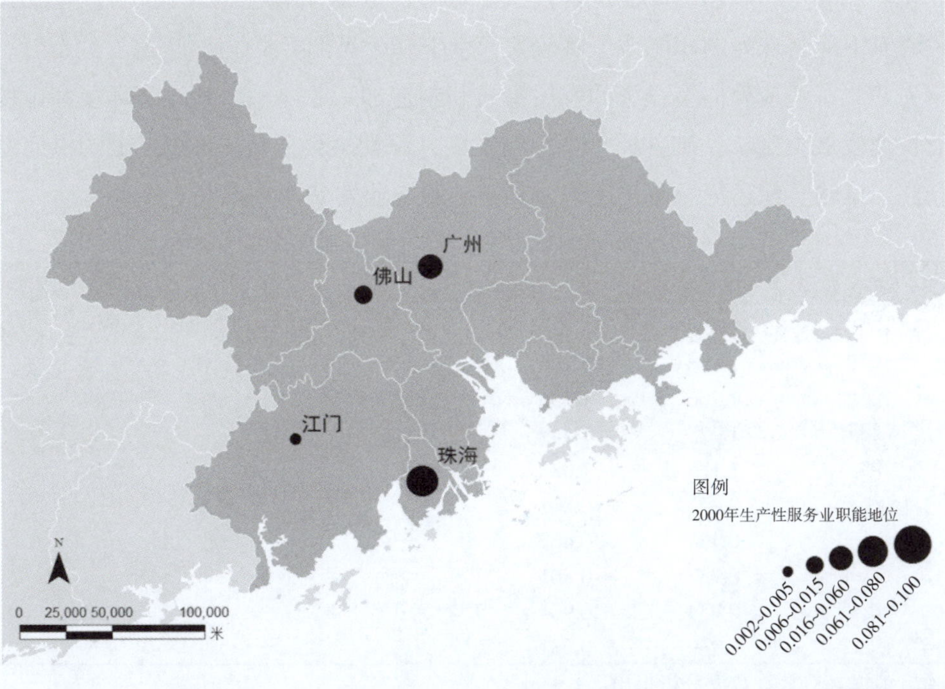

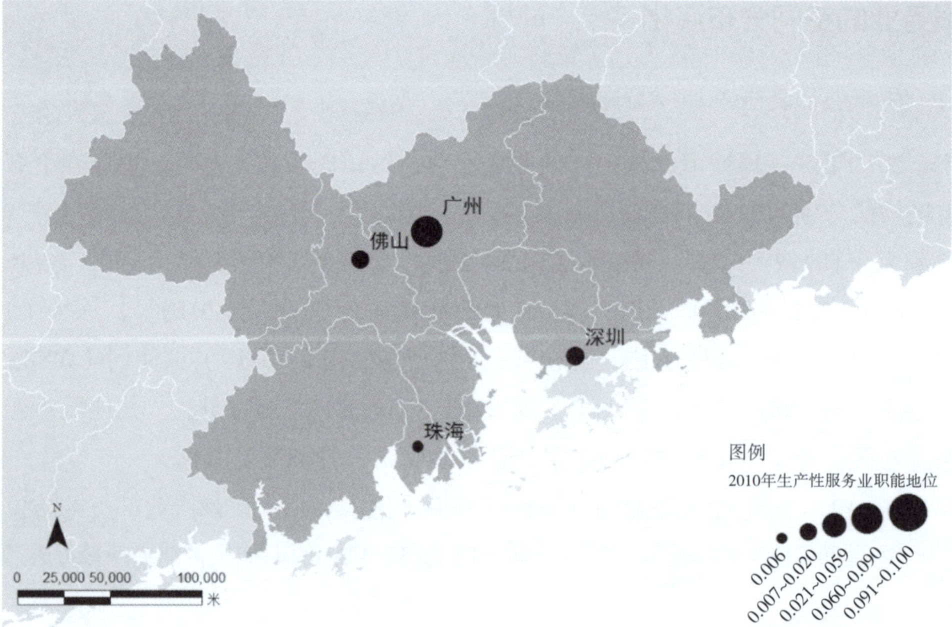

图4-7　2000年、2010年珠三角各城市生产性服务业职能地位区域分布图

4.5.5.2　基础服务业的空间分布演化

2000年、2010年珠三角城市区域的基础服务业所占的比例整体在上升，2个年份中9个城市基础服务业比重平均值分别为26.7%和33.4%（见表4-6）。

从基础服务业区位熵大于1的城市来看（见表4-14），2000年有珠海（1.225）、深圳（1.206）、广州（1.156）、佛山（1.125）等4个城市，至2010年，以上4个城市的区位熵都有所下降，但其值依然在1.0以上，占据绝对的产业优势，江门、肇庆、惠州3个城市的区位熵有所上升，其他的城市变化不大，说明10年内珠三角的基础服务业具有相对稳定的产业优势。

2000—2010年，从基础服务业的职能强度来看（见表4-14），该产业部类的首位城市是深圳，没有变化。2000年，广州的职能地位仅次于珠海，也具有稳定的产业优势。至2010年，佛山的职能地位略有下降，珠海的职能地位有较大幅度下降（见图4-8）。

深圳率先建立了适应外向型经济的发展模式和制造加工业体系，其经济环境和市场环境都为基础服务业快速发展奠定了基础。经十余年的发展，深圳集聚了全国80%以上的供应链企业，并且形成了仓储、运输、配送等一体化运作，其基础服务业发展非常稳定。

表4-14　基础服务业区位熵、职能地位、职能强度一览表

序号	地区	区位熵		职能地位		职能强度	
		2000年	2010年	2000年	2010年	2000年	2010年
1	广州	1.156	1.146	0.456	0.551	0.34	0.39
2	深圳	1.206	1.136	0.275	0.233	0.44	0.41
3	珠海	1.225	1.142	0.516	0.279	0.06	0.06
4	佛山	1.125	1.083	0.373	0.267	0.16	0.14
5	江门	0.671	0.801	—	—	—	—
6	肇庆	0.425	0.462	—	—	—	—
7	惠州	0.757	0.861	—	—	—	—
8	东莞	0.934	0.904	—	—	—	—
9	中山	0.989	0.981	—	—	—	—

资料来源：作者根据人口普查数据分析得出。

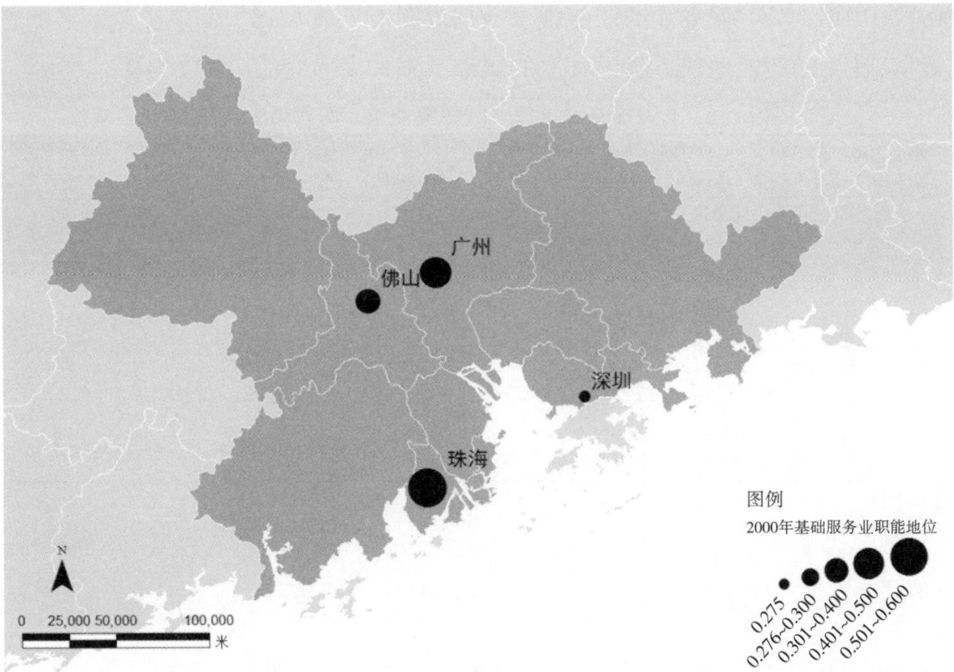

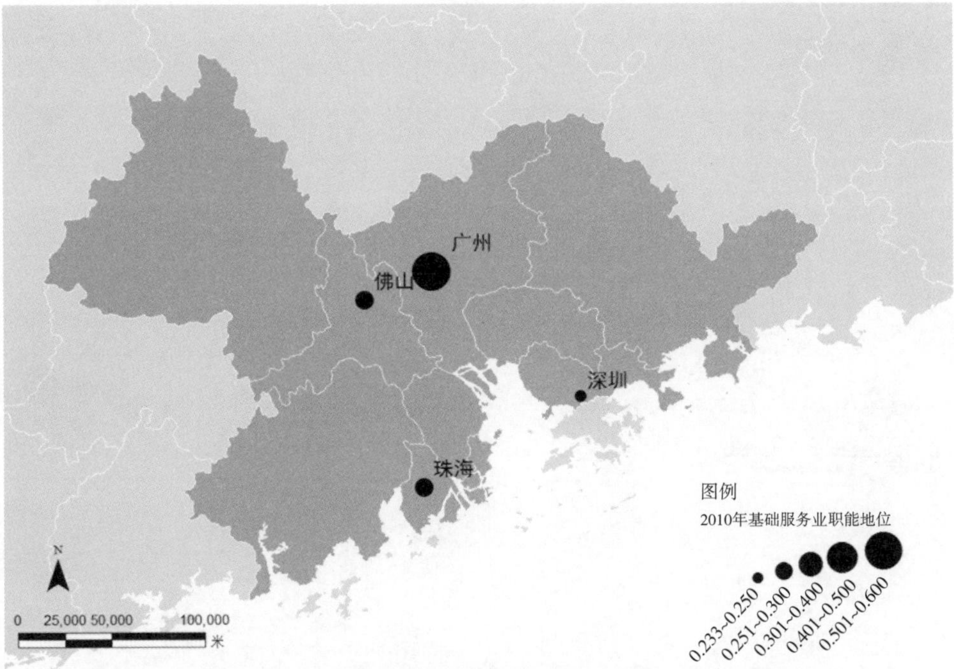

图4-8 2000年、2010年珠三角各城市基础服务业职能地位区域分布图

4.5.5.3 公共服务业的空间分布演化

2000年、2010年珠三角城市区域的公共服务业所占的比例呈现出整体上升趋势，9个城市公共服务业比重平均值分别为10.8%和13.8%（见表4-6）。

从公共服务业区位熵大于1的城市来看（见表4-15），2000年有珠海（1.285）、广州（1.247）、深圳（1.172）这3个城市；至2010年，以上3个城市的区位熵都有所下降，但仍保持着该行业在珠三角的优势地位。而惠州、中山两市的区位熵有所上升，总体的变化不大，说明珠三角10年间公共服务业具有相对稳定的产业优势。

从2000—2010年，公共服务业的职能强度数据表明（见表4-15），该产业部类的首位城市由广州变为深圳。珠海的职能地位下降，其他的城市没有太大的变化（见图4-9）。

表4-15　公共服务业区位熵、职能地位、职能强度一览表

序号	地区	区位熵		职能地位		职能强度	
		2000年	2010年	2000年	2010年	2000年	2010年
1	广州	1.247	1.181	0.315	0.297	0.54	0.48
2	深圳	1.172	1.165	0.091	0.122	0.38	0.50
3	珠海	1.285	1.067	0.279	0.052	0.08	0.03
4	佛山	0.921	0.943	—	—	—	—
5	江门	0.655	0.692	—	—	—	—
6	肇庆	0.593	0.551	—	—	—	—
7	惠州	0.859	0.916	—	—	—	—
8	东莞	0.984	0.949	—	—	—	—
9	中山	0.733	0.920	—	—	—	—

资料来源：作者根据人口普查数据分析得出。

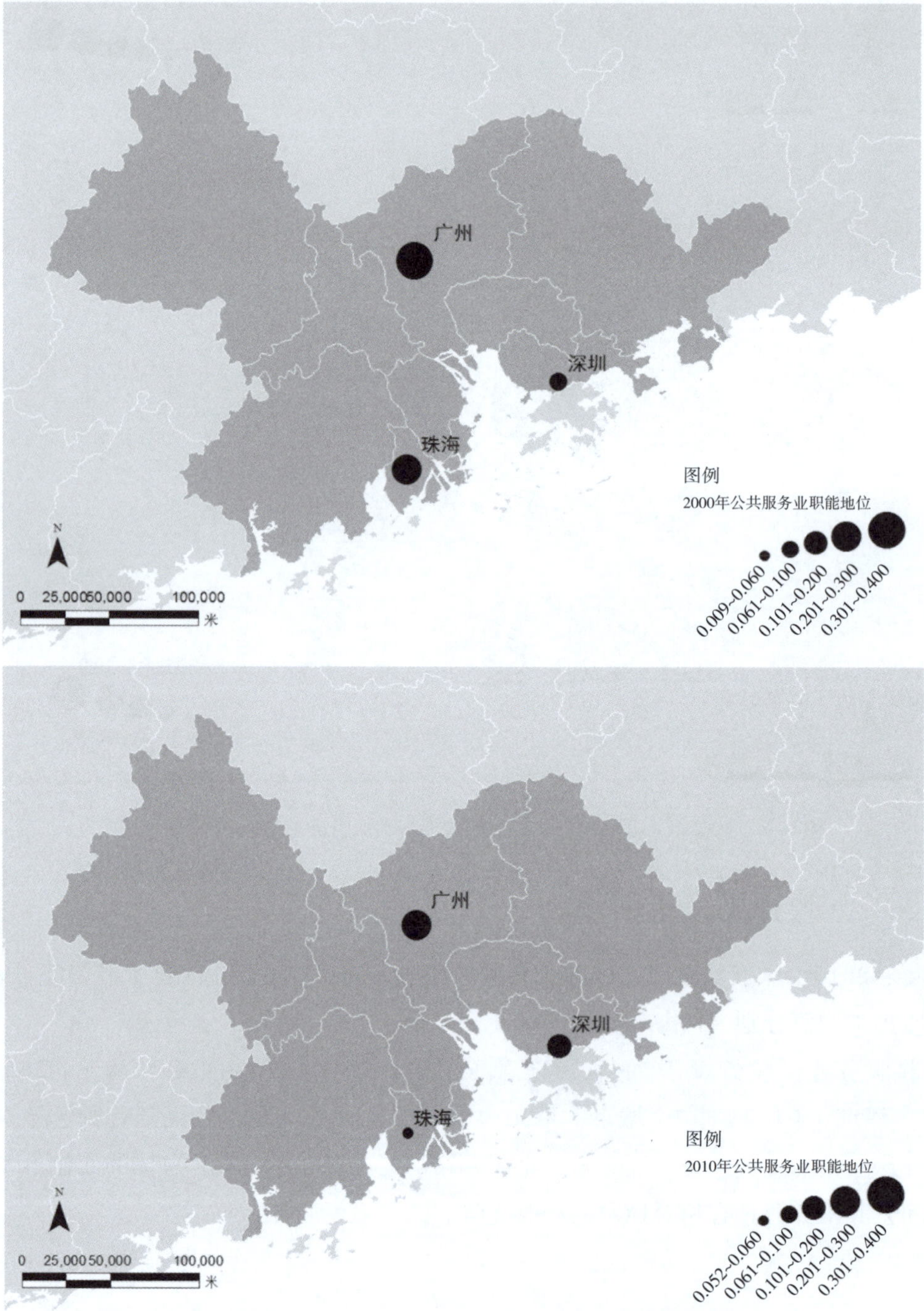

图4-9　2000年、2010年珠三角各城市公共服务业职能地位区域分布图

公共服务业的职能方面，在空间上呈现出非常明显的集聚特征，其集聚趋势与生产性服务业的集聚也有很大的关系，即金融、保险、房地产、科技服务等行业的高度集聚吸引了大量的配套服务产业。

4.6 小结

珠三角城市区域产业部类空间演化分布的结果，也验证了“经济全球化的进程中，生产活动日益分散化、片段化，转而趋向于价值区段的空间分异，并使得一些机制区段在部分区域空间得以强烈集聚”。珠三角各城市的产业各具优势，根据数据表征，对九大产业部类分布格局进行如下分析：

珠三角城市区域农业产业发展格局较为稳定，肇庆、江门、惠州这3个城市的农业产业优势较为明显，肇庆、江门由于得天独厚的地理环境而成为广东产粮重地，惠州由于对台农业的发展及供港蔬菜基地的建立，也促使农业发展优势大大增强，这3个城市的农业在珠三角区域中占据着绝对优势。

制造业方面，劳动密集型制造业的空间格局依旧维持着东莞、中山、佛山这一三角格局，随着全球化的发展带来的制造业产业升级的需要，该空间格局发生了一些变化，一些小的、分散的、低端的企业渐渐淘汰，而产业集群现象在产业基础较好的地方出现，东莞、中山、佛山也正是劳动密集型制造业最为集中的地方。资本密集型制造业方面，东莞、深圳、佛山、中山4个城市的产业优势表现得非常突出，这种格局的形成也显示出区域港口、海岸对资本密集型制造业分布的影响。珠三角作为出口导向的世界级制造基地，港口已经成为海运最为关键的区域性基础设施，也是外资企业区位选址时的重要考虑因素之一，因此，资本密集型制造业的格局与港口城市有着密切的空间关联性。技术密集型制造业方面，珠海、深圳、东莞这3个城市都具有较为稳定的产业优势，尤其是珠海通过产业升级在产业价值区段上迅速提升，与此对应的是国家级高新产业开发区、国家级软件产业基地、国家级高新技术产品出口基地的建立，以及高等院校、重点实验室、科研机构、大学科技园等科研力量的支持。

勘测及矿物开采业方面，具有产业优势的城市有肇庆、江门、惠州这几个城市，这与珠三角矿产资源的分布是紧密相关的。

建筑业方面，至2010年，江门、肇庆、惠州的产业优势非常明显，尤其是江门，素有“建筑之乡”的美誉，很多建筑企业多次获得“鲁班奖”。

服务业方面，无论是生产性服务业、基础服务业还是公共服务业，广州、深圳、珠海都一直具有稳定的产业部类优势，广州、深圳的产业部类优势不相上下，在珠三角9个城市中占有绝对的优势。

结合本书第九章中对2000年及2010年2个年份、3个方面（制造业、生产性服务业、一般服务业）基尼系数计算结果进行的对比可知，2000年至2010年珠三角城市区域制造业企业总部趋向分散，因此广州、深圳以外的城市也相应承担了更多的外向功能。而其他城市对于制造业企业的相对接纳量明显增加，也体现在制造业分公司由广深两市向周边地区分散。同时表明周边城市对制造业分公司的需求增大，这促成了城市区域经济空间的多中心格局，体现在珠三角的产业布局中，主要表现为产业集群现象的形成。随着珠三角地区低成本的劳动力、进出口运输优惠政策等方面优势的逐步减少，走低端道路集群的企业出现外迁现象，而广州、深圳、东莞、惠州等城市成为“电子信息业走廊”的主要节点，两大产业集群在珠江的东西两岸形成：以深圳、东莞、惠州为主的东岸电子信息产品产业群及以广州、佛山、江门、珠海为主的西岸电器产品产业群。

从数据分析，生产性服务业呈现企业总部的多中心发展的趋势，而生产性服务业分公司趋向于在广州聚集。基础服务业和公共服务业总部一般会以广州和深圳作为首选，而对其他城市的选择趋于分散。相对于广深两城来讲，其他城市凭借旅游资源优势，根据自身经济水平的发展，接纳了更多的一般服务业企业进驻，促进了本地的旅游服务、商业服务、体育文化服务以及居住配套服务等服务产业的发展，因此基础服务业和公共服务业呈现出城市联系的多中心的发展态势。

第五章

珠三角城市区域产业区位竞争力的演化

5.1 引言

城市之间的竞争是基于集聚与扩散的基础之上的，有竞争城市才有发展，全球化发展中，城市间的合作和竞争同等重要，只有两者相结合才能推动城市的发展，乃至推动全球城市、城市群的发展。每个城市都是在与全球其他城市进行要素环境和产业的竞争与合作中，其要素环境、产业体系、价值体系三者相互作用，形成城市竞争力。

城市运营因素相互区别且不断变化，城市间产业体系层次有别，有分工合作、转移、升级乃至变化，因此，城市产业体系是企业的组合，也是城市竞争力的主体，它通过强化或削弱当地产业、吸引或排斥外地产业来创造和决定城市价值并影响城市的运营。

竞争力的提升已经成为城市政治主导对策之一。地区的资源及支撑体系成为地区在区域内竞争的成本，知识经济、技术进步、产业升级在地区提升中扮演着重要的角色。本节采取偏离–份额分析法（shift–share analysis），对区域产业区位竞争力进行分析，以评测珠三角区域产业结构与竞争力。

5.2 城市产业竞争力的基本模型

偏离–份额分析法（shift–share analysis），又称为双S分析方法，该方法将区域经济的变化看作一个动态的过程，具有动态性和综合性两大特征，这种方法既能分析城市经济增长中的决定因素（结构因素与竞争力因素）所起的作用，又能对其决定因素的差异进行比较。该方法在国外的区域与城市经济结构分析中应用相当广泛，也是评价区域产业竞争力的简单、实用的方法。

该模型定义G为在某一时期区域或城市经济总量的变动，经济总量由地区增长份额N、产业结构偏离–份额P和竞争力份额D组成，其表达公式为

$$G_{ij}=N_{ij}+P_{ij}+D_{ij} \tag{1}$$

该模型用以说明区域或城市经济发展或衰退的原因，评价区域或城市具有相对竞争优势的产业部门，进而确定城市各产业的竞争力。为了从数量上理解（1）式的含义，下面先给出偏离–份额分析中的重要符号及其含义：

$Y_{ij}^{(t)}$——t时期j城市i产业的就业人口数；

$Y_{ij}^{(t+1)}$——t+1时期j城市0产业的就业人口数；

$S_i^{(t)}$——t时期珠三角城市区域i产业的总就业人口数；

$S_i^{(t+1)}$——t+1时期珠三角城市区域i产业的总就业人口数；

$S^{(t)}$——t时期珠三角城市区域9类产业的总就业人口数；

$S^{(t+1)}$——t+1时期珠三角城市区域9类产业的总就业人口数。

利用这些符号，可以构成（1）式中偏离–份额分量的表达式。t至t+1时期j城市i产业的区域分量N_{ij}为：

$$N_{ij}=Y_{ij}^{(t)}\cdot[S^{(t+1)}/S^{(t)}-1] \tag{2}$$

N_{ij}（地区增长份额）：指在一定期间内，城市特定产业就业人数在区域增长背景下期末增加

量，以衡量地区与实际增长水平偏离情况。如果高于实际增长水平，则该地区总偏离值为正；反之，则为负。

t至t+1时期j城市i产业的产业结构分量P_{ij}为：

$$P_{ij} = Y_{ij}^{(t)} \cdot [S_i^{(t+1)} / S_i^{(t)} - S^{(t+1)} / S^{(t)}] \qquad (3)$$

P_{ij}为产业结构偏离份额。（3）式的意义为：t至t+1时期j城市i产业的比例偏离为将珠三角区域i产业就业人口增长数与珠三角区域所有产业就业人口增长数的函数。产业结构分量将珠三角主产业的就业人口数增长与珠三角所有产业的总就业人口数增长进行比较，主要是为了说明，j城市i产业随珠三角区域i产业就业人数增长（或下降）而增长（或下降）的情况，若该地区以快速增长型产业为主，则P为正值；反之，则P为负值。

t 至 t+1时期j 城市i产业的竞争分量D_{ij}为：

$$D_{ij} = Y_{ij}^{(t)} \cdot [Y_{ij}^{(t+1)} / Y^{ij} - S^{(t+1)} / S^{(t)}] \qquad (4)$$

D_{ij}为竞争力份额。（4）式说明：j城市i产业的竞争分量是j城市i产业就业人口增长数与珠三角所有产业总就业人口增长数之差和基期就业人口数的乘积。这个分量反映了j城市与珠三角区域其他城市相比，在发展i产业方面具有的竞争优势或劣势，它能为研究区域产业的比较优势提供数量依据。

5.2.1 区域产业偏离–份额计算

5.2.1.1 参照系的选定

确定产业分析的时间范围以及产业参照系。产业参照系的选择以珠三角地区为背景，主要以2000年与2010年珠三角城市区域的9个城市的就业人数为变量，对生产性服务业及制造业各部门的增长进行比较研究。

5.2.1.2 分析表的计算

通过数学软件MATHCAD和EXCEL，对珠三角城市区域2个年份、9个城市、9个产业部类建立2×9×9的数据库，建立珠三角区域9个城市的Shift–Share分析表。

5.2.1.3 扇面图分析

对各部门进行比较分类，根据分析表计算出数据，绘制Shift–Share分析图，可以更加直观地观察产业的发展趋向，判断区域产业总体结构及竞争力的强弱，并确定具有竞争力的产业优势部门，使结论更加清晰直观。

分析图以产业竞争偏离分量D比例为纵轴、以产业部类的结构偏离分量P比例为横轴建立坐标系，由两条倾斜率0.5的等分线，将坐标系等分为8个扇面，在此扇面标出区域产业各部门所在的位置。根据所在的扇面，判断区域总体结构及竞争力的强弱，确定具有竞争力的产业优势部门。同时还可以用分析图对各区域进行比较，识别珠三角区域各地区产业结构的优劣与产业竞争力的高低。

在偏离分量分析图中，可以表征出产业的竞争优势。P为基础分量，表示的是在研究的时间范围内该产业在参照系内的产业基础增长比例，坐标值正值越大，表示在该参照系内的产业基础越好；D表示竞争分量，表示的是与参照系内其他产业比较，该产业所具有的竞争力优势大小，坐标值正值越大，该产业所具有的竞争力越强。一般看来，基础好、竞争力强的产业是该区域未来重点的产业，落在第一象限的扇面。相反，效益与竞争力都差的产业落在第三象限的扇面，通过对比D、P的正负以及两者绝对值的大小可了解产业的发展情况，各扇面的分布及特征解释详见表5-1、图5-1。

表5-1　各产业扇面类型解释表

序号	扇面	扇面特征	基本解释
1	T1	$D>0$，$P>0$	竞争力较强、效益基础较好的行业
2	T2	$D>0$，$P<0$，且 $\lvert D \rvert > \lvert P \rvert$	竞争力较强、效益基础较差的较好行业
3	T3	$D>0$，$P<0$，且 $\lvert D \rvert < \lvert P \rvert$	竞争力较强、效益基础较差的一般行业
4	T4	$D<0$，$P>0$，且 $\lvert D \rvert > \lvert P \rvert$	竞争力弱、效益基础较好的一般行业
5	T5	$D<0$，$P>0$，且 $\lvert D \rvert < \lvert P \rvert$	竞争力相对较弱、效益基础较好的较好行业
6	T6	$D<0$，$P<0$	缺乏竞争力、效益基础较差的较差行业

资料来源：根据南京大学崔功豪、宁波市统计局许海燕等人的研究整理。

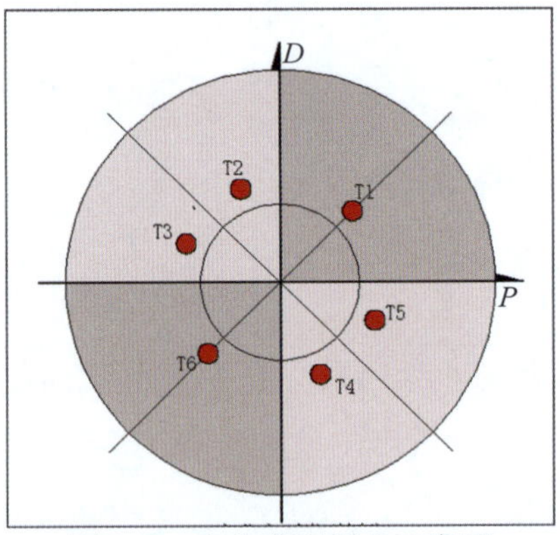

图5-1　产业扇面划分示意图

5.2.2　偏离-份额分析结果

表5-2　2000—2010年珠三角各地区各产业部类Shift-Share分析表（份额分量N）

地区	农业	劳动密集型制造业	资金密集型制造业	技术密集型制造业	勘测及矿物开采业	建筑业	生产性服务业	基础服务业	公共服务业
广州	32 693.77	23 207.20	14 256.53	9 092.85	122.29	7 037.79	1 333.26	54 102.75	23 669.19
深圳	2 757.98	27 147.65	33 093.78	17 640.54	70.26	4 846.85	789.08	56 087.23	22 123.83
珠海	3 052.93	2 947.21	2 203.53	1 528.46	9.94	910.71	214.75	7 430.18	3 163.29
佛山	13 493.96	19 714.82	16 001.72	3 463.55	71.25	4 362.99	632.00	31 883.48	10 580.21
江门	34 301.43	5 248.85	3 708.79	1 930.45	78.88	2 037.17	408.30	12 306.19	4 874.35
肇庆	37 343.76	2 507.44	1 649.42	1 055.20	76.89	1 507.25	239.61	6 572.82	3 715.75
惠州	19 857.66	8 321.66	4 850.49	3 022.11	43.41	1 136.73	227.01	11 655.30	5 368.82
东莞	6 512.51	42 346.70	33 639.28	12 729.07	46.73	3 568.27	213.43	41 960.61	17 942.12
中山	7 395.71	10 599.77	7 404.00	2 012.97	23.20	2 010.32	194.54	13 032.64	3 918.57

资料来源：作者根据人口普查数据分析得出。

表5-3　2000—2010年珠三角各地区各产业部类Shift-Share分析表（结构偏离分量P）

地区	农业	劳动密集型制造业	资金密集型制造业	技术密集型制造业	勘测及矿物开采业	建筑业	生产性服务业	基础服务业	公共服务业
广州	−63 235.22	−11 912.34	−7 949.64	20 119.91	−221.19	−8 529.12	4 142.48	53 831.73	28 180.99
深圳	−5 334.40	−13 934.99	−18 453.56	39 033.52	−127.08	−5 873.91	2 451.71	55 806.26	26 341.06
珠海	−5 904.89	−1 512.82	−1 228.72	3 382.04	−17.98	−1 103.69	667.24	7 392.95	3 766.28
佛山	−26 099.57	−10 119.69	−8 922.79	7 663.86	−128.87	−5 287.53	1 963.63	31 723.76	12 597.01
江门	−66 344.71	−2 694.25	−2 068.07	4 271.55	−142.66	−2 468.85	1 268.59	12 244.54	5 803.50
肇庆	−72 229.08	−1 287.08	−919.74	2 334.87	−139.07	−1 826.64	744.47	6 539.90	4 424.04
惠州	−38 408.04	−4 271.54	−2 704.70	6 687.08	−78.52	−1 377.61	705.34	11 596.91	6 392.22
东莞	−12 596.28	−21 736.71	−18 757.74	28 165.82	−84.52	−4 324.41	663.13	41 750.41	21 362.23
中山	−14 304.54	−5 440.90	−4 128.57	4 454.14	−41.96	−2 436.32	604.43	12 967.35	4 665.53

资料来源：作者根据人口普查数据分析得出。

表5-4　2000—2010年珠三角各地区各产业部类Shift-Share分析表（竞争偏离分量D）

地区	农业	劳动密集型制造业	资金密集型制造业	技术密集型制造业	勘测及矿物开采业	建筑业	生产性服务业	基础服务业	公共服务业
广州	−12 173.55	19 245.14	91.11	−16 136.76	−43.10	−5 369.66	−195.73	−11 303.48	−10 378.18
深圳	−3 431.58	−30 254.66	−20 331.22	18 875.94	74.82	−255.93	2 348.20	11 918.52	11 452.11
珠海	−810.05	−2 401.40	711.19	5 722.50	11.04	1 591.98	−550.00	1 508.87	−1 207.57
佛山	−4 676.39	−3 950.13	13 293.06	−240.40	10.62	−213.46	−499.63	−4 169.23	2 072.78
江门	1 664.28	7 314.41	8 319.28	−3 036.00	−107.21	2 861.68	−1 192.88	2 365.27	−2 067.86
肇庆	26 108.32	2 873.64	6 695.32	−2 306.07	−73.82	2 002.39	−840.08	−2 823.72	−4 222.80
惠州	5 908.38	7 972.88	2 342.21	2 664.80	107.11	4 046.88	−348.36	14 042.78	4 533.97
东莞	−7 303.23	−1 793.99	−18 414.54	−7 204.89	−7.21	−3 446.87	1 494.45	−13 775.02	−6 484.35
中山	−5 286.17	994.13	7 293.58	1 660.88	27.76	−1 217.00	−215.97	2 236.02	6 301.90

资料来源：作者根据人口普查数据分析得出。

从经济增加值的构成分布来看，可以根据P、D的正负变化将其分为4类（见表5-5）。

第1类是两项总和均为正值的城市，包括深圳、珠海、佛山这3个城市，这3个城市不但整体的经济增速高于珠三角区域的平均水平，而且按照权重计算的相应产业部类增速整体上也高于区域相应产业的增长，说明这3个城市的总体产业效益基础较好、竞争力突出。

第2类是P大于0而D小于0的城市，包括广州、东莞这2个城市，这些城市产业结构偏离总量的正值，表明在区域产业发展中，这些城市具有相对明显的整体增长优势，效益基础明显优越，但是在具体的产业部类竞争力方面尚且不足，D小于0说明在该类城市中占比重较大的产业部类增速相对较慢。

第3类是P小于0而D大于0的城市，包括江门、肇庆、惠州、中山这4个城市，该类城市的经济增长相对慢于区域平均水平，但按照产业部类相应增长量来说，该类城市具有明显的竞争优势，也就是说在这些城市中占比重较大的主导产业增速明显快于区域平均水平，这使得这些地区的城市职能在区域中得以明显的体现。

第4类是两项均为负值的城市，说明这些城市不但产业总体发展低于区域平均水平，而且比重较大的主导产业增速也慢于区域平均水平，本次研究的珠三角9个城市中并无此类城市。

表5-5　2000—2010年珠三角各地区各产业部类Shift-Share分析表

地区	G	N	P	D
广州	143 679.00	165 515.63	14 427.59	–36 264.22
深圳	234 862.00	164 557.20	79 908.62	–9 603.81
珠海	31 478.00	21 461.01	5 440.42	4 576.57
佛山	105 221.00	100 203.98	3 389.81	1 627.21
江门	30 885.00	64 894.40	–50 130.37	16 120.96
肇庆	19 723.00	54 668.14	–62 358.32	27 413.18
惠州	74 295.00	54 483.21	–21 458.86	41 270.65
东莞	136 465.00	158 958.71	34 441.94	–56 935.65
中山	54 726.00	4 6591.71	–3 660.83	11 795.12

资料来源：作者根据人口普查数据分析得出。

5.3　产业区位竞争力的演化

5.3.1　产业部类结构和区位竞争力的分析

由于产业结构偏离变量P的正负属于区域层面的变量，因此分析9个地区9个产业部类变量在表5-5中的正负情况分布，即可判断其在珠三角城市区域范围内的研究时序中所处的增长阶段。从扇面图的情况来看，农业、资金密集型制造业、勘测及矿物开采业、建筑业多位于第三、四象限（P小于0的扇区），属于发展相对迟缓的产业，而附加值较高的产业部类技术密集型制造业、生产性服务业、基础服务业、公共服务业均处于第一、二象限（P大于0的扇区），劳动密集型制造业也基本处于第一、二象限（P大于0的扇区），说明珠三角城市区域整体的产业价值区段处于上升的态势。

需要注意的是，尽管9个地区偏离变量P的正负都一致，但仍然有必要结合产业的区位竞争力进行进一步的分析。根据表5-3、表5-4中的数据，将珠三角区域9个城市的产业部类竞争力的扇面图表示如图5-2。

5.3.2　各市产业部类区位竞争力的分析

5.3.2.1　广州市产业部类

分析广州2000—2010年的数据（见图5-2），可以发现广州市的9项产业部类中，所有高附加值的产业部类都位于D轴的正向，说明从2000—2010年，广州的高附加值产业在结构上得到了质的提升，而劳动密集型制造业、资本密集型制造业均具有较高的产业效益基础，并且属于经济竞争力较强的产业部类，勘测及矿物开采业则属于效益基础较差但竞争力较强的产业；建筑业、农业均位于第三象限（T6扇面），属于效益相对较差、产业区位竞争力较弱的产业部类；公共服务业、生产性服务业、基础服务业、技术密集型制造业位于T5扇面，属于产业效益较好但是区位竞争力相对较弱的较好产业部类。

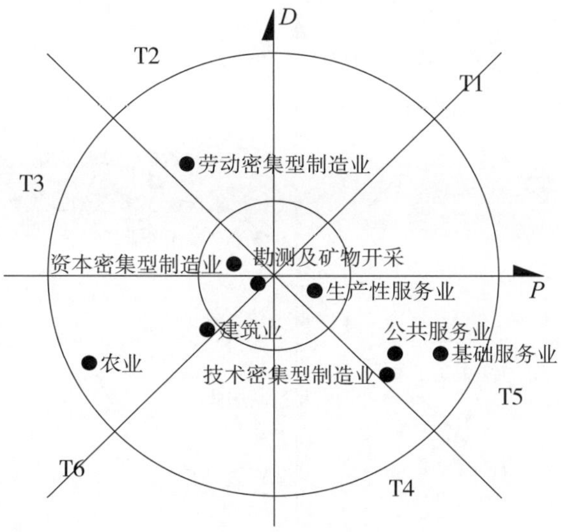

广州市产业部类扇面图

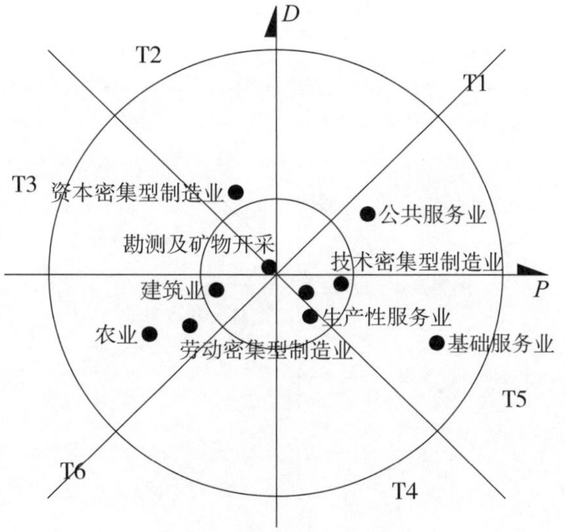

佛山市产业部类扇面图

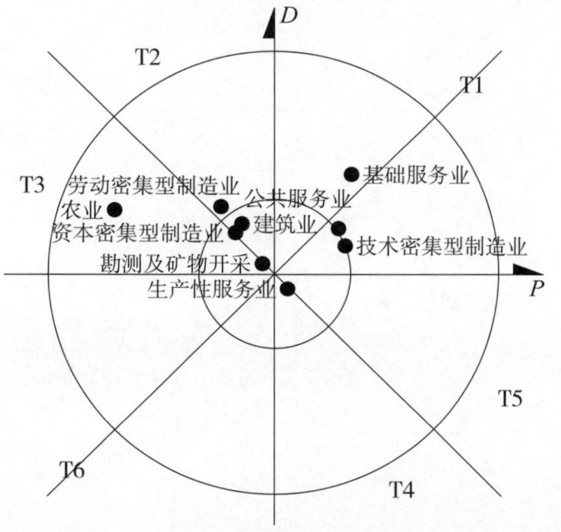

惠州市产业部类扇面图

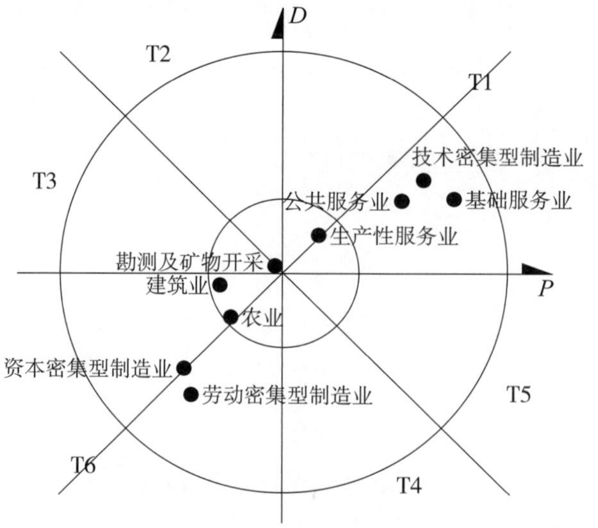

深圳市产业部类扇面图

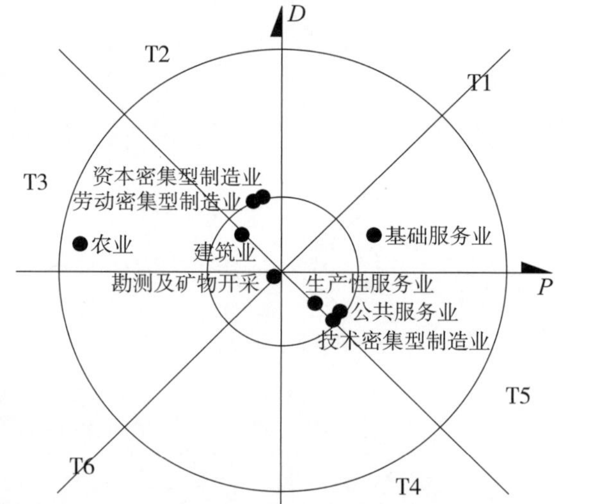

江门市产业部类扇面图

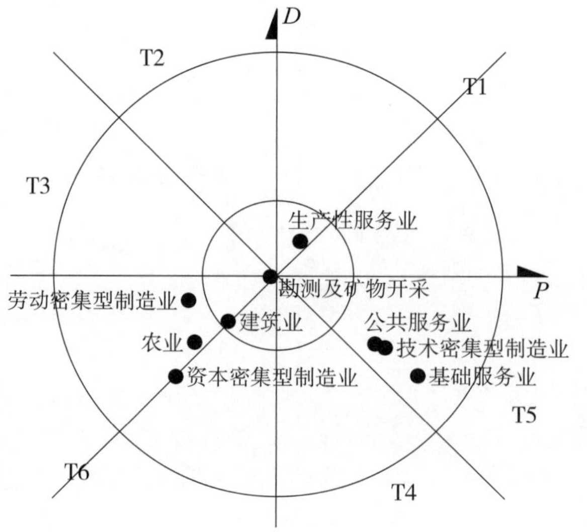

东莞市产业部类扇面图

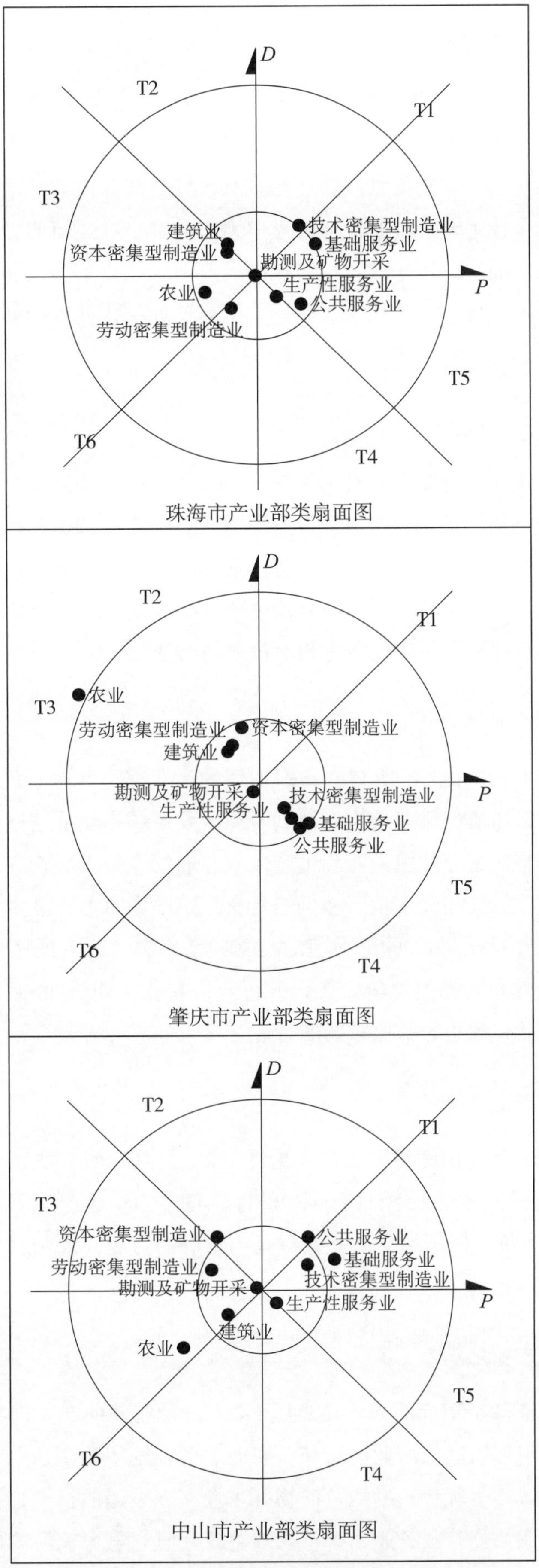

图5-2　珠三角区域9个城市产业扇面划分示意图

5.3.2.2 深圳市产业部类

分析深圳2000—2010年的扇面图（见图5-2），可以发现深圳的9项产业部类有8项相对集中分布于第一、三象限，根据前述扇面图的特征解释可以得出基本结论：深圳的公共服务业、基础服务业、生产性服务业、技术密集型制造业均具有较好的产业效益基础，并且属于经济竞争力较强的产业部类，尤其是技术密集型制造业的竞争力非常突出；建筑业、农业、资本密集型制造业均位于第三象限（T6扇面），属于效益相对较差、产业区位竞争力较弱的产业部类；勘测及矿物开采业分布于第二象限（T2、T3扇面），虽然在区域产业结构调整中处于下降的扇面，但在整个珠三角城市区域仍然具有一定的竞争力。

5.3.2.3 珠海市产业部类

从珠海地区的产业部类扇面图来看（见图5-2），9项产业部类中：农业、劳动密集型制造业处于T6扇面，属于效益相对较差、产业区位竞争力较弱的产业部类；技术密集型产业、勘测及矿物开采业、基础服务业属于竞争力较强的优势产业部类；资本密集型产业、建筑业效益较弱，但在珠三角城市区域仍具有一定的区位竞争力；生产性服务业、公共服务业处于第四象限（T4、T5扇面），属于产业效益较好但区位竞争力相对较弱的行业。

5.3.2.4 佛山市产业部类

如图5-2所示，对佛山来说，所有的高附加值的产业部类都位于P轴的正向，说明在2000年到2010年，佛山的高附加值产业在结构上得到了质的发展，当然从这些高附加值的产业部类区位竞争力来看，其主要特征是公共服务业和生产性服务业的竞争力非常突出；勘测及矿物开采业在产业结构上相对衰退，但是在珠三角区域仍然具有一定的竞争力；技术密集型制造业、基础服务业竞争力相对较弱，并且从P和D的绝对值的相互关系来看，后者的区域劣势更为明显；资本密集型制造业属于产业效益较差但竞争力较强的行业；农业、建筑业和劳动密集型制造业的D和P均为负，属于产业效益和竞争力都比较弱的行业。

5.3.2.5 江门市产业部类

分析江门的产业部类扇面图可以发现（见图5-2），基础服务业、劳动密集型制造业、资本密集型制造业、建筑业、农业这5项具有较强的区位竞争力；生产性服务业、公共服务业和技术密集型制造业虽然D为负，但仍属于产业效益基础较好的行业；勘测及矿物开采业属于产业效益差、区位竞争力弱的行业。

5.3.2.6 肇庆市产业部类

从肇庆地区的产业部类扇面图来看（见图5-2），没有任何产业部类处于第一象限，说明其发展还具有强烈的低附加值区段产业的特征；农业、劳动密集型制造业、资本密集型制造业、建筑业则具有一定的区域竞争优势；勘测及矿物开采业属于衰退的行业；技术密集型制造业、生产性服务业、基础服务业及公共服务业属于产业效益较好但竞争力较弱的行业。

5.3.2.7 惠州市产业部类

分析惠州的产业部类扇面图（见图5–2），可以发现惠州的基础服务业、公共服务业及技术密集型制造业发展较为迅速，具有一定的竞争优势；资本密集型制造业、劳动密集型制造业、建筑业、勘测及矿物开采业也具有明显的优势，这些产业中不乏高附加值的行业，因此如何向价值链上游攀升应该是该地区面对的主要问题之一；生产性服务业属于产业效益较好但竞争力较弱的行业。

5.3.2.8 东莞市产业部类

分析东莞2000—2010年的产业部类（见图5–2），可以发现生产性服务业位于第一象限（T1扇面），说明东莞的产业结构总体上较低；建筑业、农业、资本密集型制造业、劳动密集型制造业均位于第三象限（T6扇面），属于相对衰退行业；勘测及矿物开采业和生产性服务业属于产业基础较好但是区位竞争力较弱的产业部类，而技术密集型制造业、公共服务业和基础服务业则属于具有一定区位竞争力但产业基础较弱的部类。从东莞地区的产业部类扇面图可以看出，其技术密集型制造业作为高附加值的产业，其区位竞争力较弱（*D*轴的负向）并且产业基础发展较弱，处于衰退阶段（第四象限）。

5.3.2.9 中山市产业部类

分析中山2000—2010年的产业部类（见图5–2），其建筑业和农业位于第三象限（T6扇面），属于衰退行业；生产性服务业位于第四象限，属于产业效益基础较好、竞争力较弱的行业；其余产业部类均在*P*轴上方，说明中山的产业部类在珠三角城市区域具有一定的区位竞争优势，其中公共服务业、基础服务业、技术密集型制造业均位于第一象限（T1扇面），属于区域竞争力较强的产业类型。总的来说，中山地区的产业结构水平整体较高。

5.4 珠三角制造业的全球竞争力

制造业在珠三角城市区域建构世界级城市群的过程中有着不可替代的作用。为了分析制造业在全球化分工中的竞争力，本研究进一步选取了2008年、2011年、2013年三个时间点的广交会采购商进行分析，以判断珠三角近年来在全球化分工中的产业部类特征。

2008年，世界各国赴珠三角地区广交会的采购商以亚洲采购商居多，其次依次为欧洲和北美洲采购商，产品的选择普遍倾向于劳动密集型产品，而技术密集型产品的采购则明显较少。2011年，世界经济处于金融危机后的复苏阶段，而中国正值入世10周年和“十二五”规划开局年，本届广交会组织了中国加入世贸组织十周年论坛、中美省州经贸交流对接活动、中日经贸合作出口研讨会等重要活动，邀请了很多重量级的嘉宾参加，由于金融危机后一系列经济措施初见成效，世界经济处于谷底反弹期，该届广交会采购商来自于210个国家和地区，有近21万人，创历史新高，采购量明显增大，世界各国赴会的采购商仍以亚洲采购商居多，北美洲和欧洲采购商次之且数量相当，产品的选择倾向于劳动密集型产品，这在亚洲采购商身上体现得最为明显，而资金、技术密集型产品仍旧缺乏世界吸引力和竞争力。2011年广交会展位数和参会客商人数均达到历届新高，而出口成交了379亿美元，也创下了历史新高。2013年，世界各国赴广交会的采购商仍以亚洲采购商居多，其他各洲采购商数量趋于均衡，而产品的选择则转向资金密集型产品，仍以亚洲采购商表现得最为明显，说明珠三角的高价值区段产业竞争力有明显提升（见图5-3、图5-4、图5-5）。

另外，广交会的参与公司数量按照从高到低排序前50的国家和地区中，香港在三个年份都位于前两位，而其他国家和地区排名浮动较大。这说明珠三角对外经济活动联系最稳定的地区是香港，这是宏观区位关系和相关政策造成的结果。

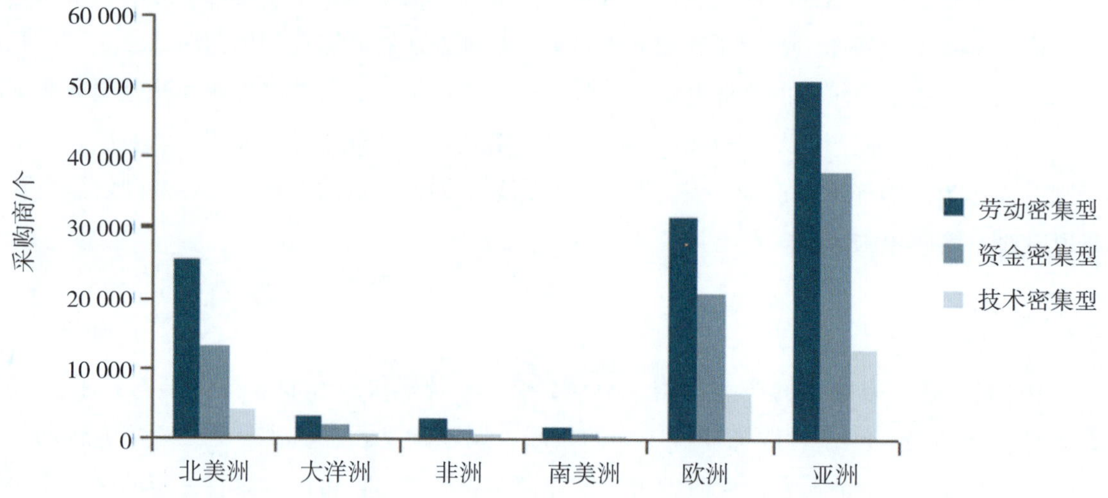

图5-3　2008年广交会各大洲采购情况

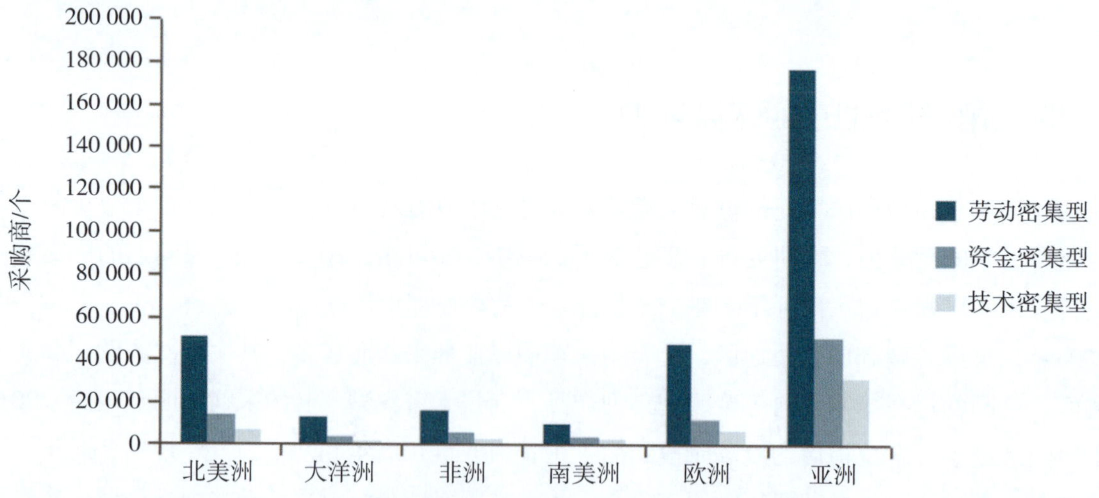

图5-4　2011年广交会各大洲采购情况

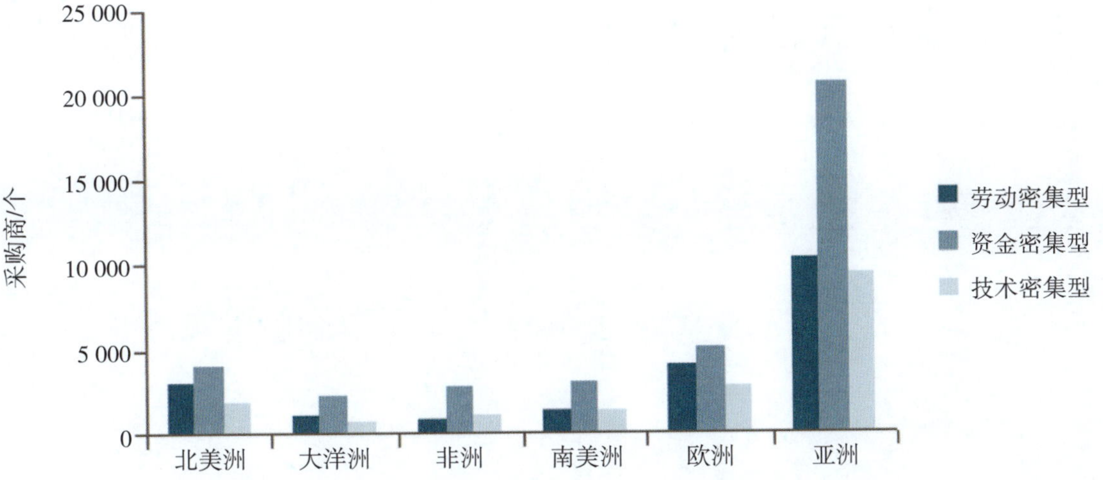

图5-5　2013年广交会各大洲采购情况

5.5 小结

通过对珠三角城市区域中制造业和服务业产业结构的变化及数据表征进行分析，可以得出以下结论。

产业效益基础较好且竞争力较强的产业主要有广州的资本密集型产业，深圳的技术密集型产业、生产性服务业、一般服务业，珠海的技术密集型产业、基础服务业，惠州和中山的技术密集型产业、基础服务业和公共服务业，东莞的基础服务业，佛山的公共服务业。这些产业也是珠三角城市区域未来的重点产业。

产业效益基础差，但竞争力较强的行业有江门、惠州、中山的劳动密集型产业，佛山、江门、肇庆、中山、珠海、惠州的资本密集型产业。此类产业在产业结构上相对衰退，但是在珠三角区域仍然有一定的竞争力。产业效益基础差又缺乏竞争力的行业主要为劳动密集型产业，集中在深圳、珠海、佛山、东莞。

实证中的数据也表明，处于价值区段高位的产业在2000—2010年的偏离份额中处于相对上升的趋势，而传统产业尤其是劳动密集型制造业、农业等行业的偏离份额出现了相对下降的趋势。在产业区位竞争力方面，广州、深圳、佛山、珠海、东莞等城市高附加值区段产业增加明显，而江门、肇庆、惠州、中山的产业部类呈现出传统产业占优势地位的特征。

以2008年、2011年、2013年三个时间节点广交会采购商的参与数量来判断珠三角近年来在全球化分工中的产业部类特征，2008年参与公司以亚洲采购商居多，其次为欧洲和北美洲采购商，采购的产品趋向于劳动密集型产品，而2013年，各地参展商从地域上趋于平衡，采购的产品转向资金密集型产品，说明珠三角的高价值区段产业竞争力提升明显，三个年份的数据也反映出珠三角对外经济活动联系最为稳定的是香港。

第六章

珠三角城市区域产业异同性的演化

6.1 引言

城市区域的多中心更多地体现为城市间功能的互补性（Meijers，2012），而从产业功能角度来看，迈克尔·波特（2012）在《竞争战略》中提到：如果产品或服务被视为同质商品，或者是相似商品，买方的选择主要取决于价格与服务，那么产业有可能发生激烈的价格或服务竞争……因此，产业结构对企业的区域竞争甚至国际竞争都很重要，在传统的产业成功理论中，以劳动力成本或天然资源为优势的产业，往往是资金周转率较低的产业，这类产业也是发展中国家优先考虑的发展项目，而随着越来越多的竞争者及产能的投入，其竞争更加以成本为导向而开展，因此这样的产业会渐渐失去竞争力。而在一个区域中，若要调整产业结构以应对全球城市网络中城市的竞争力，则需要对该区域产业进行梳理分析，首先要考察该区域的产业结构差异程度。

6.2 制造业异同性的测度方法

克鲁格曼（2000）在《地理与贸易》中首先提出了用专业化指数来考察地区之间的结构差异性程度的方法，其表达式为：

$$S_{jk} = \sum_{i=1}^{n} \left| \frac{N_{ij}}{N_j} - \frac{N_{ik}}{N_k} \right|$$

式中：j、k——区域；

i——产业；

N_{ij}、N_{ik}——j和k两地区的i产业的产值；

N_j、N_k——两地区各自的工业总产值。

如果区域j和区域k有着完全相同的产业结构，也就是说，对所有的i，产业份额都一样，则这个指数为0；如果两个区域的产业结构毫不相关，则这个指数将为2。因此，这个指数可大致定量地衡量经济结构差异，进而衡量区域分工的程度（克鲁格曼，2000）。

相对于其他测度方法，克鲁格曼的专业化指数的计算方法简洁明了，因此，本研究将采用专业化指数衡量珠三角地区的产业部类联系程度，对地区间的产业结构的差异性进行测度。

本章以第六次人口普查数据及企业名录中细分行业的从业人数为基础，结合城市职能分析的结果，考察2000年至2010年间珠三角城市产业的互动情况。

6.3 制造业异同性比较

博尔哈等（2009）认为，全球城市体系的外围地区将呈现出非结构化的现象，具体到产业而言则意味着地域间的同构现象将比较明显①。珠三角9个城市存在81对相互关系，本次研究中重点关注的是城市间克鲁格曼专业化指数较小的那部分，即城市产业同质性较强的城市关系对，并以

① 赵渺希. 经济全球化进程中长三角区域的城市体系演化［D］. 上海：同济大学，2010：123.

此作为考察对象，仅从产业价值链的角度探讨产业是否出现了同构的现象。

从2000年的城市间制造业专业化指数来看（见表6-1），珠三角地区内高同质性的城市主要是深圳—珠海，肇庆—惠州，肇庆—东莞，肇庆—中山，深圳—东莞，佛山—中山，结合第四章中区位熵的分析结果，2000年各个城市产业各具特色，优势产业的表现如下：肇庆、惠州的农业，深圳、珠海的技术密集型制造业及一般服务业，佛山、中山的劳动密集型制造业、资本密集型制造业及建筑业，深圳、东莞的资本密集型制造业及技术密集型制造业。而地区内产业结构差异较大的有广州—珠海，广州—佛山，广州—深圳这组城市。

表6-1　珠三角区域2000年各城市专门化分工指数

城市	广州	深圳	珠海	佛山	江门	肇庆	惠州	东莞	中山
广州		1.025	1.160	1.059	0.439	0.821	0.754	0.903	0.882
深圳			0.184	0.332	0.631	0.402	0.575	0.302	0.347
珠海				0.283	0.765	0.529	0.706	0.327	0.399
佛山					0.748	0.576	0.694	0.339	0.320
江门						0.392	0.394	0.474	0.485
肇庆							0.236	0.237	0.256
惠州								0.382	0.375
东莞									0.094
中山									

资料来源：作者根据人口普查数据分析得出。

从2010年的城市间制造业专业化指数来看（见表6-2），珠三角地区内高同质性的城市主要是东莞—中山，江门—肇庆，惠州—东莞，惠州—中山，珠海—东莞，结合第四章区位熵的分析结果，2010年各个城市的优势产业的集聚表现如下：东莞、中山的劳动密集型制造业、资本密集型制造业，江门、肇庆的农业，珠海、东莞的技术密集型制造业，惠州、东莞的勘测及矿物开采业，惠州、中山的建筑业。

表6-2　珠三角区域2010年各城市专门化分工指数

城市	广州	深圳	珠海	佛山	江门	肇庆	惠州	东莞	中山
广州		1.071	1.204	1.261	0.808	0.795	1.114	1.085	1.082
深圳			0.318	0.589	0.476	0.487	0.531	0.320	0.344
珠海				0.414	0.498	0.508	0.462	0.285	0.311
佛山					0.723	0.711	0.590	0.434	0.401
江门						0.209	0.428	0.361	0.399
肇庆							0.448	0.381	0.424
惠州								0.212	0.232
东莞									0.060
中山									

资料来源：作者根据人口普查数据分析得出。

而地区内产业结构差异较大的城市有广州—佛山、广州—珠海、广州—惠州、广州—东莞、广州—中山、广州—深圳这几组城市。

进而对平均值大于1倍标准差的指数进行筛选，从而验证城市之间产业互补性增强的特征，得出结果如表6-3。

表6-3　珠三角区域2000年各城市专门化分工指数

城市	广州	深圳	珠海	佛山	江门	肇庆	惠州	东莞	中山
广州		**1.871**	**2.323**	**1.986**	–0.085	**1.191**	0.965	**1.463**	**1.393**
深圳			–0.937	–0.445	0.556	–0.212	0.368	–0.545	–0.393
珠海				–0.608	**1.004**	0.214	0.807	–0.461	–0.220
佛山					0.946	0.371	0.767	–0.420	–0.485
江门						–0.242	–0.237	0.030	0.067
肇庆							–0.765	–0.762	–0.697
惠州								–0.276	–0.302
东莞									–1.240
中山									

资料来源：作者根据人口普查数据分析得出。
注：字体加粗部分为同质性强于平均值1倍的专门化指数。

表6-4　珠三角区域2010年各城市专门化分工指数

城市	广州	深圳	珠海	佛山	江门	肇庆	惠州	东莞	中山
广州		**1.710**	**2.105**	2.274	0.932	**0.893**	1.838	1.753	1.745
深圳			–0.518	0.282	**–0.051**	–0.018	**0.113**	–0.513	–0.443
珠海				–0.235	**0.013**	0.044	**–0.093**	**–0.616**	**–0.541**
佛山					**0.681**	0.646	**0.285**	–0.176	–0.273
江门						**–0.842**	–0.193	**–0.392**	**–0.279**
肇庆							–0.134	–0.332	–0.206
惠州								**–0.832**	**–0.773**
东莞									**–1.282**
中山									

资料来源：作者根据人口普查数据分析得出。
注：字体加粗部分为同质性强于平均值1倍的专门化指数。

从2000年和2010年的数据来看（见表6–3、表6–4），经过10年的发展，珠三角地区内平均值大于1倍标准差的指数值上升和下降的各占一半，说明珠三角地区的产业结构在不断变化或处在转型期，因此，一些城市与其他城市的产业互补性开始增强，而另一些城市与其他城市之间产业同构性依然普遍存在，数据特征比较明显的依然是广州。在2000年，广州与其他7个城市的平均值大于1倍标准差的专业化指数值几乎均在1.0以上（江门除外，肇庆接近1.0），而在2010年的数据中，广州与佛山、惠州、东莞、中山这4个市的产业互补性在明显地增强。

对2000年和2010年两个年份中每个城市的专业化指数（见表6–3、表6–4），及10年的产业总值（见表6–5、图6–1）变化进行对比分析，数据表明广州、佛山、肇庆、深圳4市与其他城市的产业差异度在增大，产业互补性增强，而东莞、惠州产业几乎没有太大的变动，珠海、江门的数据反而有所下降，产业更加趋向于同构。

表6-5　珠三角区域各城市2000年与2010年产业部类变化趋势

时间	广州	深圳	珠海	佛山	江门	肇庆	惠州	东莞	中山	总值	平均值	标准差
2000年	7.043	3.798	4.354	4.351	4.330	3.449	4.116	3.057	3.157	37.654	0.465	0.299
2010年	8.420	4.136	4.000	5.122	3.901	3.963	4.018	3.138	3.253	39.951	0.493	0.338
差值	1.377	0.338	–0.354	0.772	–0.428	0.514	–0.099	0.081	0.096	—	—	—

资料来源：作者根据人口普查数据分析得出。

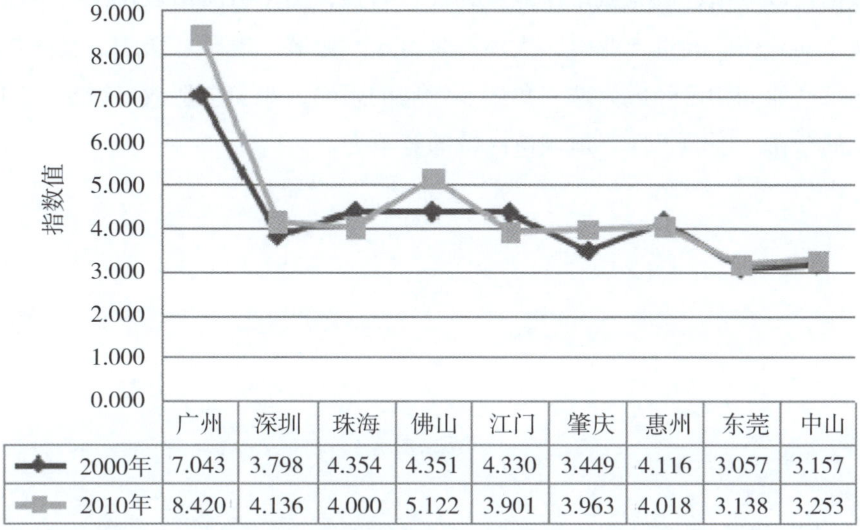

图6-1　2000年与2010年珠三角各城市专门化分工指数变化

对2000年和2010年的两个年份中单个城市的专业化指数的平均值的变化进行对比，对珠三角9个城市产业个体发展情况做进一步的分析，得到的结果见表6-6。对比10年以来的数据变化，与总值的分析结果近似，广州与其他城市的互补性增强，而其他城市之间的产业同构性现象依然存在。从珠三角地区产业功能的异同关系看，这种趋同的产业结构使珠三角城市区域的经济发展无法优化配置资源，更可能造成珠三角区域的产业发展低效率、竞争力趋弱。

表6-6　珠三角区域2000年与2010年各城市专门化分工指数平均值

时间	广州	深圳	珠海	佛山	江门	肇庆	惠州	东莞	中山
2000年	0.783	0.422	0.484	0.483	0.481	0.383	0.457	0.340	0.351
2010年	0.936	0.460	0.444	0.569	0.433	0.440	0.446	0.349	0.361
差值	0.153	0.038	–0.039	0.086	–0.048	0.057	–0.011	0.009	0.011

资料来源：作者根据人口普查数据分析得出。

6.4　小结

综上分析结果，珠三角9个城市中，广州、佛山、肇庆、深圳4市与其他城市的产业差异度在增大，产业互补性在增强，这与10年来9个城市的产业结构升级有很大的关系，广州、深圳作为主中心，其城市的职能和其他城市有所区别，广州作为政治、金融、教育、文化中心，着力于现代服务业及高新技术产业的发展，而深圳则主要是外向型、国际化的区域中心及最重要的对外门户城市，其技术密集型制造业一直处于领先地位。广州、深圳两个中心城市的服务业和高技术产业集聚发展，形成了集聚辐射中心，促使广州、深圳与珠三角其他城市形成了良性互动的格局。从产业集群的角度分析，产业集群的区位选择及全球化背景下外商投资与地方产业集群的互动，也与城市的经济发展有着密切的关系，这部分内容将在城市区域经济空间发展的动力机制中阐明。

从实证数据可以看出，部分城市产业互补性在增强，但多数城市表现出的依然是经济结构趋同的现象。从不同城市的相近产业看，大体都是电器、服装、电子、纺织、食品加工、非金属制品等六大产业。产业同构已经成为珠三角产业发展的阻碍，难免会造成各城市之间的竞争紊乱无序，这种现象的存在，削弱了珠三角城市区域的竞争力。

第七章
珠三角城市区域在全球城市网络中的空间组织

7.1 引言

随着经济全球化的不断推进，城市外部发展环境在网络社会的时空压缩下发生了剧烈的变化，决定城市经济发展的力量已从场所空间转向了流动空间，西方研究领域对城市外部关系的关注也从属性研究转向了网络研究（Castells，1996；Sassen，2001）。Taylor（2010）在深入分析Jacobs（1969，1984）的学术观点后认为，城市的经济发展不仅仅取决于区域内部腹地的经济总量，更取决于其与区域外部的联系；Taylor还进一步提出，经济全球化进程中，主导城市发展的外部关系将从传统的区域腹地（hinterland）转向全球网络（hinterworld），排他式的空间垄断所形成的区域腹地已不足以支撑超级城市的经济发展，而在网络中通过专业分工获取发展资源正成为城市发展的新动力。因此，从全球网络的角度来看城市区域的对外联系，不但要分析区域腹地的范围，更要识别核心城市在世界城市网络中的地位。

而在城市网络的一般实证研究中，研究对象主要包括企业组织、基础设施和社会文化机制等三条实证路径，其中企业组织路径是目前的主流研究方向。学术界用于分析城市间企业分支机构网络的方法主要有三种：第一种方法是Taylor（2001）利用高级生产性服务业的分支机构进行的连锁模型计算，这种分析方法在城市链接方面不但认为总部—分支机构之间存在联系，而且假定不同的分支机构也存在联系；Derudder等（2010）运用这一方法对中国的城市网络进行了实证研究[①]。第二种方法是Alderson等（2004）以世界500强企业的总部—分支机构为分析对象，通过总部和分支机构的区位分离建构城市之间的联系，这种研究方法采用了特定企业的数据采集方法，而城市间的网络链接仅限于总部与分支机构的联系。第三种方法则是Rozenblat等（2007）[②]、唐子来等（2010）[③]、金钟范（2010）[④]等人采用总部—分支机构的城市链接方法，这种方法与第一种方法相类似，但是将入选的企业样本进行了扩展而不仅限于世界500强，这一方法适合于中国疆域尺度较大的特点，同时企业的总部和分支机构之间的联系是确切存在的，由此避开了Taylor（2002）分支机构之间的关系难以准确度量的问题。

在具体的研究中，由于分析视角、数据可得性的不一致，本研究的网络分析方法也进行了相应的调整，其中，在全球城市网络部分依据GaWC的生产性服务业数据进行连锁模型计算；在珠三角与国外典型城市群的比较中则采用了总部累加的方法，实际上是第二种方法的简略形式；对于国内城市群的多中心比较（包括珠三角）则采用了第三种分析方法，以最大可能地解释城市区域内部的空间网络组织。

① DERUDDER B，TAYLOR P J，HOYLER M，et al. Measurement and interpretation of connectivity of Chinese cities in world city network，2010. Chinese Geographical Science，2013，23（3）：261-273.

② ROZENBLAT C，PUMAIN D. The location of multinational firms in the European urban system. Urban Studies，1993，30（10）：1691-1709.

③ 赵渺希，唐子来. 基于网络关联的长三角区域腹地划分. 经济地理，2010（3）：371-376.

④ 金钟范. 基于企业母子联系的中国跨国城市网络结构：以中韩城市之间联系为例. 地理研究，2010（9）：1670-1682.

7.2 生产性服务业网络的分析方法

生产性服务业的区域重组已经成为经济全球化最重要的表现形式之一。Sassen（2001）认为，在跨国公司的生产活动越来越趋于全球扩散的同时，全球城市成为全球经济网络的管理中心，高级生产性服务业则是这些城市的全球主导功能的核心产业，全球城市在全球生产中的核心控制作用是通过高级生产性服务业（APS）的跨国公司来体现的。这一观点与Hall、Friedmann等学者的世界城市理论有着密切的关联。在世界城市研究小组（GaWC）的世界城市网络（WCN）的研究中，Taylor及其相关研究团队作了大量的实证研究，通过城市联系的定量计算揭示了世界城市、全球城市在全球城市网络中的控制地位。

生产性服务业网络的计算模型最早由Taylor（2001）提出，一般称之为连锁模型（INWCN），其关于网络连接度的计算是以生产性服务业跨国公司的相关数据为基础，建立世界城市网络框架：将城市集合、公司集合构建为一个特殊的初始数据库（见表7–1、图7–1），模型中的每一列都代表了一个指定公司在各城市中的办公点网络，进而表明每个城市对于公司全球化战略的重要性（Taylor et al，2002）。

表7–1 生产性服务业公司–城市的关系矩阵

项目	城市$y1$	城市$y2$	城市$y3$	城市$y4$	城市$y5$	城市$y6$
公司$x1$	1	1	1	0	0	0
公司$x2$	0	0	1	1	0	0
公司$x3$	0	0	0	1	1	0
公司$x4$	0	0	0	0	1	1

表7–2 城市–城市的关系矩阵

项目	城市$y1$	城市$y2$	城市$y3$	城市$y4$	城市$y5$	城市$y6$
城市$y1$	—	1	1	0	0	0
城市$y2$		—	1	0	0	0
城市$y3$			—	1	0	0
城市$y4$				—	1	1
城市$y5$					—	0
城市$y6$						—

为了进一步反映城市之间的联系，将以公司数据为x轴、城市为y轴的x–y矩阵转换成y–y的关系矩阵，并由此生成反映城市之间联系的数据库：用反映城市–公司之间是否都存在关系的企业数据，生成对称的城市之间企业共有关系，在此基础上用分支机构数作为服务价值。若采用企业区位服务价值最简单的状况，用“1/0”反映区位服务价值是否都存在的“存有/缺省”型数据，1代表存在分支机构，0则代表不存在。在此基础上，运用乘法来计算城市之间是否拥有共同的入驻企业，例如表7–1中，公司$x1$对于城市$y1$、$y3$的布局中均为1，则该公司$x2$中两个城市$y1$、$y3$的联系为 1·1=1；而在全部4个公司的布局网络中，城市$y1$、$y3$之间的联系可以根据表7–1中的入驻情况进行计算：1·1+0·1+0·0+0·0=1。以此类推，则可以生成对称的关系型数据库（见表7–2），并将城市之间的相似性或相关性纳入“理论距离”，并生成反映城市流的直观地图。按

照连锁模型（INWCN）的计算方法，城市联系的最基本关系可以表示为：按照二模网络的计算方法，服务值矩阵V中最基本的关系可以表示为：

$$C_{ai,j}=V_{aj}\cdot V_{ij} \quad (1)$$

其中V_{aj}是j公司在a城市的服务价值，V_{ij}是j公司在i城市的服务价值，$C_{ai,j}$是以公司j表示的城市a与城市i的基本连接关系量。式（1）中，即以公司j表示的城市a与城市i的基本连接关系，按照连锁模型（INWCN）计算，则城市a、i间的城市联系值C可以表示为：

$$C_{ai}=\sum_{j=1}^{m}C_{ai,j}$$

每个城市最多有$n-1$个这样的联系。网络内每个城市a的总链接程度则可以表示为：

$$C_a=\sum_{i=1}^{n}C_{ai}(a\neq i)$$

其中C_a是城市a的网络联系度，一个城市的联系度高，说明其很好地融入整个生产性服务业网络之中。Taylor的连锁模型实际上是由公司–城市型的二模网络转置相乘形成的城市–城市型的一模网络（见图7–1），并在十余年来的实证研究中得到了广泛的运用。

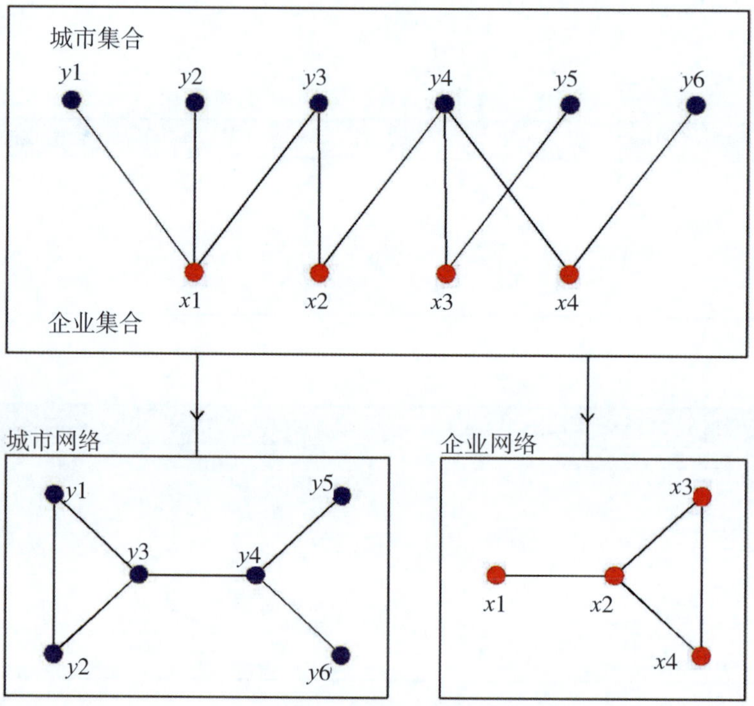

图7–1　生产性服务业城市网络的连锁模型计算

7.3　世界城市网络中的珠三角城市

在GaWC世界城市的生产性服务业数据中，珠三角地区仅有3个城市进入其目录，即广州、深圳、珠海。从世界城市网络的层级特征和数据的可得性出发，本研究采用GaWC世界城市网络的研究方法，研究珠三角核心城市（广州、深圳、珠海）与世界城市的网络关联，同时也对临近珠三角并与之联系密切的香港进行了比较分析。

在对珠三角城市在世界城市体系中的地位和作用的分析中，主要采用了GaWC的研究数据。

珠三角9个城市中入选世界城市排名列表的为广州、深圳和珠海。通过这3个城市主要考察珠三角与世界最重要的45个城市（a级别）形成的城市网络（见表7–3），依次衡量珠三角与世界城市的外向联系程度。从表7–3中可以发现，珠三角虽然有3个城市收录入GaWC的世界城市排名当中，但均未能进入a级别当中，其中广州和深圳进入b序列，而珠海则仅仅被归类到“维持自身现状稳定”这一低外向联系水平的归类当中。

表7–3　世界城市生产性服务业排名前45位

级别	城市	级别	城市
a++	伦敦	a–	曼谷
a++	纽约	a–	巴塞罗那
a+	北京	a–	波士顿
a+	迪拜	a–	布宜诺斯艾利斯
a+	香港	a–	都柏林
a+	巴黎	a–	伊斯坦布尔
a+	上海	a–	雅加达
a+	新加坡	a–	约翰内斯堡
a+	悉尼	a–	墨尔本
a+	东京	a–	迈阿密
a	阿姆斯特丹	a–	慕尼黑
a	布鲁塞尔	a–	新德里
a	芝加哥	a–	布拉格
a	法兰克福	a–	圣弗朗西斯科
a	吉隆坡	a–	首尔
a	洛杉矶	a–	斯德哥尔摩
a	马德里	a–	台北
a	墨西哥城	a–	维也纳
a	米兰	a–	华沙
a	莫斯科	a–	华盛顿
a	孟买	a–	苏黎世
a	圣保罗	b+	广州
a	多伦多	b–	深圳
a–	亚特兰大	—	珠海

7.3.1　珠三角与世界城市的联系

根据泰勒的城市网络的计算方法可以得出珠三角三市与GaWC前45位城市所形成的网络，其中前10%强的联系如图7–2所示。从图中城市联系网络所呈现的特征可以发现，珠三角（三市）在世界城市体系中居于从属地位，绝对的核心在西欧和美国东海岸，并以纽约—伦敦的联系形成轴心。而在亚洲则主要沿着太平洋西海岸形成东京—上海—香港—吉隆坡的联系带，珠三角也在这个联系带的范围当中（见图7–2）。珠三角与外界的联系也主要指向欧洲和美国以及太平洋西岸城市联系带，与南美洲、非洲和大洋洲的联系较弱。

从各个列入分析的城市在联系网络的权重（点度）来看，可以发现珠三角广州、深圳、珠海等3个城市在世界城市网络中并不突出，与其临近的香港在世界城市联系网络中居于更为重要的地位，因此珠三角中广州、深圳、珠海这三市对外的影响力仍待提高。

图7-2　世界城市的生产性服务业网络

7.3.2　珠三角城市与GaWC排名前45位城市前10%的网络联系

从广州与世界GaWC排名前45位城市的联系情况来看，香港、伦敦、纽约与广州的企业联系最为密切，可见广州作为广东省会和珠三角城市区域的中心，与全球性城市有着较大关联；相反，珠海作为珠三角西岸的城市虽然与广州邻近，然而从全球视域来看，却与省会城市广州的企业联系量最小（见图7-3），这是因为生产性服务业的企业分支机构在一定地域范围内仍具有排他性的空间垄断特征。

从深圳与全球的关系来看，深圳也与较多城市具有较强的生产性服务业关联。由于地理位置的原因，深圳与香港的联系最强，除此之外，深圳还与北京、上海全国两大中心城市以及伦敦、纽约等全球城市有着频密的企业联系。与广州类似，深圳与珠三角区域成员之一的珠海也在全球层面联系最弱（见图7-4）。

从珠海与全球的关系来看，珠海与广州、深圳在全球范围内的生产性服务业联系数量有较大差距，与德国慕尼黑、比利时布鲁塞尔、西班牙巴塞罗那、美国芝加哥及亚特兰大等全球生产性服务业前45位的多个城市联系普遍较弱。相对而言，珠海与新加坡、纽约、伦敦的企业联系较为紧密（见图7-5）。

另外，如果考察香港的世界城市网络特征可以发现，香港对外联系水平较高，其中又以与欧洲的联系为主。香港与珠三角3个城市的联系强度从高到低分别为广州、深圳、珠海，广州而非深圳成为香港生产性服务业的区域首位城市，意味着深圳同样是香港生产性服务业排他性空间垄断的“阴影”区域。总体而言，作为与珠三角在地理区位上最为临近的世界城市，香港的对外联系水平明显高于珠三角（见图7-6）。

在基于生产性服务业联系的全球城市网络中，继续重点考察珠三角城市与GaWC全球城市排名前45位的城市形成的联系网络中珠三角城市的地位。根据点度值得排名得到图7-7，如图所示，中国非珠三角城市4个（香港、上海、北京、台北）、收录入GaWC排名的珠三角城市3个（广州、深圳、珠海）。广州在世界城市联系网络中的点度与世界前45位城市的差距较小，排第48位。从数据分析的结果可知，深圳和珠海明显落后于前45位的城市，其中深圳排在第119位，而珠海排名更为落后，这说明在世界城市联系网络中，珠三角参与其中的门户城市为广州，深圳为次级联系门户，包括珠海在内的其余珠三角城市的影响力则较为微弱（见图7-2、图7-8）。

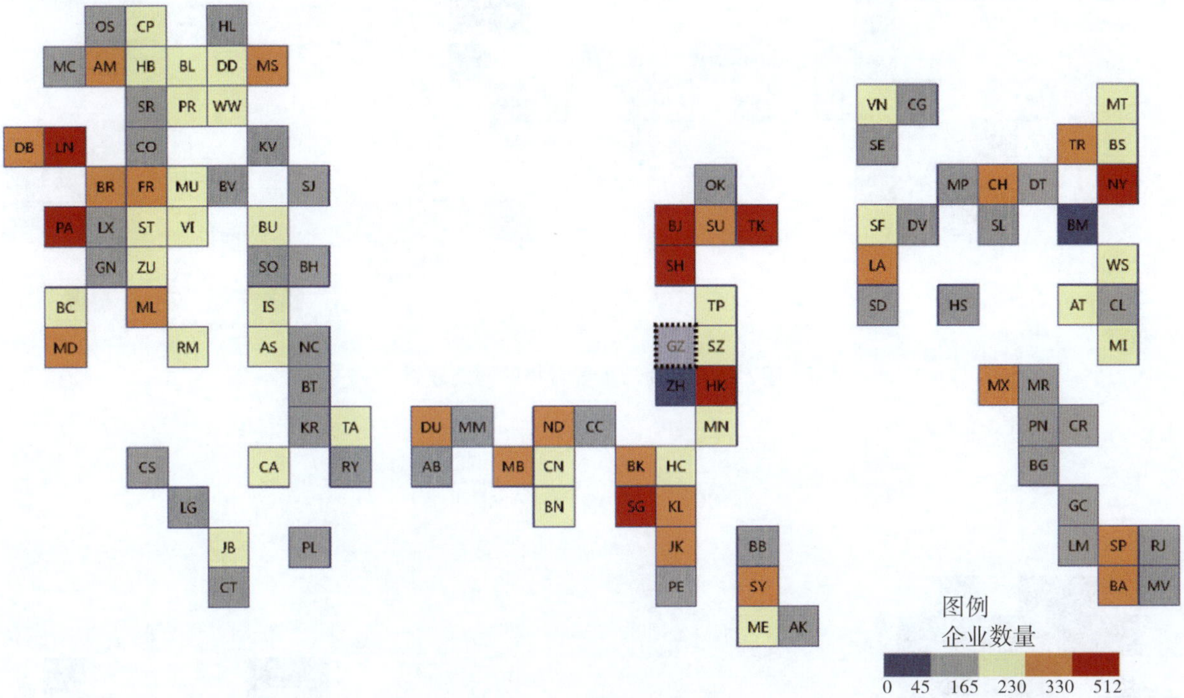

LN：伦敦　NY：纽约　BJ：北京　DU：迪拜　HK：香港　PA：巴黎
SH：上海　SG：新加坡　SY：悉尼　TK：东京　AM：阿姆斯特丹　BR：布鲁塞尔
CH：芝加哥　FR：法兰克福　KL：吉隆坡　LA：洛杉矶　MD：马德里　MX：墨西哥城
ML：米兰　MS：莫斯科　MB：孟买　SP：圣保罗　TR：多伦多　AT：亚特兰大
BK：曼谷　BC：巴塞罗那　BS：波士顿　BA：布宜诺斯艾利斯　DB：都柏林　IS：伊斯坦布尔
JK：雅加达　JB：约翰内斯堡　ME：墨尔本　MI：迈阿密　MU：慕尼黑　ND：新德里
PR：布拉格　SF：旧金山　SU：首尔　ST：斯德哥尔摩　TP：台北　VI：维也纳
WW：华沙　WC：华盛顿　ZU：苏黎世　DD：杜塞尔多夫　MT：蒙特利尔　RM：罗马
HB：汉堡　MN：马尼拉　HS：休斯敦　BL：柏林　AS：雅典　TA：特拉维夫
BN：班加罗尔　CP：哥本哈根　CA：开罗　BG：圣菲波哥大　VN：温哥华　BU：布达佩斯
BT：贝鲁特　LX：卢森堡　GZ：广州　SE：西雅图　CR：加拉加斯　HC：胡志明市
AK：奥克兰　OS：奥斯陆　KV：基辅　CN：金奈　BH：布加勒斯特　KR：卡拉奇
MC：曼彻斯特　LM：利马　CT：开普敦　RY：利雅得　MV：蒙得维的亚　MP：明尼阿波利斯
AD：阿布扎比　NC：尼科西亚　BM：伯明翰市　RJ：里约热内卢　BB：布里斯班　GN：日内瓦
CC：加尔各答　DT：底特律　DV：丹佛　MR：蒙特雷　BV：布拉迪斯拉发　PL：路易港
CS：卡萨布兰卡　MM：麦纳麦　SR：斯图加特　SO：索非亚　CO：科隆　SL：圣路易斯
HL：赫尔辛基　PN：巴拿马城　SD：圣地亚哥　LG：拉各斯　PE：珀斯　SZ：深圳
CL：克里夫兰　SJ：圣胡安　CG：卡尔加里　GC：危地马拉城　OK：大阪　ZH：珠海

图7-3　广州与世界城市的网络联系

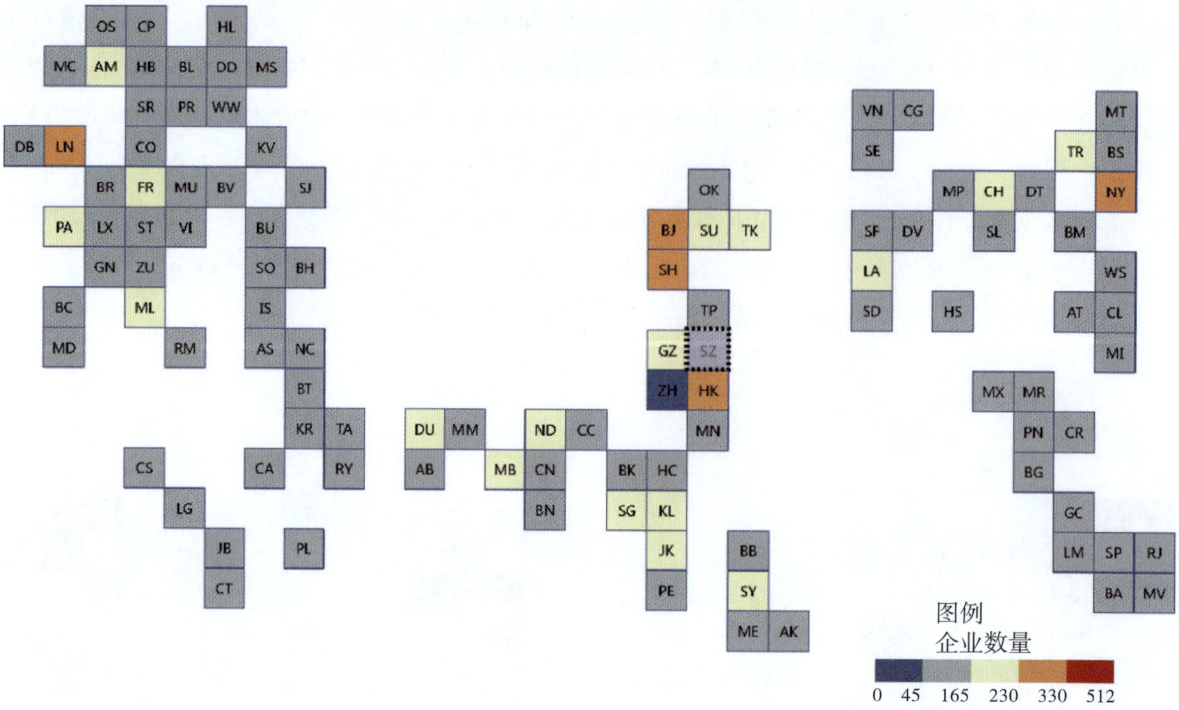

图7-4 深圳与世界城市的网络联系

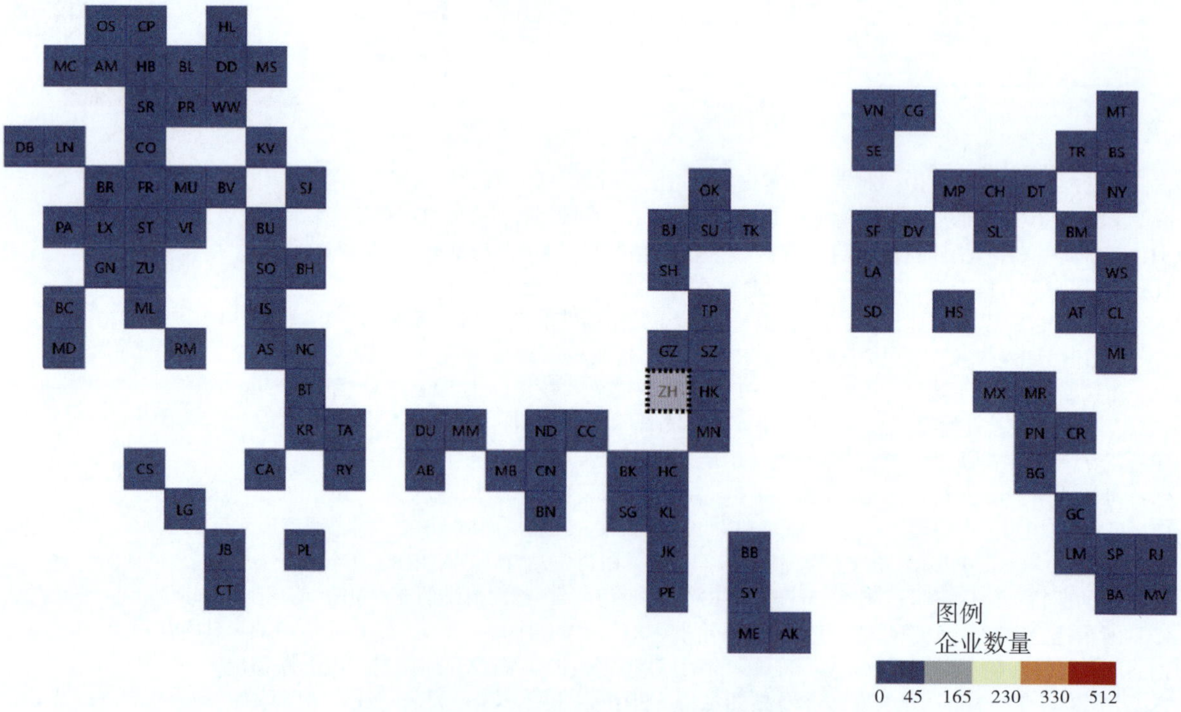

图7-5 珠海与世界城市的网络联系

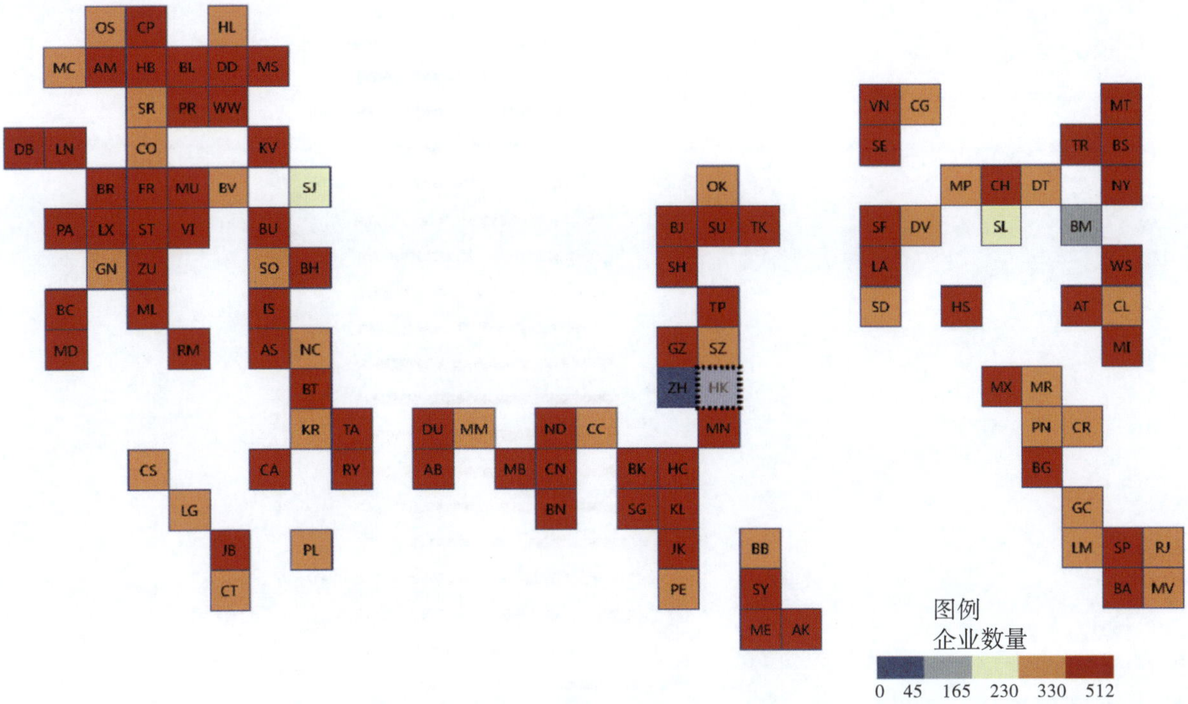

图7–6　香港与世界城市的网络联系

在珠三角3个城市和GaWC的45个a级别城市形成的1 124对有效联系的联系值从高到低依次排列见图7–8。其中，广州、深圳和珠海的对外城市网络联系的最大联系值（亦即首次在城市联系序列中出现包含这三个城市的城市联系的位置）在序列中的位置如图所示（见图7–8）。

首次出现城市联系中的一方为广州的联系值排名为254，首次出现城市联系中的一方为深圳的联系值排名为781，首次出现城市联系中的一方为珠海的联系值排名为1 079，在这个区间内珠三角对外联系通过广州和深圳两个城市，共有79对外向联系。而在联系值排名1 079之后，珠三角对外联系则通过广州、深圳、珠海3个城市，在这个区间内有46对外向联系。总体而言，珠三角城市的外向网络联系值水平主要集中在排名后三分之一，总体外向联系程度有待提高（见图7–8）。

在珠三角参与全球城市联系网络的总体关联基础上，对珠三角与各个等级的世界城市的外向联系进行分析，以进一步分析珠三角在世界城市体系中的地位，如图所示为珠三角所有的对外联系（见图7–9）。

从珠三角与世界a++级别的两个城市的外向联系值可以发现，广州和深圳的外向联系为珠三角参与世界城市体系的主要门户，珠海以及未能进入GaWC全球城市排名的其他城市可以忽略不计（见图7–10、表7–4）。

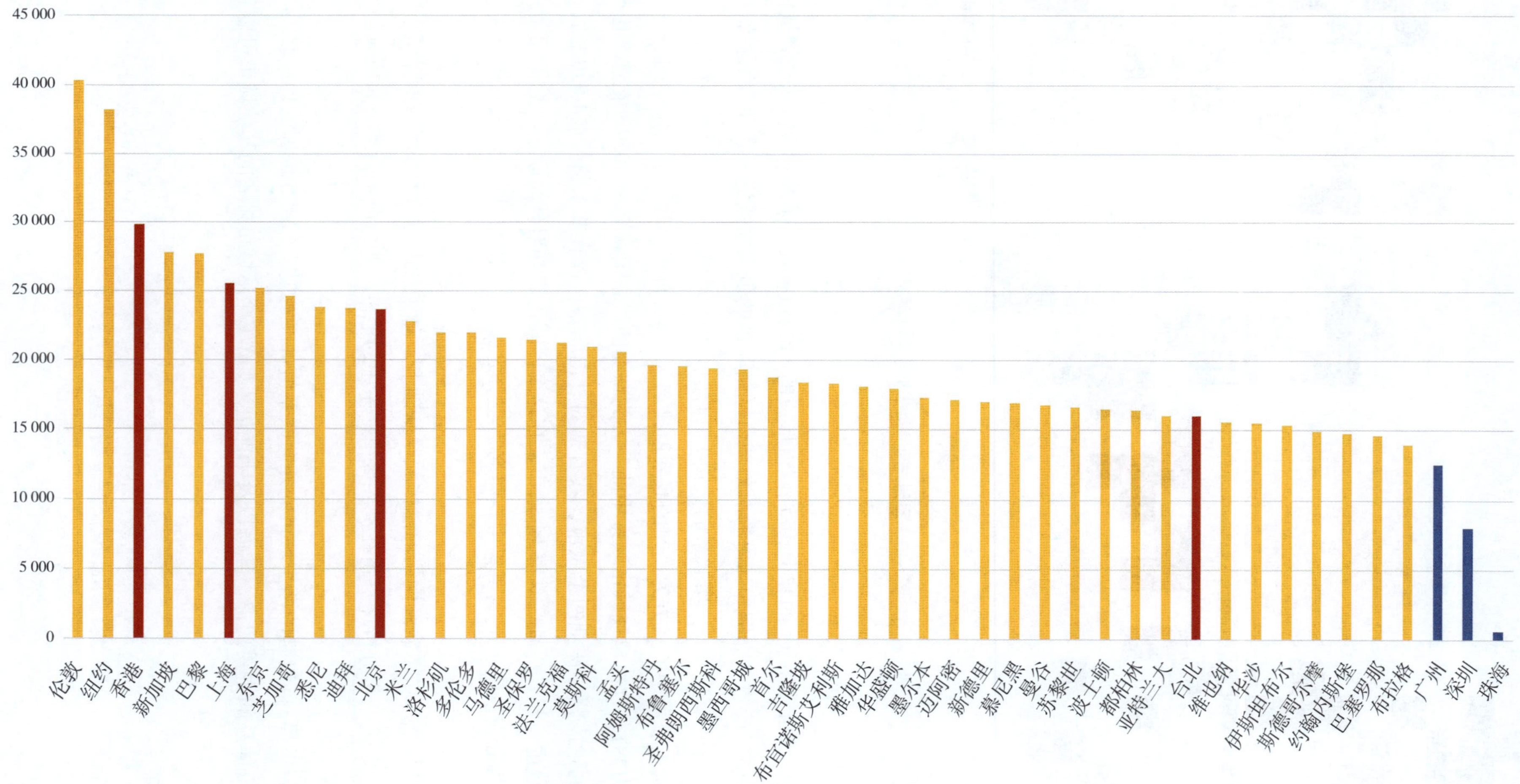

图7-7　珠三角与GaWC世界城市前45位的网络联系各节点城市点度（V）

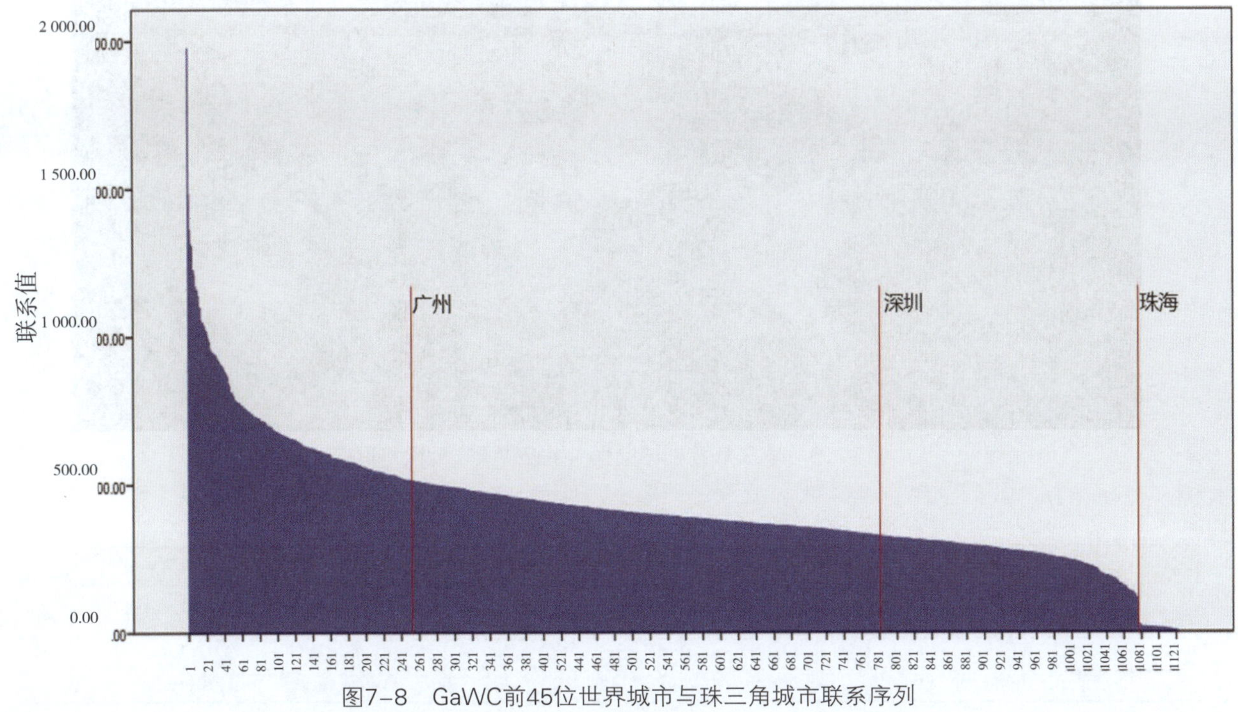

图7-8　GaWC前45位世界城市与珠三角城市联系序列

图7-9　珠三角城市与GaWC排名前45位城市的网络联系

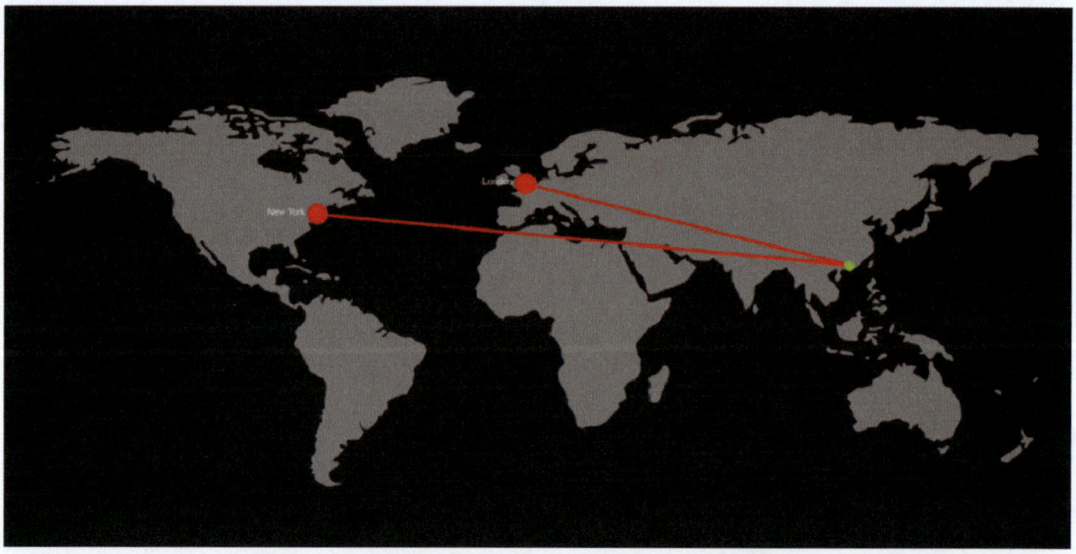

图7-10　珠三角城市与世界a++级别城市的网络联系

表7-4　珠三角城市与世界a++级别城市的外向联系值

城市	伦敦	纽约
广州	512	472
深圳	324	301
珠海	25	26

从珠三角城市与世界a+级别的8个城市的外向联系值，依然可以发现广州和深圳的外向联系为珠三角城市参与世界城市体系的主要门户。珠海的外向联系程度很弱。与世界a++级别城市的联系不同，珠三角城市与世界a+级别城市的联系主要集中在亚洲，而总联系值也大于与世界a++级别城市的外向联系（见图7-11、表7-5）。

图7-11　珠三角城市与世界a+级别城市的网络联系

表7-5　珠三角城市与世界a+级别城市的外向联系值

城市	北京	迪拜	香港	巴黎	上海	新加坡	悉尼	东京
广州	379	305	424	348	391	385	330	353
深圳	240	188	273	195	243	227	197	219
珠海	17	17	16	15	18	22	17	16

从珠三角城市与世界a级别的13个城市的外向联系值来看，广州的外向联系逐渐成为主导。珠海的外向联系更加微弱。珠三角城市与这个级别的世界城市的联系基本分布在欧洲和美洲（见图7–12、表7–6）。

图7–12　珠三角城市与世界a级别城市的网络联系

表7–6　珠三角城市与世界a级别城市的外向联系值

城市	阿姆斯特丹	布鲁塞尔	芝加哥	法兰克福	吉隆坡	洛杉矶	马德里	墨西哥城	米兰	多伦多	孟买	圣保罗	莫斯科
广州	250	240	293	275	276	275	270	265	297	261	290	283	318
深圳	178	154	191	172	182	184	163	160	187	161	190	161	178
珠海	9	5	6	14	11	13	13	13	17	13	17	14	15

珠三角城市与世界a–级别的21个城市的外向联系值，基本以广州的外向联系为主导（见图7–13）。在这个层面的联系在数量上主要集中于美国和欧洲，但在联系强度上则以与亚洲城市的联系为主。珠三角城市与世界a–级别的城市的联系值在世界城市联系网络联系值排名中处于后四分之一的水平。

图7–13　珠三角城市与世界a–级别城市的网络联系

7.4 珠三角与世界城市群的比较

为了进一步比较珠三角城市区域在全球城市体系的整体地位，本研究进一步对珠三角与国内外主要城市群进行了比较。世界六大城市群包括以纽约为中心的美国东北部大西洋沿岸城市群、以芝加哥为中心的北美五大湖城市群、以东京为中心的日本太平洋沿岸城市群、以伦敦为中心的英伦城市群、以巴黎为中心的欧洲西北部城市群、以上海为中心的中国长三角城市群等世界城市群，而珠三角、京津冀是中国建设世界级城市群的主要对象。

为进一步判读珠三角城市区域在全球城市体系的层级地位，同时规避生产性服务业区位数据不足的缺陷，本部分根据城市群所拥有的世界500强企业总部的情况对城市群进行横向比较，以发现珠三角城市区域建设世界级城市群的优势和劣势。

研究首先按照城市的500强总部的企业数量、企业收入、企业利润进行分别汇总，通过城市群的整体实力、内部的差异来进行城市群之间的横向比较，其中整体实力的衡量主要是对相应城市群的各个城市总部实力进行加总，城市群的内部差异则采用多中心性指标，多中心性的测度公式可以采用数组的相对差异来进行衡量：

$$P = 1 - \frac{\sum_i \sum_j |M_i - M_j|}{n \cdot n}$$

公式中P为城市群的多中心性，i，j为城市群内城市个数的序列，i，j =1，…，n，n是城市群内城市的数量。显然，城市群的多中心性值在0~1之间。

以珠三角2009年世界500强企业数量、企业收入和企业利润与世界其他城市群进行的比较，并以多中心性衡量城市群区域内发展的均衡程度。具体地，以城市群的整体实力（500强总部的企业利润、企业收入、企业数量加和）为横坐标、以城市群的多中心性为纵坐标制图，判断珠三角城市区域相对于国内外城市群的整体实力和多中心性。

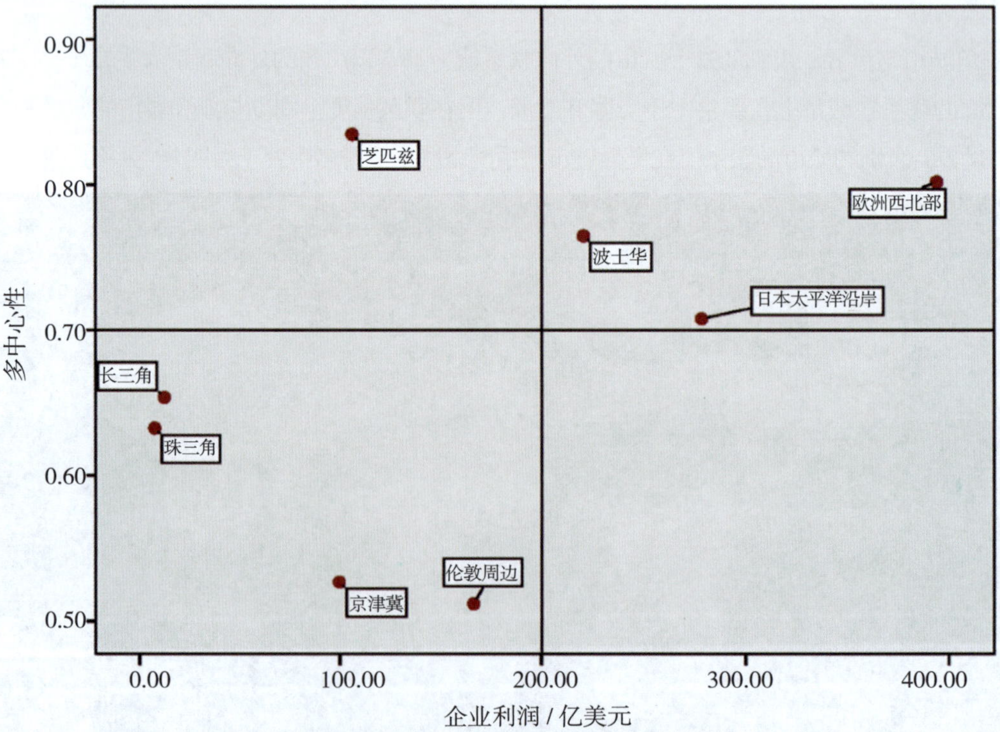

图7-14　2009年世界500强企业利润中主要城市群的整体实力与多中心性

从图7-14、图7-15可以发现，2009年珠三角城市群在世界范围内的发展优势并不突出。而从图7-16、图7-17可以发现，珠三角城市群在世界范围内的发展优势与2009年相比依然没有很大提升，但相对自身则有较大发展，有成为一个更为多中心的城市群的趋势。

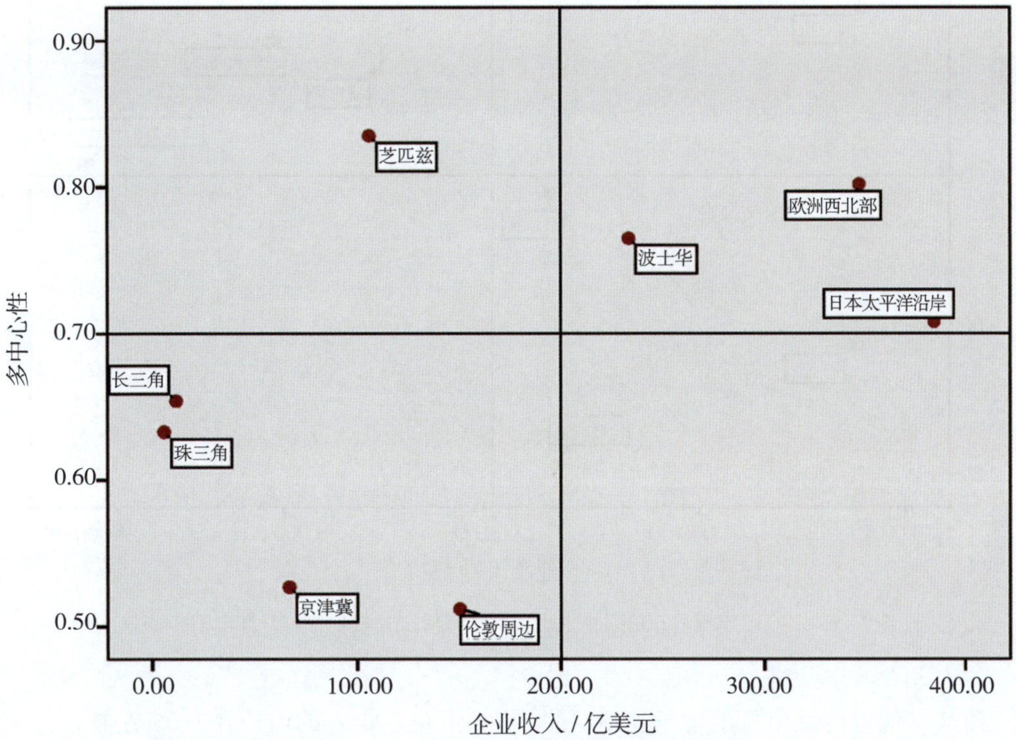

图7-15 2009年世界500强企业收入中主要城市群的整体实力与多中心性

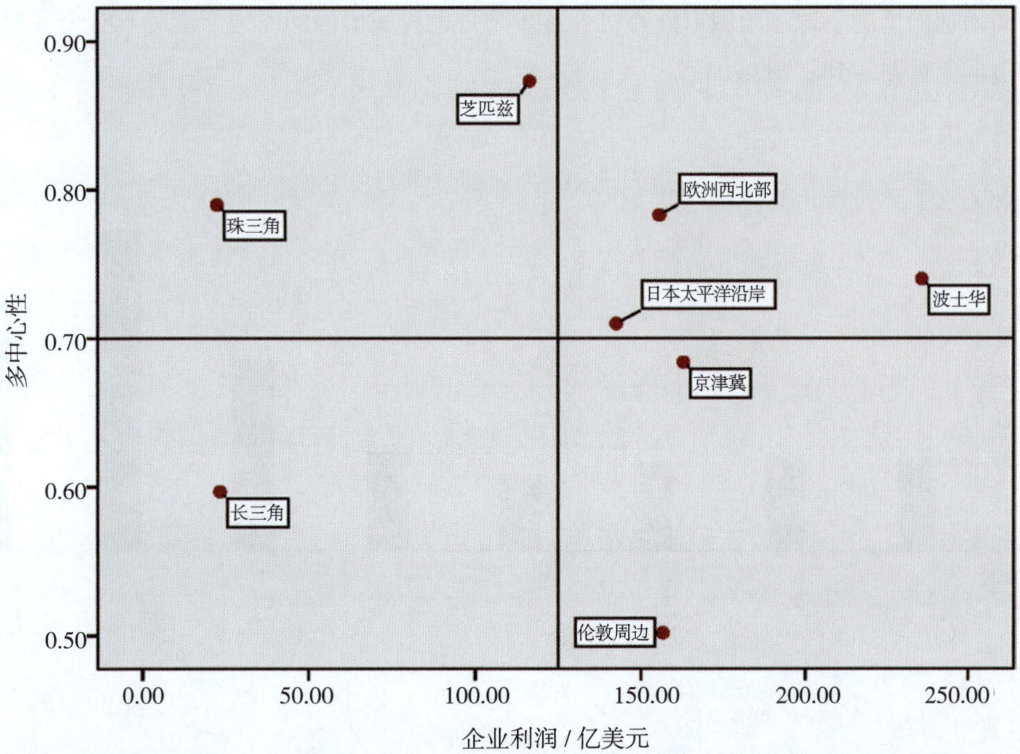

图7-16 2012年世界500强企业利润中主要城市群的整体实力与多中心性

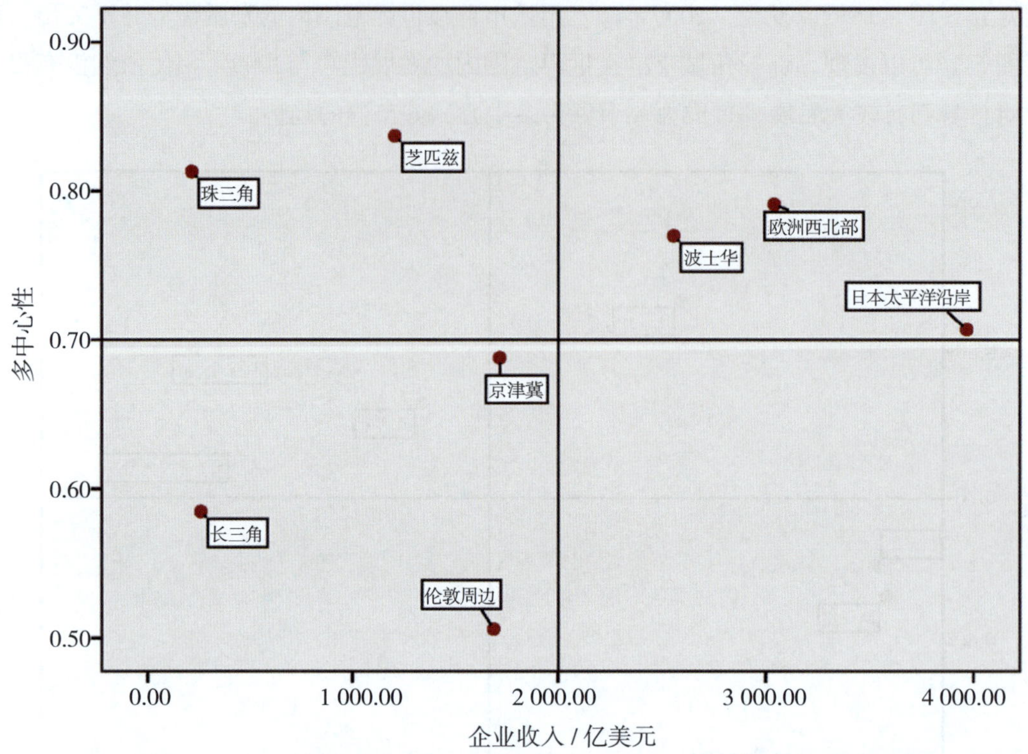

图7-17　2012年世界500强企业收入中主要城市群的整体实力与多中心性

珠三角与其他世界城市群的增长相比，世界500强企业收入的增长在370%左右，排在八大城市群的第一位；企业利润的增长率超过300%，同样排在第一位。虽然目前珠三角城市群同世界城市群相比较，发展水平仍有待提高，但珠三角的增长速度和增长效率都非常可观，可以预期在保持相同增速的情况下珠三角城市群有机会逐步跻身世界城市群的前列，成为具有全球领导力的世界城市群（见图7-18、图7-19）。

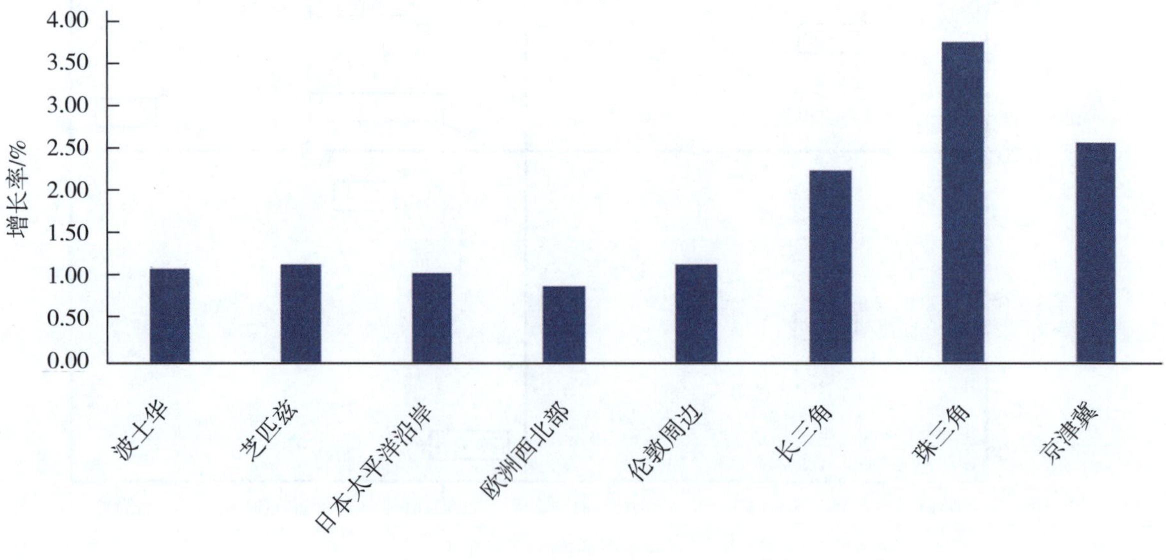

图7-18　2009—2012年主要城市群500强企业收入增长率

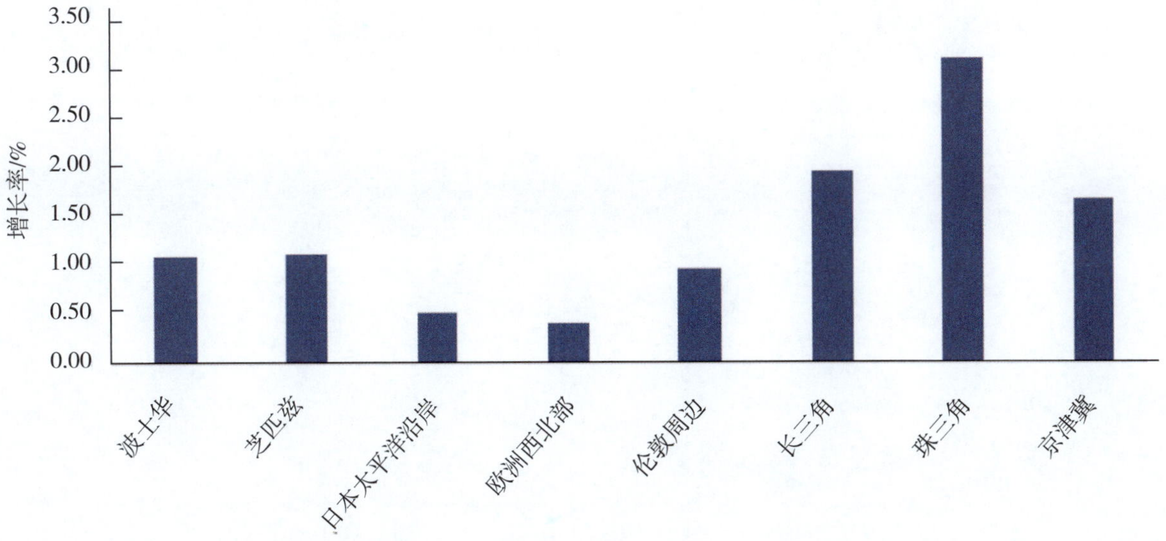

图7-19　2009—2012年主要城市群500强企业利润增长率

7.5　小结

本部分通过生产性服务业的网络联系来分析珠三角城市区域在全球城市网络中的地位。显然，广州、深圳、珠海等核心城市在全球范围内尚未成为顶级城市，而香港的生产性服务业门户地位则更为突出。在以世界500强企业为指标进行的主要城市群比较分析中，珠三角城市区域整体实力不强，但多中心性突出，且成长性明显。总体而言，为应对世界城市群的建设，珠三角在保持目前企业全球控制力快速增长的同时，应看到与长三角、京津冀的客观差距，在区域发展发展方面应进一步与香港联动，通过香港生产性服务业的功能互补，应对珠三角后期可能面临的增长空间不足的形势。

第八章

珠三角城市区域在中国城市中的网络组织

8.1 引言

本部分在中国的城市网络体系中研究珠三角，其中重点包括两个方面，一是比较分析珠三角在全国城市体系中的辐射影响力，二是比较分析珠三角与长三角、京津冀的多中心网络。在区域经济学的理论视野中，腹地是构成中心城市的必要条件。

传统的中心地理论认为，城市的中心性主要体现在对区域其他城市的辐射上，廖什还在克里斯塔勒理论基础上建立了市场网络模型，把中心地理论发展成为产业的市场区位论；区域经济学家艾萨德（1956）从区位理论的角度剖析了腹地的形成基础，帕兰德（1935）则通过运输费用推导了企业空间垄断而形成的腹地。在应用研究中，辨识区域腹地的方法有理论演绎法和实证描述法，理论演绎主要基于社会物理视角的城市引力模型进行区域腹地的划分（孔凡娥等，2006；王德等，2003；邓春玉，2009），实证描述则通过地区间"流"格局来分析确定中心城市区域腹地（Green，1955；Pred，1977）。

在多中心性方面，西方学术界开始关注网络化模式与中心地模式的对比（Taylor，2004）。Parr（2002）指出，与中心地模式相比，网络化的城市区域其空间组织在中心地分布上更为均衡。Batten（1995）则对两者之间的区别进行了总结：中心地系统更加强调空间组织的向心性（Centrality），强调自上而下的单向垂直联系，而网络化的空间联系则强调节点性（Nodality），强调多个中心城市间的水平多向联系。Meijers等（2011，2012）关于多中心、单中心的比较研究深刻地揭示了中心地模式与网络化模式的差异。对此，多中心网络的研究不仅要分析城市规模的差异，还要从"流"的角度来分析网络的自容性、方向性等各种拓扑关系，这也是本部分对珠三角、长三角、京津冀进行横向比较的重点。

实证研究中，本部分的城市网络分析采用了两种分析方法，一是继续采用GaWC生产性服务业数据对珠三角在中国城市体系中的网络格局进行判读，二是采用总部—分支机构的基础数据，利用Rozenblat等（2007）、唐子来等（2010）、金钟范（2010）等人的方法，通过总部—分支机构型城市联系，比较珠三角与长三角、京津冀在总部控制和分支机构吸引方面的腹地范围，并用此数据来横向比较城市群的多中心网络格局。

8.2 中国生产性服务业网络中的珠三角

沿用第七章的分析方法，采用生产性服务业的连锁模型，研究珠三角广州、深圳、珠海等3个城市与全国范围内的主要城市的网络关联。根据GaWC的2008年数据可以计算得到中国大陆地区32个主要城市的联系网络，可以发现，中国主要的联系网络（前10%强）集中在东部沿海地区，形成"北京—上海—广深"的等腰三角形联系结构。另外也可以看出，成都和重庆正在成为全国联系网络的第四极（见图8-1）。要说明的是，成渝地区具体的发展情势还有待持续性观察。

当然，就城市联系的强度来看，长三角、京津冀、珠三角是目前国家城市体系中最为突出的巨型城市区域。这也意味着，在中国城市网络中判别珠三角区域腹地。多中心性，离不开与长三角、京津冀的横向比较，否则无法形成有效的比较参照系。

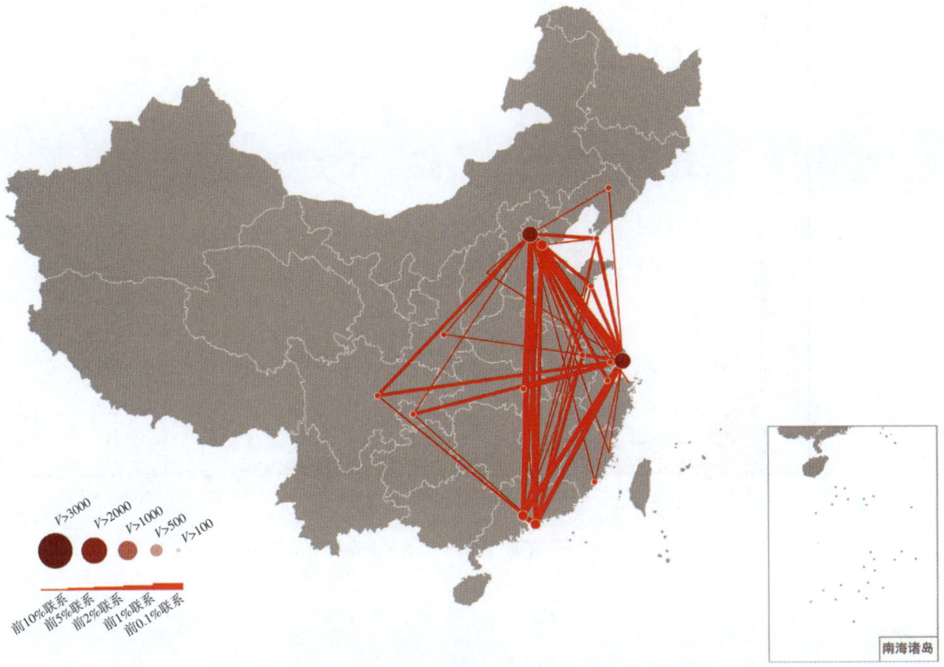

图8-1　中国主要城市的生产性服务业网络联系

（注：本书中国地图底图来源为http://219.238.166.215/mcp/index.asp，审图号：GS（2008）1108号。）

在全国基于生产性服务业的联系网络中，居于前10%强的联系网络的节点城市有32个。根据点度值得到城市排名如图8-2所示，其中珠三角城市占有3席，分别为广州（第3位）、深圳（第4位）以及珠海（第31位）。

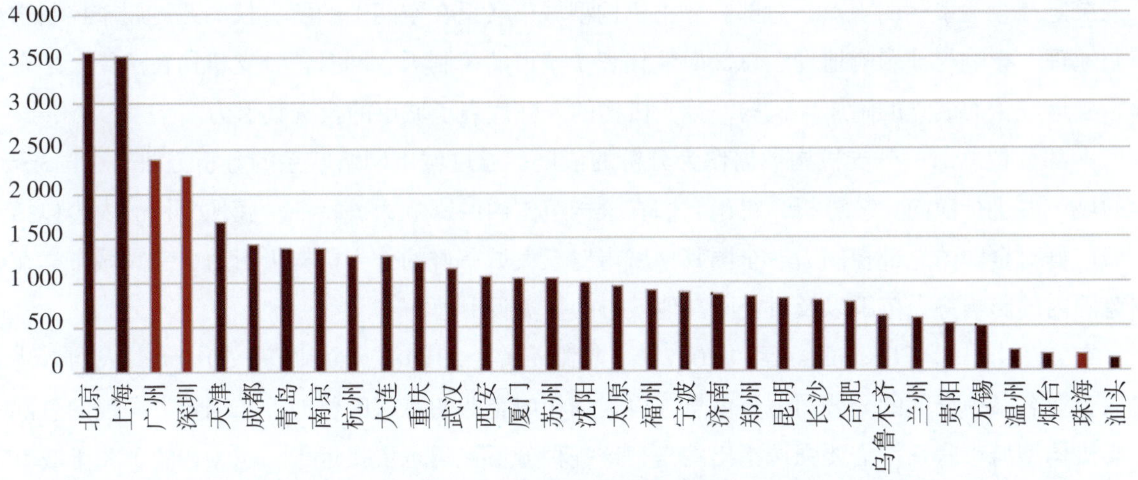

图8-2　珠三角与中国主要城市网络联系各节点城市点度（V）

珠三角3个城市和中国主要城市形成了496对有效联系，其联系值从高到低依次排列，前10%的联系中珠三角城市的外向联系有19对，占38%；珠三角对外联系主要以广州和深圳为门户，珠海等城市在全国范围内的外向联系在前10%强的网络联系之外（见图8-3）。另外，广州、深圳和珠海的外向联系的值的平均排名分别为深圳（123）、广州（138）以及珠海（442）。

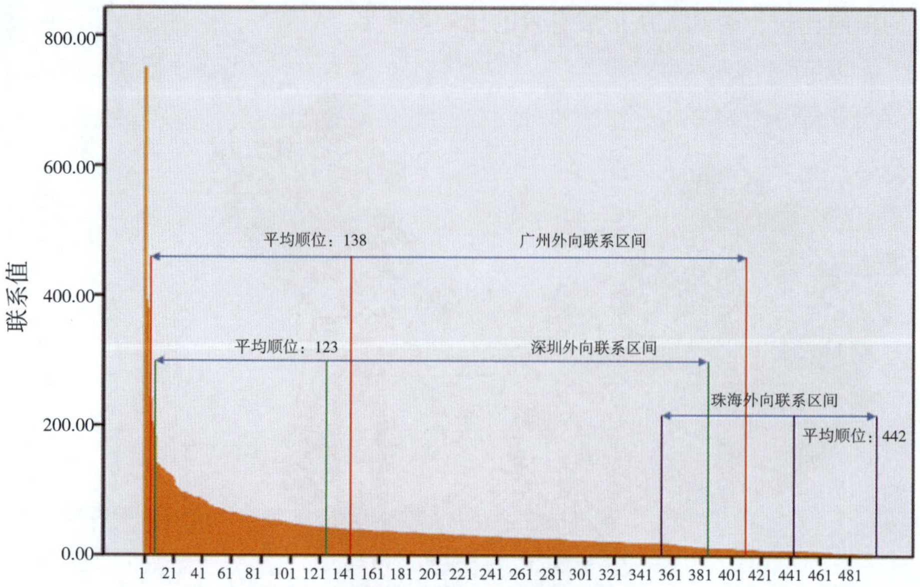

图8-3　珠三角城市与中国主要城市联系序列

8.3　三大城市群在全国的腹地比较

在典型企业的总部—分支机构区位研究中，如果考虑到Friedman（1982）、Sassen（2001）关于世界城市或者全球城市的总部控制功能的空间特征，将总部数量定义为所在城市的出度，将分支机构数量定义为所在城市的入度，则这种企业联系又体现了Diken关于跨地域公司生产网络的不均等性，即在公司控制的生产系统各部分之间，有控制与被控制之别。按照Massey“所有权关系决定社会关系”的观点，总部—分支机构型城市联系在空间上的所有权关系，属于控制与被控制地理、影响与被影响地理，总部属地代表了城市的控制力。同时，分支机构在法律上是企业为了异地经营而成立的附属性机构，分支机构的入驻代表了城市的投资吸引力。

本部分把总部—分支机构数据作为分析的依据，通过城市网络联系的分析方法对中国3个最大的城市群进行横向比较分析，得出它们在全国范围内的影响力等特征。腹地分析的内容包括三大城市群对全国的总部控制力、全国其他城市对三大城市群的分支机构吸引力、三大城市群在全国范围内的影响势力范围以及对全国其他城市的投资吸引力。

在方法上，参考Rozenblat等（2007）、赵渺希等（2010）、金钟范（2010）等人的方法，提取企业名录中全部的分公司地点信息，再根据相应企业的总部区位地点，确定方向性的总部—分支机构型城市联系。需要强调指出的是，这一种分析视角也更接近于Scott（1982）关于城市之间企业流的定义。因此，如定义方向性的城市间功能联系T_{ij}为总部在i城市、分公司在j城市的企业数量，城市i相应的出度（O_i）、入度（I_i）则可以很方便地进行汇总计算：

$$O_i = \sum_j T_{ij}$$

$$I_i = \sum_j T_{ji}$$

而对于城市i、j之间的无向联系则可以定义为（$T_{ij}+T_{ji}$）。在我国企业工商注册的相关法律中，分公司、办事处是异地经营必须设立的分支机构，但在实际运行中，跨越市、县、区的经营就有必要到工商注册机构申请设立分支机构，因此分支机构的数量表征了入驻地的市场吸引力。

8.3.1 三大城市群对全国城市的总部控制力

通过上述分析方法，京津冀、长三角和珠三角三大城市群在全国城市体系中的企业总部控制力分布如图8-4、图8-5、图8-6所示。控制力的度量方法，简要来说，即以企业总部设在三大城市群城市而分支机构设在其他城市的企业数量分布来评判总部的控制力范围。利用GIS的核密度图表达，颜色越深，表示控制力越强。从图8-4可以发现，京津冀对全国城市的总部控制力主要集中在华北平原一带，在华南、华中地区则未能像其在华北、东北一般形成连绵成片的控制区域，而是星罗棋布地在几个重点城市形成企业总部的控制影响。

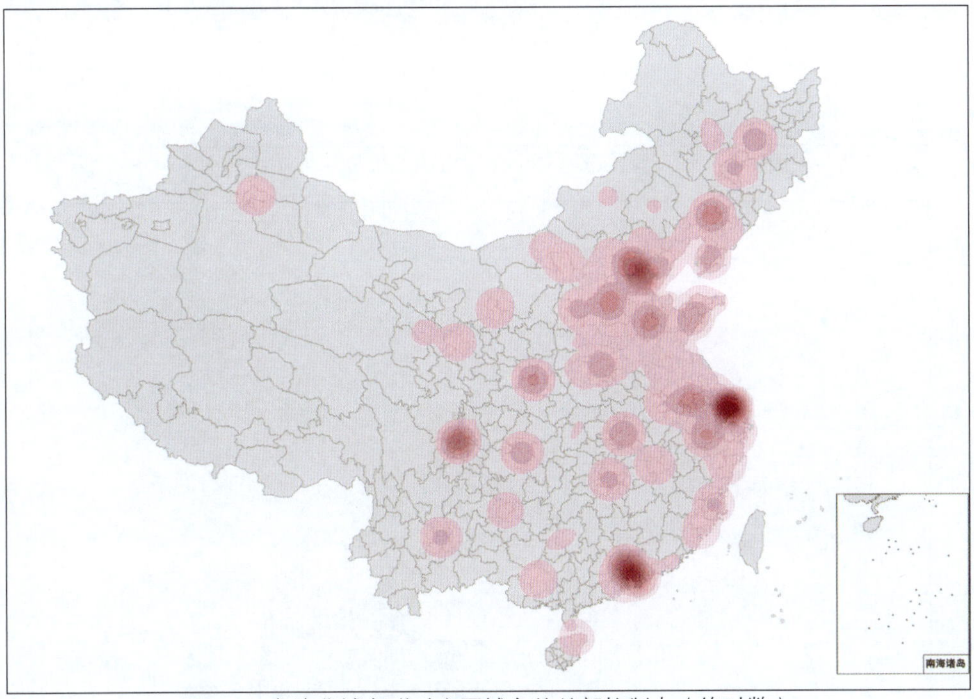

图8-4 京津冀城市群对全国城市的总部控制力（绝对数）

长三角城市群对中国其他城市的总部控制力如图8-5所示。从图中可发现，受到长三角控制较多的城市主要分布在长江中下游地区，同时其控制力扩散至整个华东、华北，在华北地区与京津冀的控制范围有所重叠。同时，在西南地区的总部控制力范围也较京津冀更为广泛，并且形成绵延之势。

珠三角城市群对中国其他城市的总部控制力如图8-6所示。从图中可以发现，珠三角对于全国其他城市的影响力主要集中于华南地区以及东南沿海地区，并通过东南沿海的一条带状区域将控制力有限地扩展到了华东地区。在华中、西南地区的控制力则以区域中的重点城市为根基，呈现零星的分布；在更北的华北、东北地区，经过京津冀和长三角在地理上的两次优势竞争之后，珠三角的控制力实际上已经非常有限。

另外，从图8-4至图8-6均可发现，三大城市群相互之间的控制力都是高于其他城市的，这说明三大城市群之间有着强烈的相互联系，且水平高于与其他城市的联系。

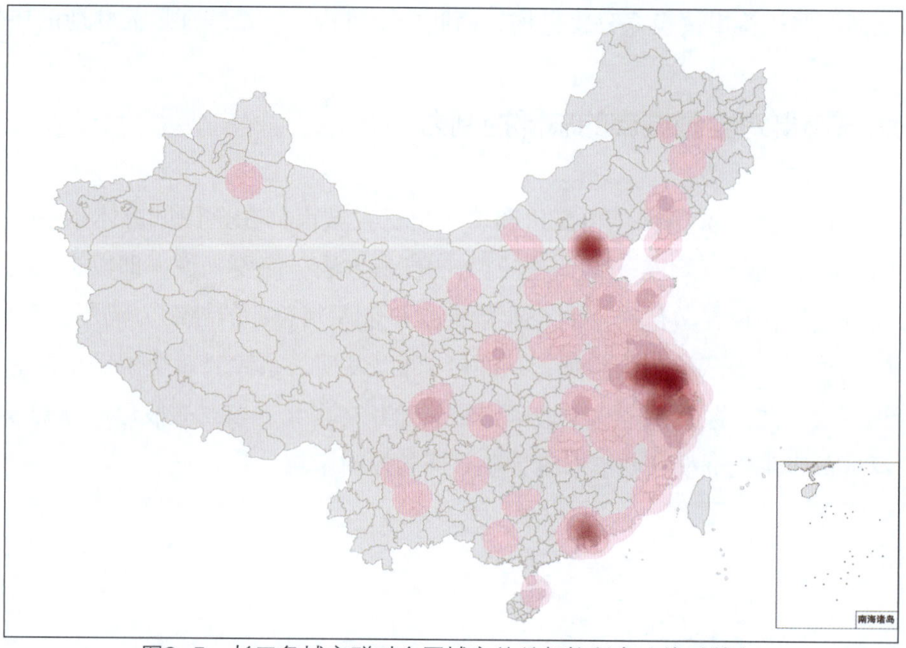

图8-5　长三角城市群对全国城市的总部控制力（绝对数）

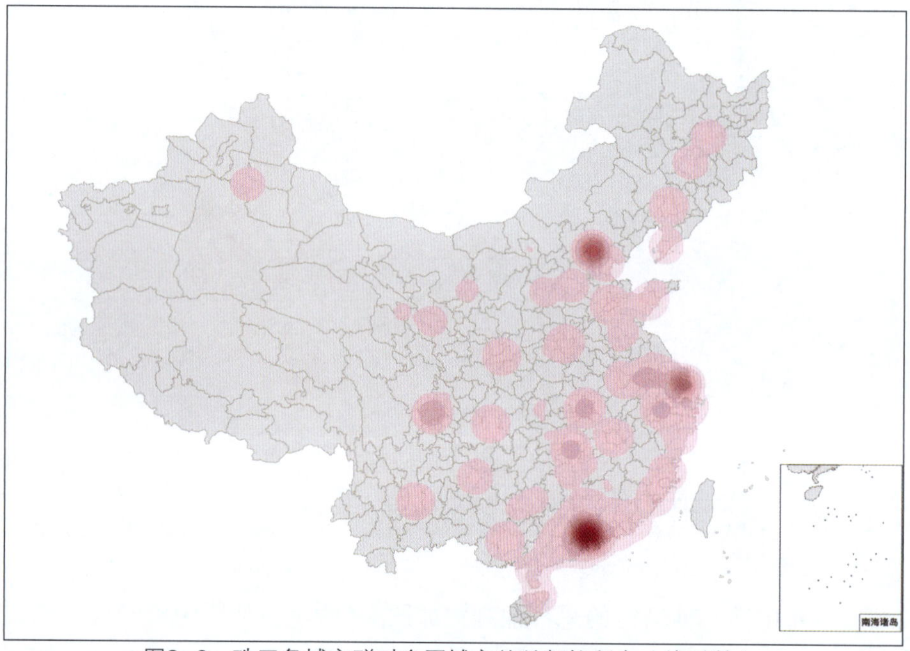

图8-6　珠三角城市群对全国城市的总部控制力（绝对数）

8.3.2　全国其他城市对三大城市群的分支机构吸引力

京津冀、长三角和珠三角三大城市群企业吸引全国其他城市的企业入驻设立分支机构的空间分布，以企业总部在某一城市而分支机构设在三大城市群的城市的企业数量来评判，全国其他城市吸引设立分支机构的空间分布如图8-7、图8-8、图8-9所示。可以发现，京津冀受到的主要影响来自于长三角，尤其是上海，以及珠三角，尤其是广州和深圳；同时还受到地理位置较为接近的华北平原城市和东北城市的影响，而来自华中地区的吸引较弱。

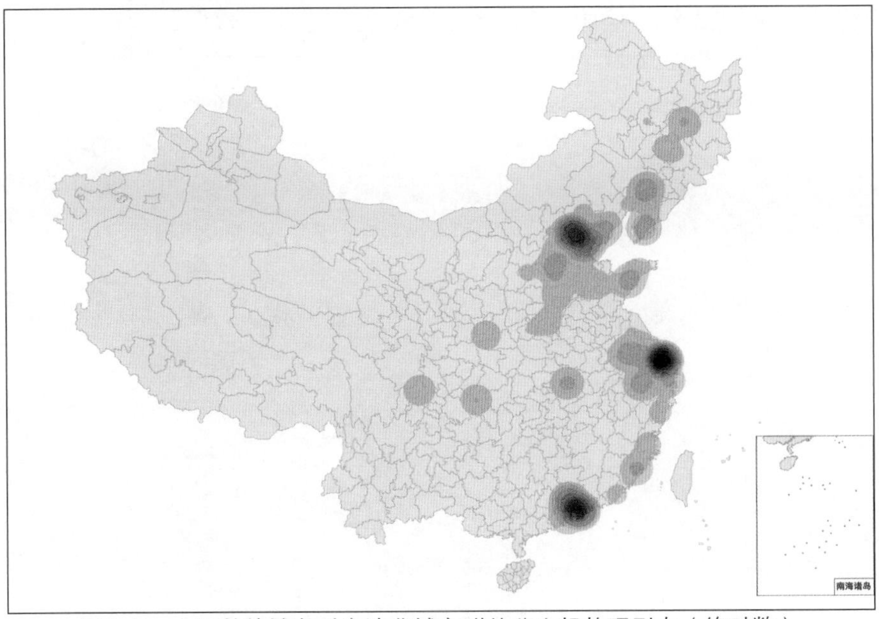

图8-7　全国其他城市对京津冀城市群的分支机构吸引力（绝对数）

长三角受到的分支机构吸引力来自于城市群内部的上海，这一点与京津冀城市群相比是很不同的。这说明上海对京津冀城市群具有较大的影响力，同时也可以从图8-8看出，除了来自京津冀城市群和珠三角城市群的吸引之外，长三角几乎不受全国其他城市的吸引力影响，这表明长三角在全国范围内具有强势地位。

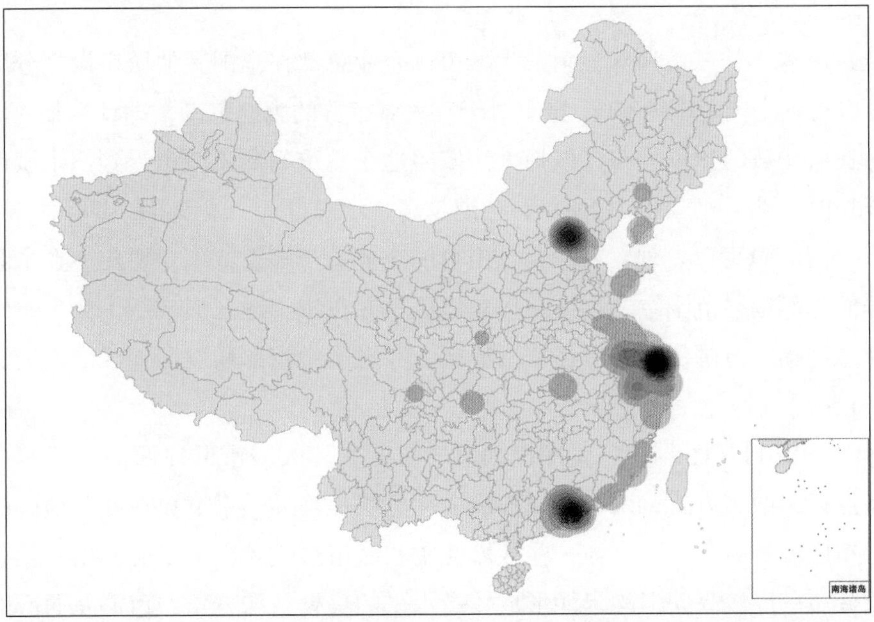

图8-8　全国其他城市对长三角城市群的分支机构吸引力（绝对数）

珠三角受到的最大吸引力与长三角相似（见图8-9），来自于城市群的内部，对珠三角城市群可以施加影响力的城市基本分布在长三角和珠三角之间的东南沿海城市带当中。与长三角相同，来自华中、西南的分支机构吸引力微乎其微，来自华北、东北的分支机构吸引力则是在三个城市群当中最弱的。这说明地理区位和三个城市群在空间上的位序排列对于城市之间的联系和分支机构吸引产生了一定的影响，类似于彼得霍尔所提到的“阴影效应”。

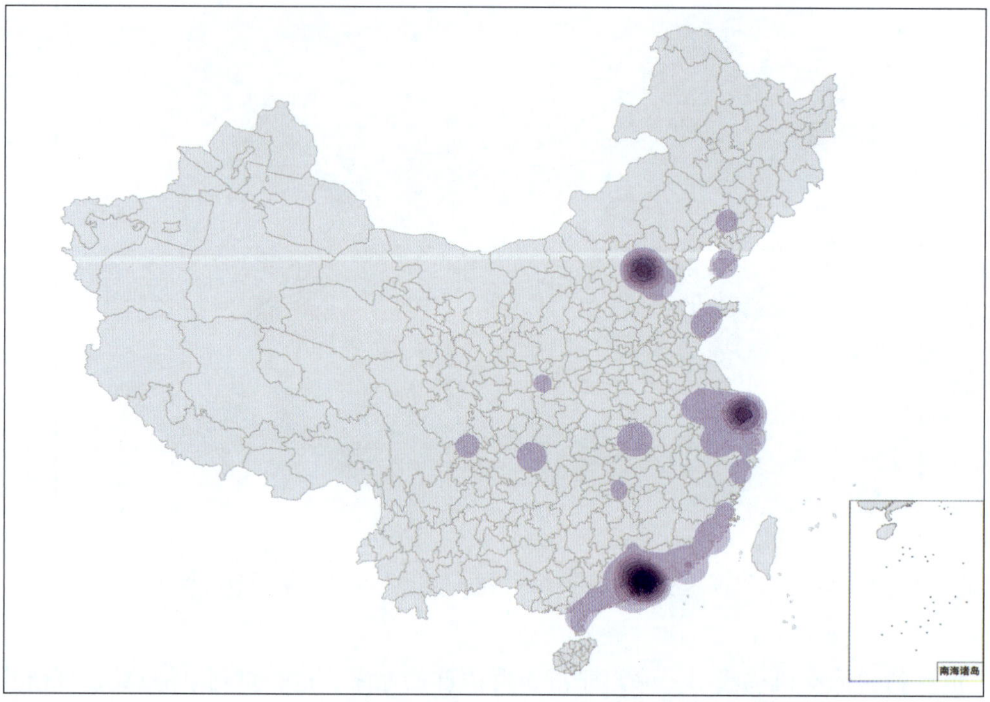

图8-9　全国其他城市对珠三角城市群的分支机构吸引力（绝对数）

8.3.3　三大城市群在全国的势力范围划分

通过比较京津冀、长三角和珠三角三大城市群企业总部在全国其他城市设立分支机构数量的相对比例，可以得到全国范围内330个城市对于三大城市群的腹地范围，即计算某一城市吸引三个城市群设立分支机构数的比重分布，以择大法按照这个比重判断该城市受到三个城市群辐射的腹地范围。如图8-10、图8-11、图8-12所示，色温越高表示来自某一城市群的企业总部辐射越大。

从图8-10、图8-11可以发现，京津冀城市群的企业总部辐射范围主要集中在华北平原一带，长三角城市群的总部辐射范围主要集中在华东地区，并在华中地区形成一个势力包围圈。珠三角城市群的企业总部辐射范围仍旧集中在华南地区，并在华中南部和巴蜀地区形成较强的腹地势力范围（见图8-12）。

从图8-10、图8-11、图8-12三张图横向对比来看，三大城市群在西部地区的企业总部辐射范围均是星星点点的散布方式，未能形成连绵成片的腹地格局。京津冀在西部地区的总部辐射范围的特征是分布广度相对不高，但在一些区域性中心城市形成较高水平的集聚；长三角城市群则刚好相反，虽分布广度较高，但均未能形成较高水平的集聚；珠三角城市群在西部的企业辐射范围则表现为分布广度和集聚水平的同时落后。

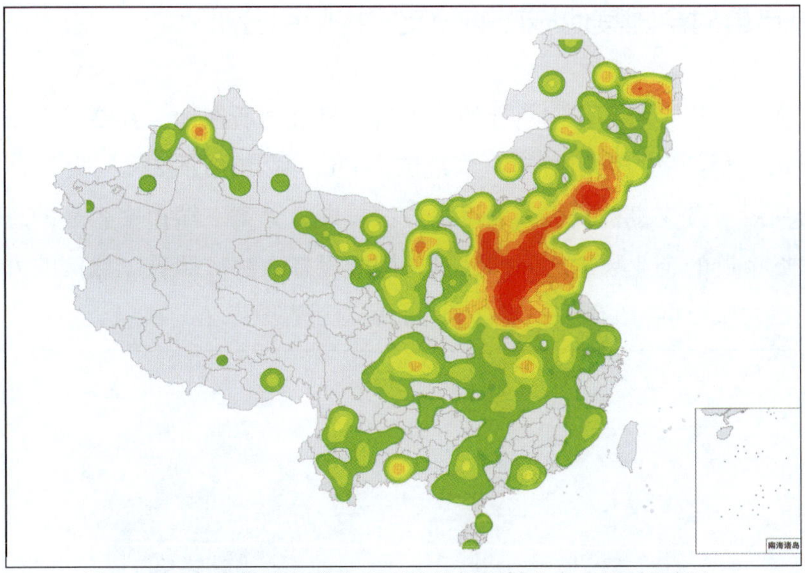

图8-10　京津冀城市群在全国的总部辐射分布（相对比例）

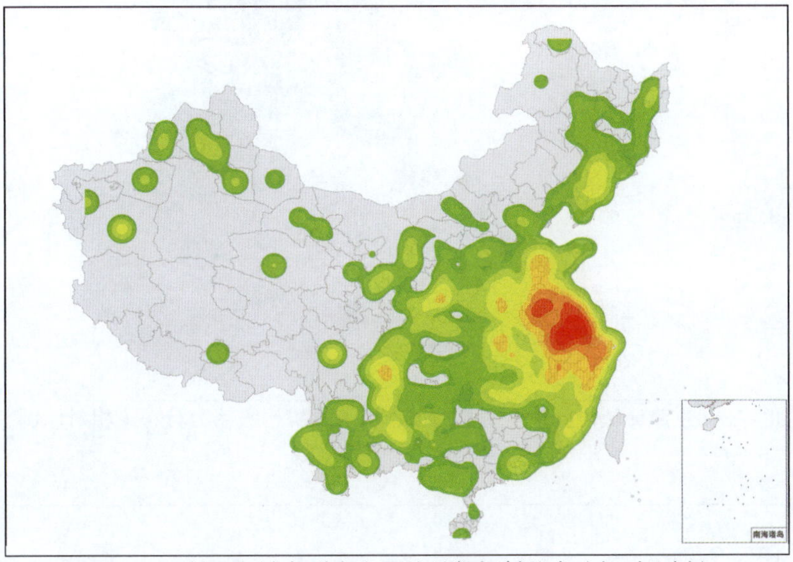

图8-11　长三角城市群在全国的总部辐射分布（相对比例）

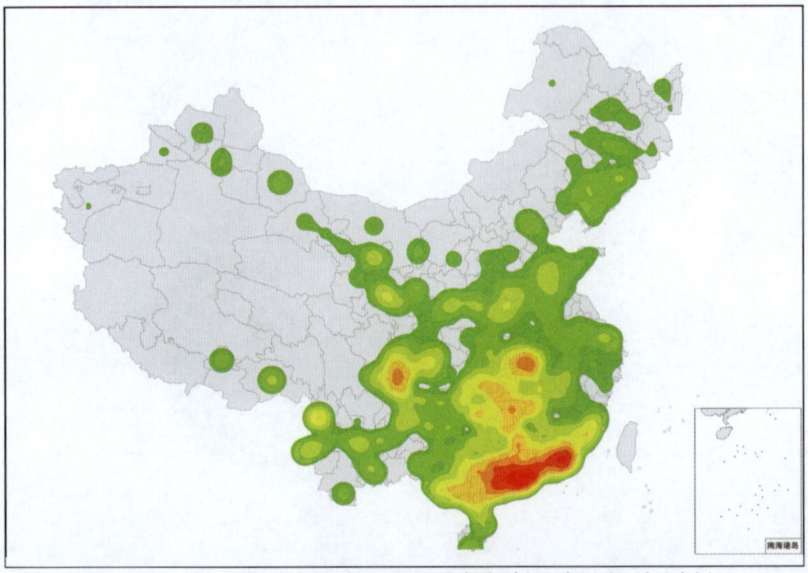

图8-12　珠三角城市群在全国的总部辐射分布（相对比例）

8.3.4　三大城市群对全国其他城市的分支机构吸引分析

通过比较京津冀、长三角和珠三角等的分支机构母公司所在地，判断三大城市群对全国其他城市的吸引力，可以得到三大城市群对全国范围内330个城市的分支机构吸引力分布如图8-13、图8-14、图8-15所示。分支机构吸引力的度量方法，即计算某一城市中企业的总部设在本市、分支机构设在三大城市群的企业数量之间的比例，同样以择大法按照这个比例的大小来判断，对于某一城市而言，三大城市群中的哪一个对其更加具有投资吸引力。

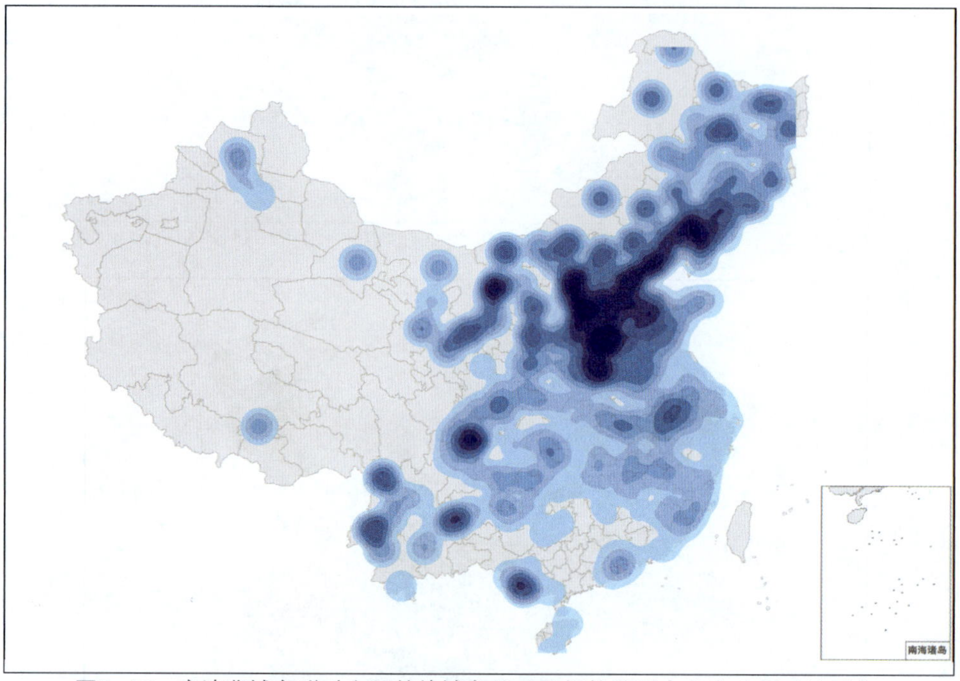

图8-13　京津冀城市群对全国其他城市的分支机构吸引力分布（相对比例）

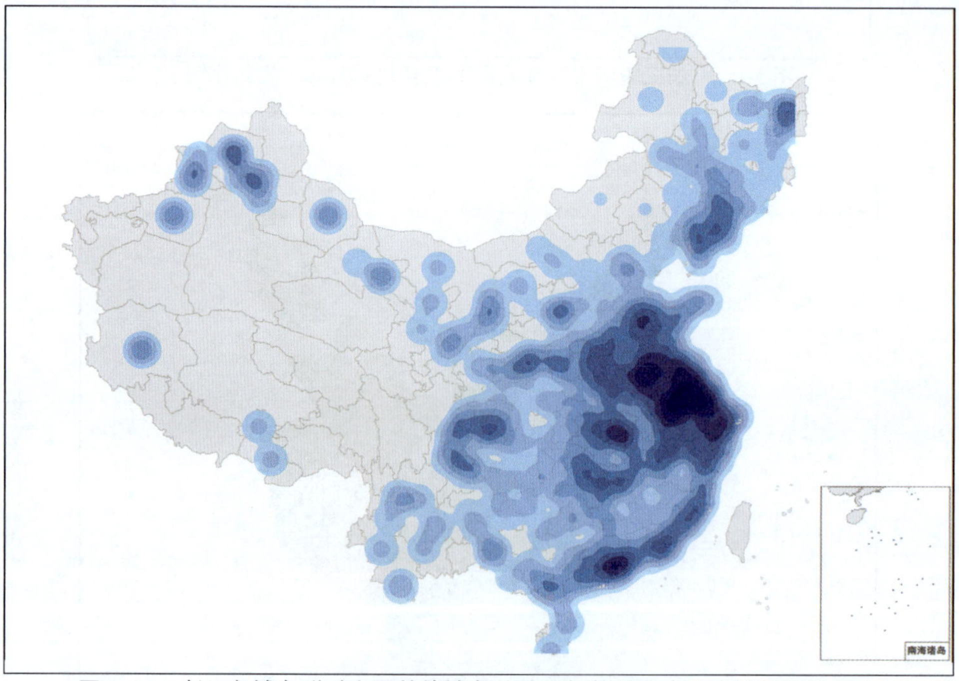

图8-14　长三角城市群对全国其他城市的分支机构吸引力分布（相对比例）

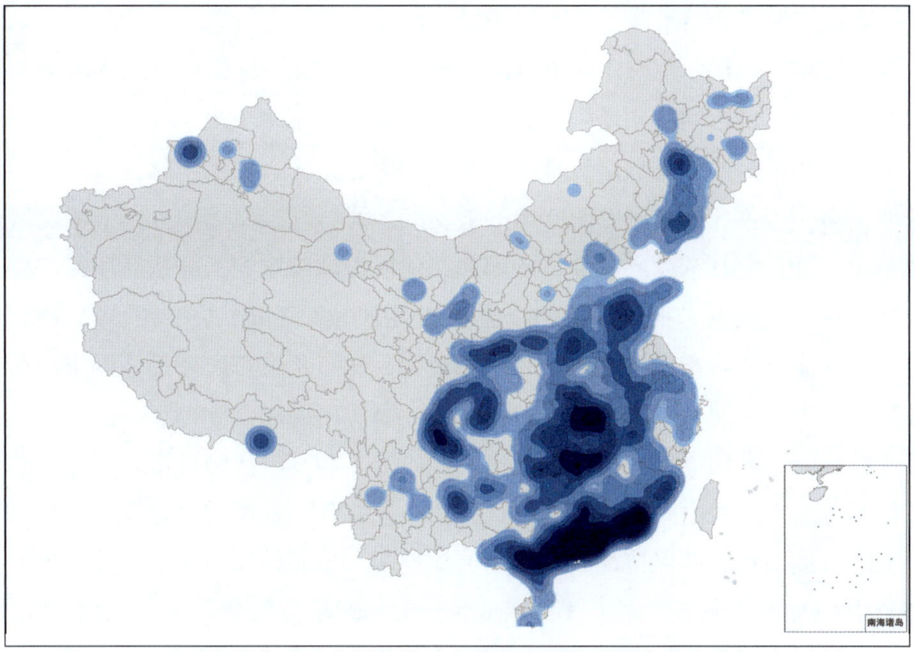

图8-15　珠三角城市群对全国其他城市的分支机构吸引力分布（相对比例）

从图8-13、图8-14、图8-15可以发现，三大城市群对全国其他城市的投资吸引力的特征与三大城市群的势力范围呈现出明显的相关性，即无论是京津冀、长三角还是珠三角，均是对在其势力范围内的城市有着最大的投资吸引力。

8.4　三大城市群的多中心网络比较

由于本研究的三大城市群空间联系在空间尺度上采用了通用的地级以上城市为标准，因此在研究过程中必然会遇到总部、分支机构在同一个地级城市空间单元的现象。对此，研究借鉴了Hall等（2006）在研究欧洲巨型城市区域的自容性概念，先定义e_{ii}为总部、分支机构在同一个地级以上城市的功能联系对数量，则每一个城市i的自容性可以表示为：

$$SC_i = \frac{e_{ii}}{(O_i + I_i + e_{ii})}$$

上式中自容性（SC）在0~1之间，该值反映了城市参与区域交互网络的程度，自容性越高说明该城市企业的分支机构越趋向于不跨出地级以上空间单元，与其他城市之间的网络交互也就越小。

按照上述分析方法，选取长三角16个地级以上城市和京津冀10个地级以上城市，与珠三角的网络格局进行横向对比。

8.4.1　三大城市群企业网络的自容性

8.4.1.1　珠三角城市群

在珠三角城市群，广州、深圳维持着拥有最多跨城企业量的绝对优势，并且与其他城市的点度差距趋于拉大，广深之间城市联系在网络中保持最强。

如图8-16、表8-1所示，从2001—2008年，和其他城市群一样，珠三角各城市的企业总量和跨城企业大幅度增加，城市间联系增强；东莞、佛山从2001年多个次中心城市中脱颖而出，迅速崛起成为网络次级城市。城市群从层级性不明显的多中心结构，逐步演化为以深广莞佛为主要核心、层级分明的多中心网络结构。到2008年，广州、深圳、东莞、佛山这4个主要城市之间已形成了频密的企业联系，尤其东莞产业经济的崛起，促使深圳—东莞的联系跃居第二位，东莞的跨城联系有一半与深圳相关联；而城市群的企业联系集中在珠三角中心地区，大多围绕该4个核心城市进行组织，形成了更均衡完善的多中心网络结构，珠三角城市区域经济网络均衡化的趋势，与深圳的崛起、广佛的联动、东莞和中山的强劲发展密切相关。

值得强调的是，原本弱点度城市（如肇庆、江门等）与其他次级城市之间相对缺乏联系，然而，至2008年所有城市两两之间均存在或多或少的企业关联。各城市自容性差距较小，且均趋于不同程度的下降，佛山自容性保持最高。广州、深圳两大核心始终为企业总部集聚地，而企业分公司的分布则由2001年集中于广深主核，逐步演化为2008年分散分布于4个主要城市，可见多中心网络趋于均衡化、成熟化。

需要说明的是，深圳以企业流出为主的趋势更为显著；东莞崛起，由出度居多转变为入度居多，珠海也有类似转变；其他城市则基本趋于以企业流入为主的发展态势。

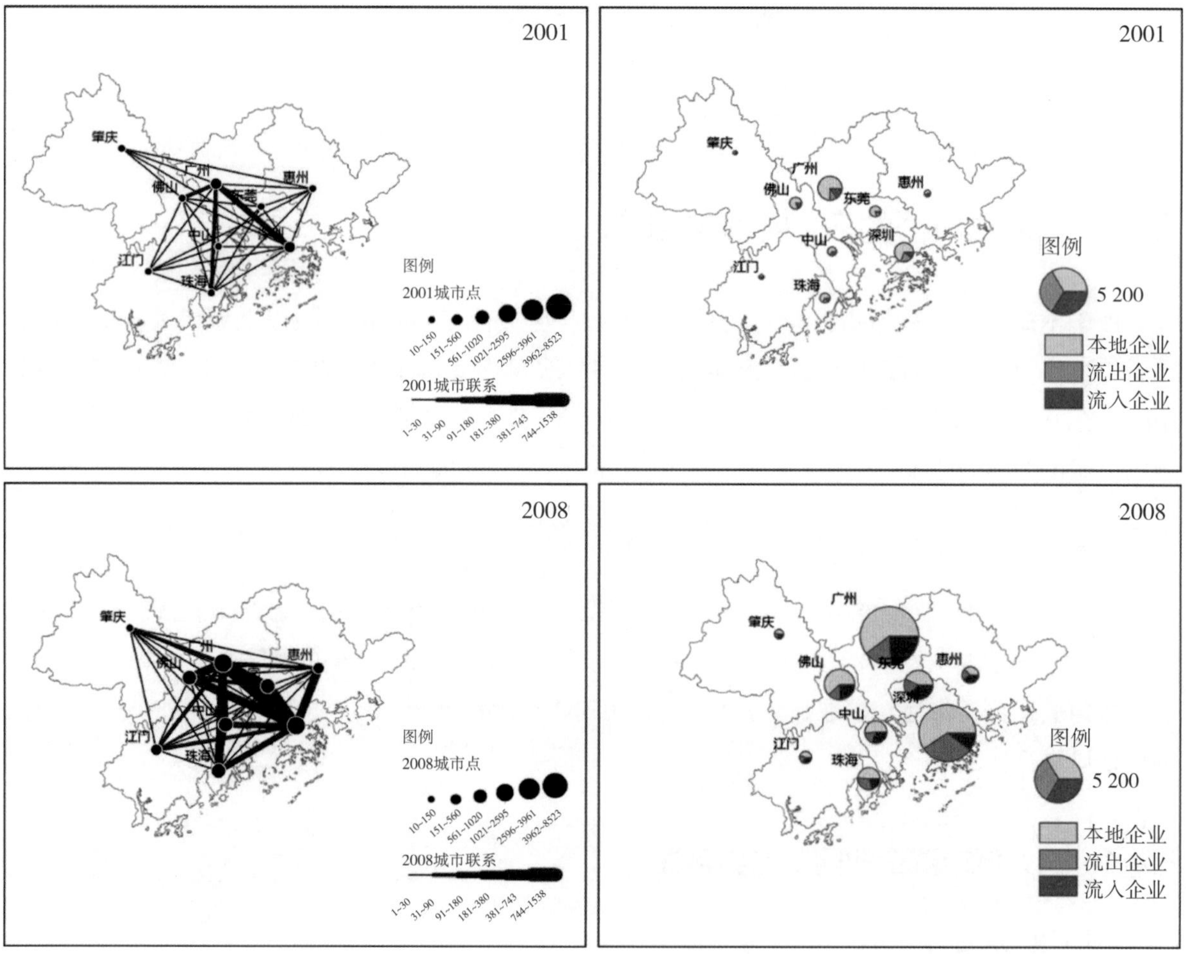

图8-16　珠三角城市群企业网络及自容性

表8-1　2001年和2008年珠三角城市群各城市出入度指标

城市	出度O_i		入度I_i	
	2001年	2008年	2001年	2008年
广州	183	1 558	263	2403
深圳	230	2 883	119	949
珠海	58	434	46	282
佛山	23	359	59	662
江门	15	92	17	146
肇庆	5	42	5	90
惠州	25	164	31	317
东莞	50	459	25	939
中山	30	250	54	453

8.4.1.2　长三角城市群

在长三角城市群，上海维持着跨城企业集聚的主核心地位，地区间网络流量方面各地往上海流向非常明显，整个网络60%~70%的跨城联系均与上海相关，尤其以上海—杭州的联系强度保持最大。

如图8-17、表8-2所示，从2001—2008年，企业量和跨城企业量均成倍增加，城市群内部的城市经济结构已发生重构，城市间联系更为频密，且这种趋势不断扩大；苏州的次中心地位有所

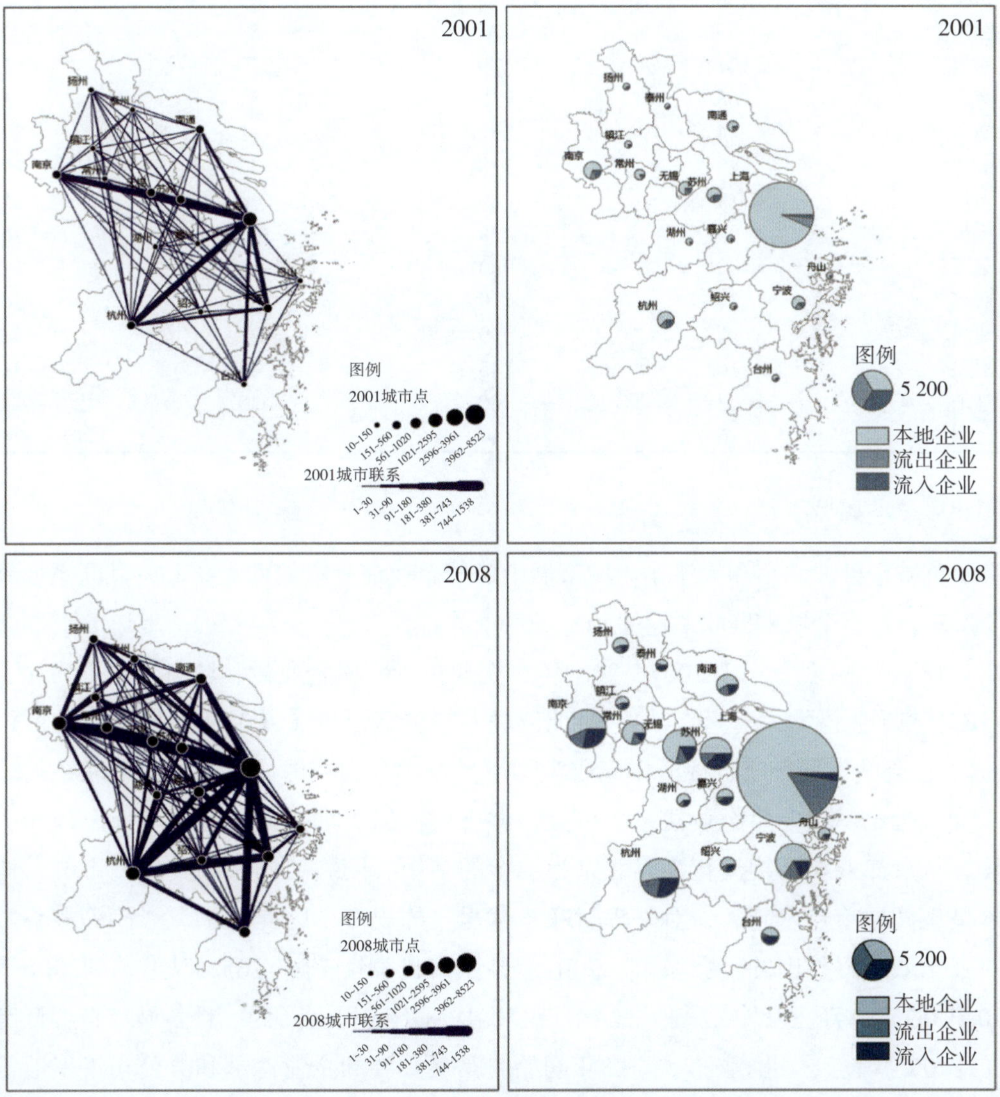

图8-17　长三角城市群企业网络及自容性

下降，杭州、南京则始终维持次中心较强的对外企业联系，尤其与主核心城市保持强关联性。直到2008年，城市群整体联结性明显增强，企业联系的分布更为均衡，以上海为核心，杭州、南京为次中心的多中心网络结构发展趋于成熟，节点层级性更加明晰。

值得注意的是，虽然苏州相对于2001年，次中心作用明显弱化，但其与上海1 504家的企业联系仍位居2008年全网络联系值的第二位，可以看出上海对苏州的辐射作用占苏州对外联系的较大比例。各城市自容性逐年下降，足见网络整体区域性在发展提升。主核心上海始终保持最大自容性，其总部企业的分布量远高于其余各市，是企业总部的主要聚集地，而网络企业分公司的流入则分散于多个城市，形成较完善网络。上海的企业流出趋势逐年显著化，总部控制效应明显增强；扬州、宁波由出度居多转为入度为主；其他城市大多趋于以企业流入为主继续发展。

表8-2　2001年和2008年长三角城市群各城市出入度指标

城市	出度O_i		入度I_i	
	2001年	2008年	2001年	2008年
上海	1 115	7 142	474	1 381
南京	202	1 129	306	2 174
无锡	88	635	159	1 029
常州	50	377	58	411
苏州	127	679	320	1 916
南通	68	430	84	556
扬州	44	254	31	297
镇江	25	128	28	275
泰州	15	89	40	314
杭州	199	1 428	363	2 162
宁波	180	983	151	1 225
嘉兴	24	110	50	563
湖州	21	99	21	245
绍兴	16	145	41	361
舟山	23	80	23	173
台州	16	114	64	740

8.4.1.3　京津冀城市群

在京津冀城市群，北京和天津作为城市群中跨城企业最密集的两大核心，其联系始终是网络中最强联系对，占整个城市群联系量的40%~50%。

如图8-18、表8-3所示，从2001—2008年，企业量、跨城企业量和城市间联系均显著增强；除了在首都优势作用驱动下，北京的绝对地位进一步突显以外（2008年企业量占城市群总量的3/4以上），省会城市石家庄也逐渐崛起成为网络另一次中心；即使在原本缺乏联系的较弱城市之间，2008年也已产生零星企业联系。可见，城市群网络更加完善，逐渐呈现出较为明晰的层级性差异，从京津双核结构演化为以北京为主核的多中心网络结构。和其他城市群一样，整个网络基本呈现"城市点度越大，对外辐射联系越强"的规律，因此北京、天津等核心城市对外联系相对强于城市群外围的较弱城市。2001年各城市自容性普遍在65%以上，到2008年除了北京高达90.5%的高自容性以外，其他各城市自容性均有不同程度降低，且各城市自容性跨度增大（从30%到90%不等）。北京、天津在8年间始终是最主要的企业总部和分公司集聚地，以出度为主；秦皇岛由2001年以企业流入为主转为2008年以企业流出为主，承德由入度居多转化为出入度基本均衡；其他城市则基本保持入度大于出度的趋势发展。

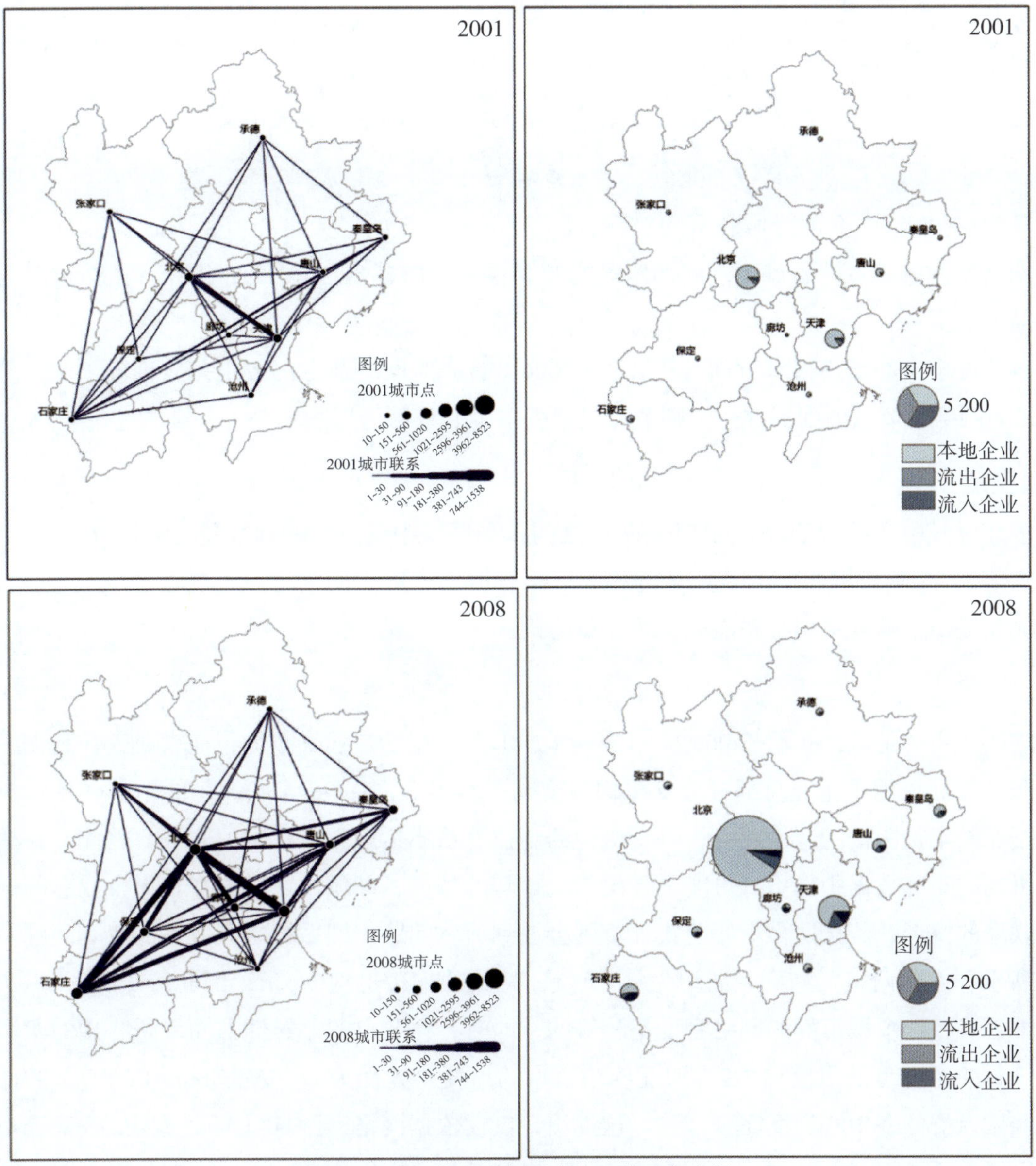

图8–18　京津冀城市群企业网络及自容性

表8–3　2001年和2008年京津冀城市群各城市出入度指标

城市	出度O_i		入度I_i	
	2001年	2008年	2001年	2008年
北京	184	1 479	183	858
天津	183	822	112	737
石家庄	22	150	39	584
唐山	20	149	35	175
秦皇岛	14	154	20	126
保定	12	83	23	191
张家口	4	34	11	78
承德	4	52	14	54
沧州	6	54	8	74
廊坊	12	76	16	176

8.5 三大城市群综合多中心的演化

对于整体网络的交互程度，Hall等（2006）采用了网络密度的概念，Green（2007）也对这一概念进行了具体而翔实的说明，在权重型的城市网络中，网络密度被定义为：

$$\Delta = \frac{L}{L_{\max}}$$

其中L是网络中全部跨城联系的总和，$L_{\max}$是功能联系的最大可能值，因此Δ的取值在0~1之间。网络密度越高意味着城市之间的跨城交互联系越突出，当自容性比例降低到最低时，Δ取值达到最大值1。

在测度多中心城市区域方面，Hall等（2006）首先对网络节点的数组差异进行了统计分析，定义σ_F为网络中节点值的标准差，则节点层级的多中心程度可以表示为：

$$P(F,N) = 1 - \frac{\sigma_F}{\sigma_{F\max}}$$

上述公式中，P（F，N）的取值在0~1之间，当网络中节点值的标准差为0时，P（F，N）达到最大值1，意味着网络中的节点全部相等。结合网络密度、网络节点差异性两项数值，Hall等（2006）提出了测度多中心功能联系的计算公式：

$$P_F(N) = (1 - \frac{\sigma_F}{\sigma_{F\max}}) \cdot \Delta$$

需要指出的是，Hall等（2006），Green（2007）采用的是通勤数据，而本研究在数据采集和城市联系方面采用了企业总部—分支机构的情况。事实上，Taylor（2004）的企业联系形成的矩阵数据库基本是满格的，而总部—分支机构的企业联系不考虑分支机构的联系。因此，在总部—分支机构的矩阵数据中，更有可能呈现出稀疏矩阵的特征，即城市之间会存在无企业总部—分支机构联系的情形，若按照多中心公式计算则会遇到另一问题，即城市之间联系的效率问题。如图8-19所示，左右两幅无向联系图均为6个节点，总共的连边也均为6条，因此按照Green（2007）的计算公式，两个城市群的网络密度是相等的；同时，在节点的差异性方面，图8-19的两个城市群由于每一个节点的点度均为2，因此网络节点的点度差异性为0，按照Green（2007）的计算方法，两城市群的多中心程度完全一致。这说明，仅仅依据网络密度难以全面真实反映稀疏矩阵的城市联系，无法反映城市群的拓扑结构：图8-19中，左图连接成环形，每一个节点均可以与其他节点直接、间接地相连，但是右图的6个节点则分属两个独立的三角形，显然，右图的城市群实际上是两个互不相连的区域。为了在本研究中避免稀疏矩阵的拓扑结构问题，作者借鉴Latora（2001，2003）的研究成果引入了图论的全局效率计算公式，作为网络密度测度的补充：

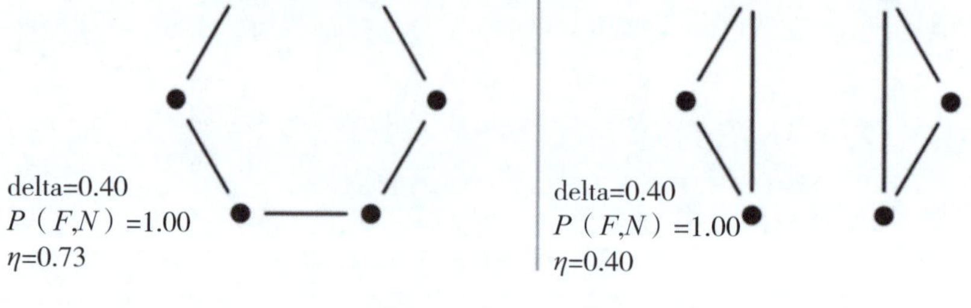

图8-19 网络效率示意图

$$\eta = \frac{\sum_i \sum_j d_{ij}^{-1}}{n(n-1)/2}$$

上述公式中，d_{ij}是无权、无向网络的节点i、j的最小步长，当两节点没有任何的路径可以连通时定义d_{ij}为∞，相应的d_{ij}^{-1}值为0。网络全局效率η的取值在0~1之间，当网络中任意两个节点彼此相连时，此时形成正则网络且全局效率达到最大值1。图8-19的案例中，尽管两个网络的密度和节点标准差完全一致，但是全局效率存在明显差异。

在此基础上，度量巨型城市区域多中心的计算公式可以进一步校正为：

$$P_F(N) = (1 - \frac{\sigma_F}{\sigma_{F\max}}) \cdot \Delta \cdot \eta$$

若计σ_F^{out}、σ_F^{in}分别为出度、入度的标准差，$\sigma_{F\max}^{out}$、$\sigma_{F\max}^{in}$分别为出度、入度标准差的最大值，则网络联系中整体的多中心可以通过出度、入度多中心的算术平均值进行计算：

$$P(N) = \frac{P_F^{out}(N) + P_F^{in}(N)}{2}$$

根据上述研究方法，综合分析三大城市群在两个时间维度的多中心程度测度，计算结果如表8-4所示。2001年，珠三角城市群相对于另外两个城市群，明显呈现出较强的多中心性，多中心测度值为0.137，大于京津冀、长三角城市群多中心程度的2倍；京津冀城市群多中心程度居中，与多中心测度值最低的长三角城市群较为接近，测度值均在0.060左右，意味着相对较低的多中心程度。2008年，珠三角依然是三大城市群中多中心程度最高的城市群，多中心测度值为0.257，仍然远大于京津冀城市群，约为其多中心程度的2.8倍；长三角城市群在8年内多中心程度明显提升，多中心测度值超过京津冀城市群，跃居第二位，并拉近了与珠三角多中心性的差距；京津冀城市群虽然也趋于多中心发展，但发展速度小于另外两个城市群，在三个城市群中多中心程度最低，多中心测度值为0.091，是三大城市群中测度值唯一处于0.100以下的城市群。

表8-4　2001年与2008年三大城市群的多中心测度

年份	京津冀城市群	长三角城市群	珠三角城市群
2001年	0.066	0.059	0.137
2008年	0.091	0.147	0.257

从2001年与2008年三大城市群多中心程度的演化趋势来看，珠三角保持了良好的多中心发展势头，多中心测度值近乎翻倍，以深圳、广州、佛山、东莞为主，在两个年份均保持了相对较高的多中心程度。此外，长三角城市群多中心化发展最为迅猛，测度值从0.059跃至0.147，约为其2001年多中心程度的2.5倍，除了上海之外，杭州、南京等次级城市地位提升，上海的主核心绝对集聚优势有所削减，各节点相对2001年均有较明显的多中心发展趋势；京津冀城市群各节点一定程度上也趋向于多中心化发展，但发展较为缓慢，8年内仅提升了1/2左右的多中心性。以珠三角城市群的多中心程度为首，三大城市群的多中心发展均有不同程度的提升，但三大城市群的多中心测度值仍处于较低值区段，表明京津冀、长三角、珠三角城市群仍有较高的多中心化发展空间，并且多中心测度值逐年增加的趋势，有利于三大城市群往多中心发展，各城市共同迈进。

8.6 小结

本部分从全国城市体系的角度比较分析了珠三角城市区域的外向联系。研究表明，珠三角城市区域作为全国网络中三足鼎立中的重要一极，在区域腹地方面弱于长三角、京津冀，尤其在总部控制力方面，珠三角城市区域的外向辐射相对不足；但是，在城市群空间网络的多中心方面，珠三角的均衡性最好，内部联系也十分紧密。如果联系到珠三角城市区域经济密度最高这一事实，可以认为，珠三角对外联系的区域腹地不足源自于城市群自身仅有9个城市所导致的体量不足，为应对区域竞争，珠三角可以基于世界城市化以城市群为主体吸纳人口的基本规律，适度进行扩区以提升城市群的整体实力，这一部分将在第十章通过多维网络的分析具体展开。

第九章

珠三角城市区域内部联系的复杂网络演化

9.1 引言

本书的第七章，通过生产性服务业的网络联系来分析珠三角城市区域在全球城市网络中的地位；在第八章中，除了生产性服务业的数据，还在总部—分支机构的数据基础上比较分析了珠三角在全国城市体系中的辐射影响力，并比较分析了珠三角与长三角、京津冀城市群的多中心网络格局的发展，以此从全国城市体系的角度分析了珠三角城市区域的外向联系。

本章仍然以珠三角区域9个城市为研究对象，尝试用复杂网络的分析方法，采用若干行业门类的总部—分支机构数据解析城市区域的经济空间演化。本研究以珠三角城市区域的功能网络为研究对象，以2000年、2008年企业总部—分支机构数据为基础，从实证角度对珠三角9个城市之间的关联网络进行定量分析，选取制造业、生产性服务业及一般服务业三大典型的产业部类度量这9个城市之间的功能联系变化，并运用复杂网络这一分析工具，从城市群空间网络联系频密度、出入点度分布、节点匹配性这三个方面来测度城市群的功能联系，揭示不同类型城市联系的复杂网络特征。本研究以两个不同的时间段的数据为切入点，通过区域核心城市在网络中的节点地位来对城市多中心发展趋势进行检验。

9.2 城市网络研究的基础

9.2.1 相关理论

本研究借鉴世界城市网络的分析方法及复杂网络的分析方法，以跨地域的公司分支机构、办事处为分析对象来测定城市之间的联系强度，依据城市间企业总部—分支机构关系型数据进行实证分析，以反映网络成长发育过程中的城市群的功能联系格局。

在方法论层面，世界城市研究小组（GaWC）的Taylor及其相关研究团队提出了连锁模型的算法，为定量揭示世界城市网络的特征提供了有力的分析工具（Taylor，2001）。但连锁模型计算得到的城市联系并不是完整意义上的实测联系数据，近两年来对Taylor连锁模型的探讨和反思成为新的理论热点（Neal，2012；Derudder et al，2012），这其中，Derudder和Liu系统归纳了现有的相关城市网络算法，并将Alderson等（2004）城市间总部—分支机构关系内化为世界城市网络的分析模型。

在上述城市网络的方法论探讨中，主要集中于对生产性服务业联系的模型争辩，而在城市区域层面则需要进一步进行细致化的模型建构以弥补既有的研究缺失，结合近期相关的学术前沿，测度城市群功能联系的技术方法需求可归纳为联系频密程度、规模依赖性以及出入点度分布三个方面（见表9-1）。

首先是城市网络的频密程度。城市群空间网络的发育程度取决于联系的数量和联系的有效性，其中联系的数量直接反映了网络的强度，而连接效率是指网络中任意两个城市之间彼此直接或间接联系的便捷程度。一般地，城市间两两直接相连、不必经第三方城市的网络效率最高。尽管Alderson等（2004）在研究世界城市网络时就应用了邻接性、中间性等反映网络拓扑结构的指标，但是这类测度指标与网络的结节性差异不大，更不反映整体的网络联系效率。实证研究中，Green（2007）对功能联系提出了节点层级性、网络密度相结合的多中心测算方法，其中网络密度指标反映了城市联系的强度和效率，但这一度量方法的具体计算具有明显的不确定性，Green甚至在同一篇论文中对通勤、电子通讯联系就采用了不同定义的网络密度计算方式。如果说网络的联系强度可以不证自明地通过整体网络联系的加和予以实现，那么对城市网络联系效率的比较依然需要采用相对可靠的度量工具，这一点对于处于发展过程中的中国城市网络比较分析尤为重要。

为此，本研究从网络联系频密度、节点匹配性以及出入点度三方面来测度城市群功能联系。

表9-1　城市联系的网络图式与结构要素

网络图式	联系频密程度	规模依赖性	出入点度分布
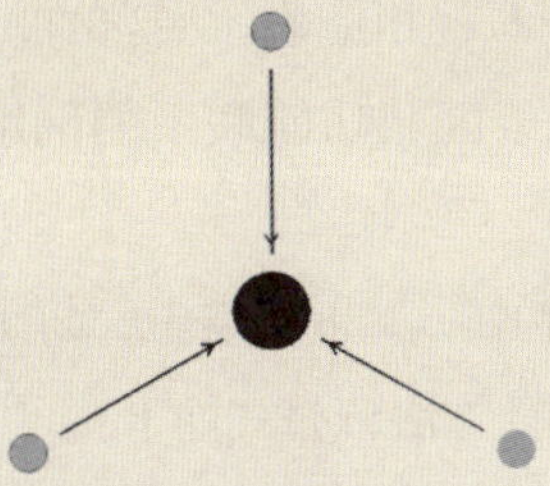	联系相对较少； 中心城市与其余城市直接联系，非中心城市只能间接联系	所有联系发生于网络规模相异的城市之间	非中心城市指向中心城市，出、入度完全分离形成核心—外围的向心结构
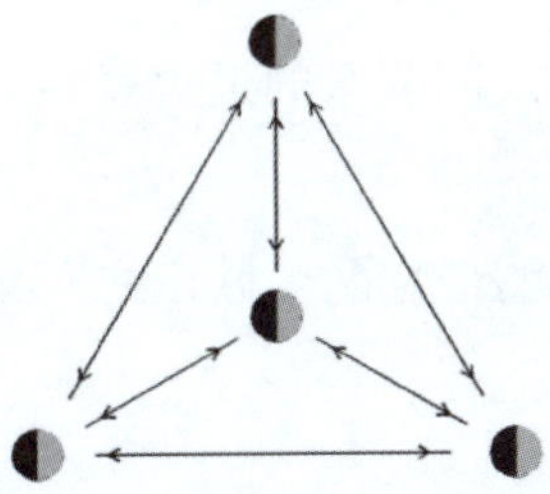	联系相对较多； 所有城市两两之间不需经过任何第三方而完全直达联系	城市联系不依赖于特定的大规模节点城市	各个城市的出入点度分布完全相等，呈现区域一体化的网络交互结构

资料来源：作者（2014）总结整理。

9.2.2　基本数据

本研究采用2000年、2008年的企业数据库，在具体的分析过程中，通过企业分公司的母公司来源地和分公司的注册地两项信息可以获取总部—分支机构的地点信息及企业所属行业的信息①，通过企业数据库的透视表做出企业总部—分支机构的权重型关系数据，形成珠三角城市区域的企业关联网络。在行业方面，依据企业所属国民经济的4位行业代码进行归并，为了与前文第四章中的产业部类分类相统一，本研究选取了三大典型部类进行分析，即制造业、生产性服务业、一般服务业。

① 赵渺希，朵朵. 巨型城市区域的复杂网络特征. 华南理工大学学报：自然科学版，2013，41（6）：108-115.

9.3 内部联系的复杂网络演化

9.3.1 珠三角城市区域的网络联系频密度

在一个多中心的城市区域里，城市群之间联系的数量直接反映了网络的强度，而连接效率是指网络中任意两个城市之间彼此直接或间接联系的便捷程度，而网络效率最高的应该是城市间两两直接相连。

9.3.1.1 网络联系频密度计算模型

网络联系频密度的度量可分为两个方面：节点之间的联系强度、节点联系的拓扑结构。在此用联系强度、网络效率同时度量，采取的方法如下①：

定义城市总数为n，T_{ij}为总部在城市i、分公司在城市j的公司数量，而T_{ji}就相应表示总部在城市j而分公司在城市i的公司数量，通过对T_{ij}、T_{ji}取和，以实现对珠三角城市区域功能联系的网络分析。

把珠三角城市网络中每个城市间的最少连接步数作为联系边。在完全多中心城市网络中，每个城市相互间都是直接相连的。借鉴Latora（2001）对网络整体效率的定义和计算方法，公式如下：

$$E = \frac{\sum_i \sum_j d_{ij}^{-1}}{n(n-1)/2}$$

其中，n表示网络中城市的数量；d_{ij}表示总部在城市i、分公司在城市j之间联系的最短联系步长。如果城市i和城市j之间无直接联系，则认为d_{ij}^{-1}为0。

网络效率取值范围在0~1之间，E越接近1，说明网络的效率越高，说明任意两个城市之间具有较好的联系；反之，则说明网络中城市趋于相互孤立，联系较少。

9.3.1.2 珠三角城市区域的功能联系强度格局

以下分别对珠三角城市区域的制造业、生产性服务业、一般服务业的企业总部与分公司组成的城市功能联系强度进行分析。

（1）制造业。

首先分析2001年珠三角城市间制造业的企业总部—分支机构的空间指向（见表9-2、图9-1）。可以看出，最大联系为深圳→广州的企业分布，即总部在深圳、分支机构在广州的企业最多，其企业数量达到了5家，且该值高于总部位于广州、分支机构位于深圳的企业数量（3家）②。从这两项数字的绝对值来看，广州、深圳这区域两大核心城市之间制造业门类的企业之间存在着紧密联系。此外，广州→佛山、东莞→深圳、深圳→东莞的联系也明显高于其余的城市联系对。显而易见，空间邻近的深、莞、广、佛不但有着明显的社会经济规模优势（4个城市2008年生产总值、常住人口均为珠三角区域前4位），而且4个城市内部的经济联系也十分频密，其余城市的联系大多围绕深圳和广州这两大城市进行组织，珠江东岸城市惠州与西岸城市江门、

① 赵渺希，魏冀明，吴康. 京津冀城市群的功能联系及其复杂网络演化. 城市规划学刊，2014（1）：46-52.

② 赵渺希，朵朵. 巨型城市区域的复杂网络特征. 华南理工大学学报：自然科学版，2013，41（6）：108-115.

中山、肇庆之间仅有零星的联系。

表9–2　珠三角区域2001年制造业的网络联系（T_{ij}）

序号	城市	东莞	佛山	广州	惠州	江门	深圳	肇庆	中山	珠海
1	东莞	0	1	0	0	0	3	0	0	1
2	佛山	0	0	1	0	0	1	0	0	0
3	广州	1	4	0	0	1	2	1	0	1
4	惠州	0	0	1	0	0	0	0	0	0
5	江门	0	1	0	0	0	0	0	0	0
6	深圳	3	0	5	1	0	0	0	0	0
7	肇庆	0	0	0	0	0	0	0	0	0
8	中山	0	0	0	0	0	0	0	0	0
9	珠海	0	0	0	0	0	1	0	0	0

资料来源：作者根据人口普查数据分析得出（表中的行数据为母公司所在城市，列数据为分支机构所在城市）。

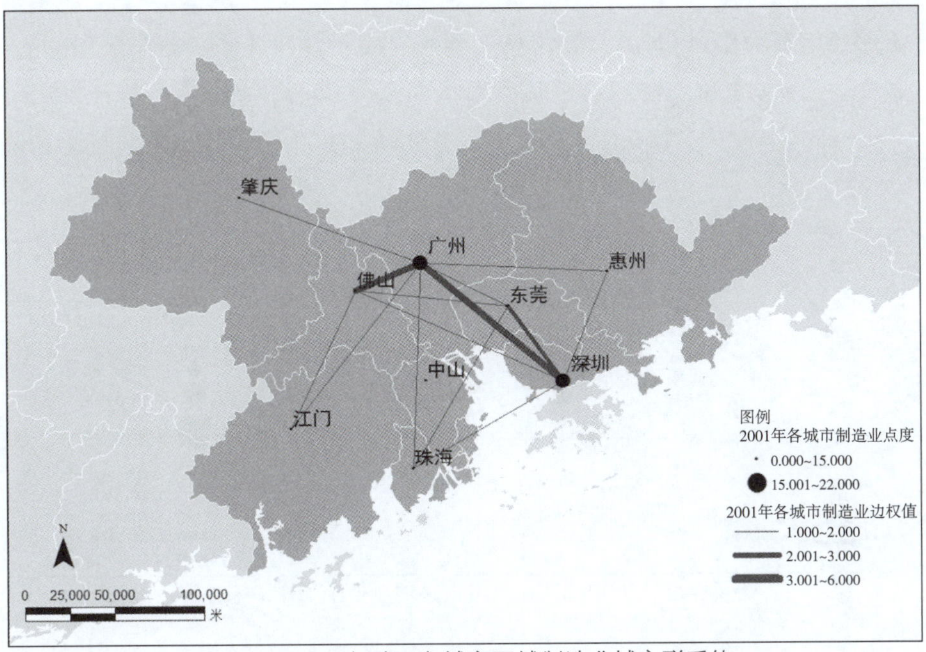

图9–1　2001年珠三角城市区域制造业城市联系值

再分析2008年珠三角城市间制造业的企业总部—分支机构的空间指向（见表9–3、图9–2）。可以发现，最大的联系为深圳→惠州的企业分布，即总部位于深圳、分支机构位于惠州的企业最多，其企业数量达到了13家①，同时，广州→肇庆、广州→佛山、深圳→广州、中山→广州、珠海→中山的联系也明显高于其他城市，其企业数量达到了7家以上。这些数字可以表征，通过近10年的发展，珠三角城市区域之间制造业企业的联系由区域中传统的两大核心城市之间紧密联系开始向多中心转变，空间邻近的深、莞、广、佛已不再具有绝对明显的社会经济规模优势，而是由4个城市分别向珠江东岸城市惠州与西岸城市肇庆、江门、中山、珠海放射发展，深、莞、广、佛与这些城市的经济联系也变得频密，而这些城市之间的联系也明显比2001年更加紧密，城市联系网络已初步形成。

① 赵渺希，朵朵. 巨型城市区域的复杂网络特征. 华南理工大学学报：自然科学版，2013，41（6）：108–115.

表9-3 珠三角区域2008年制造业的网络联系（T_{ij}）

序号	城市	东莞	佛山	广州	惠州	江门	深圳	肇庆	中山	珠海
1	东莞	0	3	5	1	1	2	0	1	0
2	佛山	0	0	1	1	2	0	2	0	1
3	广州	2	11	0	1	6	3	12	1	1
4	惠州	0	0	1	0	0	1	0	1	0
5	江门	0	1	6	0	0	1	0	0	0
6	深圳	7	6	11	13	0	0	0	2	0
7	肇庆	0	1	0	0	0	1	0	0	0
8	中山	1	2	8	0	2	0	0	0	1
9	珠海	0	1	3	1	0	0	0	7	0

资料来源：作者根据人口普查数据分析得出（表中的行数据为母公司所在城市，列数据为分支机构所在城市）。

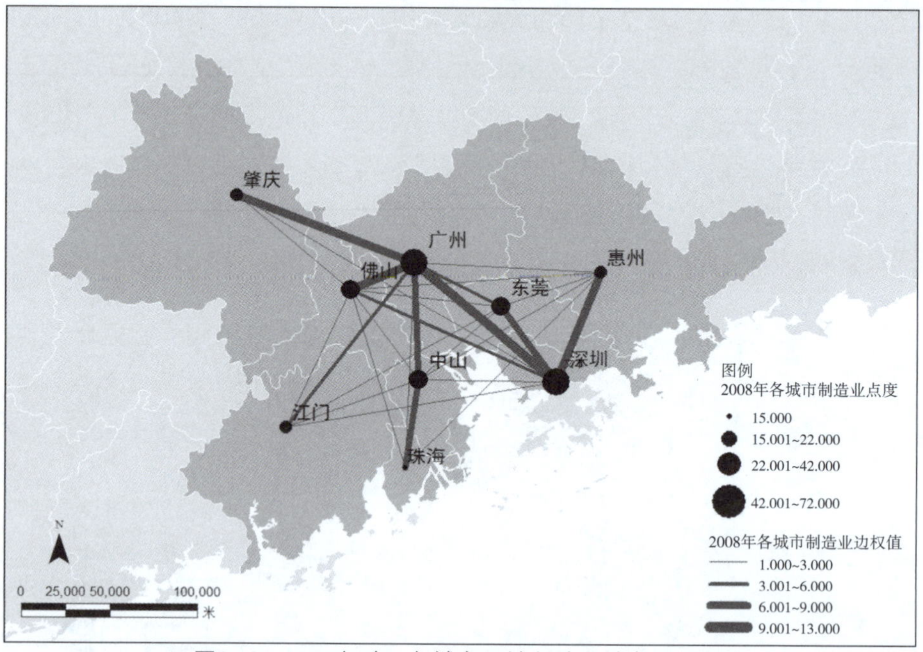

图9-2 2008年珠三角城市区域制造业城市联系值

两个年份对比，从功能联系的绝对量来看，广州—深圳都是珠三角制造业部类的首位功能联系流，随着制造业功能联系网络的发育成长，广州、深圳功能联系量的绝对优势在2008年有所下降，并发展成为以广州为核心的轴辐型向心联系格局。除广深以外的非核心城市功能联系明显增加，在制造业表征的功能联系中，2001年呈现出典型的以广州、深圳、佛山为核心的链式连接格局，但到2008年，肇庆、江门、珠海、惠州等城市的联系量均有所增加，已经初步显现出多中心的格局。

（2）生产性服务业。

首先分析2001年珠三角城市间生产性服务业的企业总部—分支机构的空间指向（见表9-4、图9-3）。可以发现，最大的联系为广州→惠州的企业分布，即总部位于广州、分支机构位于惠州的企业最多，其数量达到了14家（说明：由于广东发展银行总部在广州，而在惠州设置了很多分行，所以数据结果中广州与惠州两市的联系频密）。第二大的联系为广州→佛山的企业分布，即总部位于广州、分支机构位于佛山的企业，其数量达到了13家。从这两项数字的绝对值来看，广州与深圳这区域两大核心城市之间的该行业门类的联系并不紧密。广州→肇庆、广州→江门的联系也明显高于其余的城市联系对。非常明显的是，在生产性服务业的发展中，以广州为中心向佛山和惠州呈放射状发展，因而这3个城市内部的经济联系十分频密，而其余城市之间的联系较弱。

表9-4　珠三角区域2001年生产性服务业的网络联系（T_{ij}）

序号	城市	东莞	佛山	广州	惠州	江门	深圳	肇庆	中山	珠海
1	东莞	0	0	0	0	0	1	0	0	0
2	佛山	0	0	0	0	0	0	0	0	0
3	广州	0	13	0	14	7	4	8	0	5
4	惠州	0	0	0	0	0	0	0	0	0
5	江门	0	0	0	0	0	0	0	0	0
6	深圳	0	1	2	1	0	0	0	0	1
7	肇庆	0	0	1	0	0	0	0	0	0
8	中山	0	0	0	0	0	0	0	0	0
9	珠海	0	0	0	0	0	0	0	0	0

资料来源：作者根据人口普查数据分析得出（表中的行数据为母公司所在城市，列数据为分支机构所在城市）。

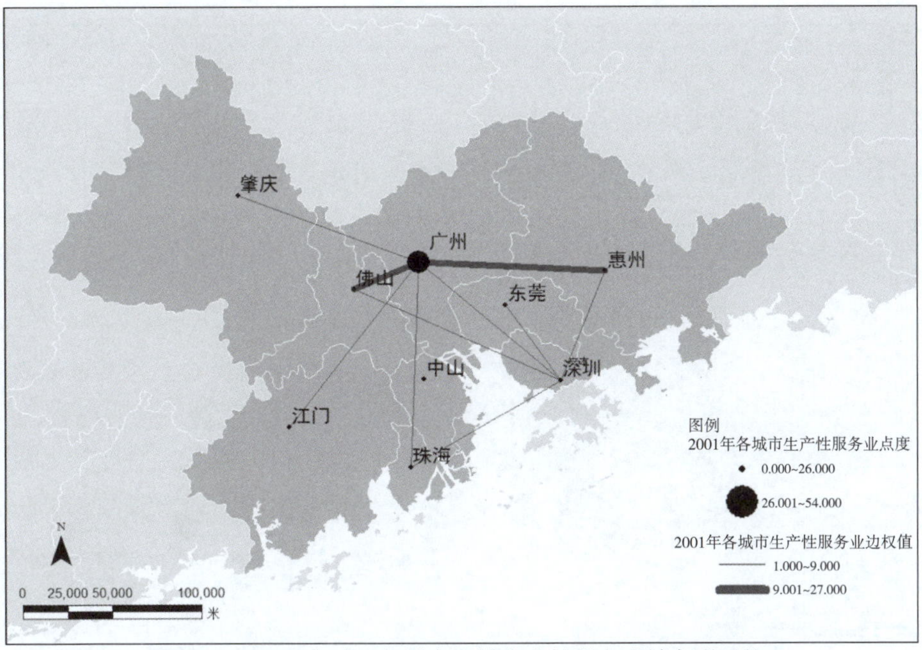

图9-3　2001年珠三角城市区域生产性服务业城市联系值

再分析2008年珠三角城市间生产性服务业的企业总部—分支机构的空间指向（见表9-5、图9-4）。可以发现，最大的联系为深圳→广州的企业分布，即总部位于深圳、分支机构位于广州的企业最多，其数量达到了237家①，绝对值远远高于广州→深圳的企业分布，即总部位于广州、分支机构位于深圳的企业，其数量为75家。同时，广州→佛山、佛山→广州、东莞→广州、广州→江门、江门→广州、珠海→广州、深圳→东莞这些城市的联系也明显高于其他城市对。这些数据表征珠三角城市区域之间生产性服务业的企业联系在7年里发生了巨大的转变，空间邻

① 赵渺希，朵朵. 巨型城市区域的复杂网络特征. 华南理工大学学报：自然科学版，2013，41（6）：108-115.

近的深、莞、广、佛开始发挥社会经济规模优势，这4个城市间的经济联系也变得越发频密，与2001年城市联系相比，中山、江门、珠海、惠州与广州、深圳的联系有明显的增强趋势，其余城市之间的联系也在逐渐增强，城市网络发育暂且处于初级阶段，渐渐开始形成规模。

表9-5　珠三角区域2008年生产性服务业的网络联系（T_{ij}）

序号	城市	东莞	佛山	广州	惠州	江门	深圳	肇庆	中山	珠海
1	东莞	0	1	31	0	3	18	0	1	0
2	佛山	0	0	54	1	5	8	3	1	0
3	广州	13	64	0	5	27	75	9	3	5
4	惠州	0	0	8	0	0	10	0	0	1
5	江门	1	4	25	0	0	2	0	1	0
6	深圳	23	17	237	15	5	0	1	4	7
7	肇庆	0	0	9	0	0	2	0	0	0
8	中山	3	1	13	0	3	4	0	0	4
9	珠海	3	4	26	0	1	7	2	5	0

资料来源：作者根据人口普查数据分析得出（表中的行数据为母公司所在城市，列数据为分支机构所在城市）。

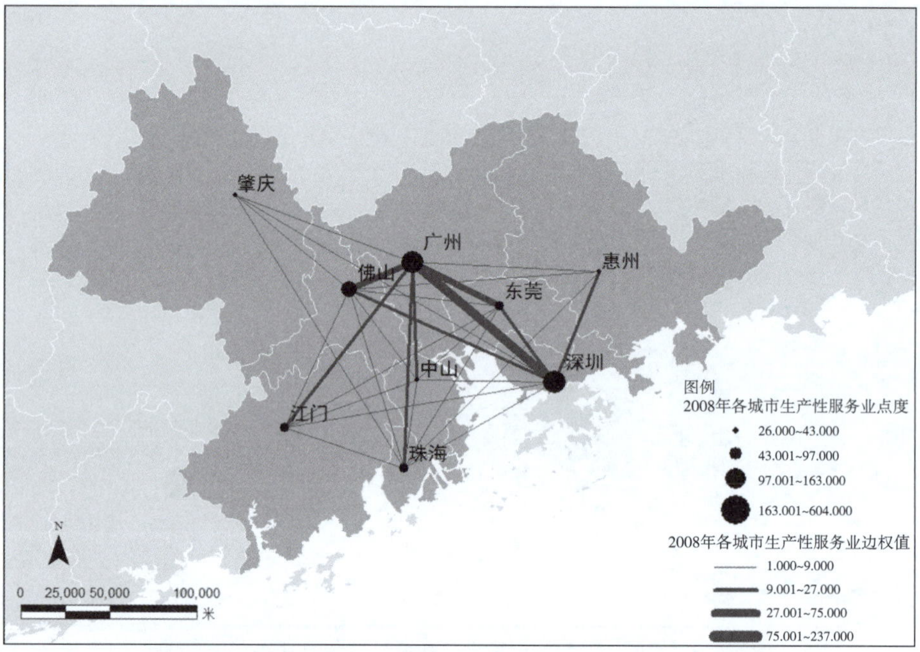

图9-4　2008年珠三角城市区域生产性服务业城市联系值

从功能联系的绝对量来看，两个年份对比，2001年广州→佛山、广州→惠州是珠三角生产性服务业部类的首位功能联系流，而到了2008年，珠三角生产性服务业的发展发生了重大的改变，广州—佛山的联系增强，广州—惠州的联系减弱，进而转变为以深圳—广州作为珠三角生产性服务业部类的首位功能联系流，并发展成为以广州为核心向心联系格局以加强对珠三角西部城市（佛山和江门）的联系及以深圳为核心向心联系格局以加强对珠三角中东部城市（东莞和惠州）的联系的双中心格局。生产性服务业本身功能联系网络的发育成长仍处于初级阶段，仍然以广州和深圳为主要中心，佛山、东莞的副中心地位逐渐形成，其他城市也渐渐参与其中，多中心格局的趋势及网络化规模逐渐凸显。

（3）一般服务业。

首先分析2001年珠三角城市间一般服务业的企业总部—分支机构的空间指向（见表9-6、图9-5）。可以发现，最大的联系为深圳→广州的企业分布，即总部位于深圳、分支机构位于广州的企业最多，其数量达到了90家，第二大的联系为广州→深圳的企业分布，即总部位于广州、分支机构位于深圳的企业，其数量达到了71家。从这两项数字的绝对值来看，广州与深圳之间生产性服务业的企业联系反映了这区域两大核心城市之间该行业门类的联系很紧密。再往后，佛山→广州、广州→佛山、东莞→广州、广州→珠海、广州→江门、广州→惠州、广州→东莞之间的联系也明显高于其余的城市联系对。非常明显的是，在一般服务业的发展中，以广州、深圳这两大城市为中心，因而这2个城市内部的经济联系十分频密，其次广州与佛山之间的联系也较为频密，而其余城市之间的联系较弱。

表9-6 珠三角区域2001年一般服务业的网络联系（T_{ij}）

序号	城市	东莞	佛山	广州	惠州	江门	深圳	肇庆	中山	珠海
1	东莞	0	0	25	0	0	14	0	0	0
2	佛山	1	0	49	1	3	8	1	0	1
3	广州	14	47	0	14	14	71	11	1	22
4	惠州	2	0	8	0	1	8	1	0	0
5	江门	0	1	20	0	0	2	0	0	1
6	深圳	7	6	90	6	1	0	0	0	9
7	肇庆	0	4	4	0	0	0	0	0	0
8	中山	0	0	1	0	0	0	0	0	0
9	珠海	1	1	19	1	2	6	0	0	0

资料来源：作者根据人口普查数据分析得出（表中的行数据为母公司所在城市，列数据为分支机构所在城市）。

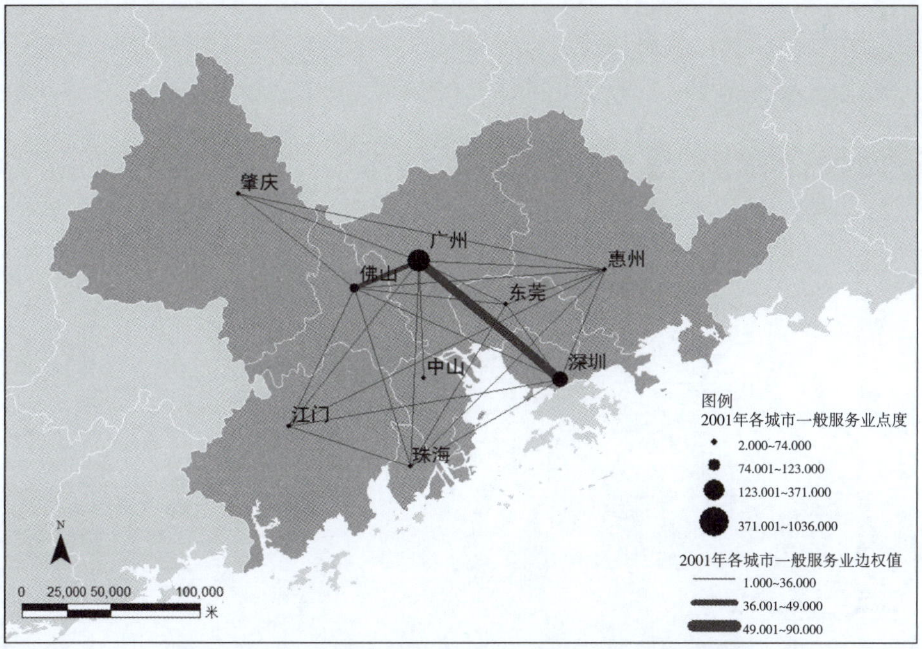

图9-5 2001年珠三角城市区域一般服务业城市联系值

再分析2008年珠三角城市间一般服务业的企业总部—分支机构的空间指向（见表9-7、图

9-6）。可以发现，最大的联系依然为深圳→广州的企业分布，即总部位于深圳、分支机构位于广州的企业最多，其数量高达347家，绝对值远远高于第二大联系的城市对，即广州→佛山的企业分布，即总部位于广州、分支机构位于佛山的企业，其数量为157家[①]，而广州→深圳的企业分布，即总部位于广州、分支机构位于深圳的企业，其数量为144家。同时，佛山→广州、广州→江门、深圳→佛山、深圳→东莞、东莞→广州等这些城市的联系也明显高于其他城市联系对。这些数据表明经过7年的发展，珠三角城市区域之间生产性服务业的企业联系日趋成熟，空间邻近的广、佛、深依然具有社会经济规模优势，这3个城市间的经济联系与2001年相比依然占据绝对的优势地位，而其余城市之间的联系与2001年时相比，变化较大的有深圳→佛山、广州→江门，广州→东莞、深圳→东莞之间的城市联系增强了，其他城市变化不大或者当地企业只是服务于本城市而未与其他城市产生较多的联系，如中山、珠海、惠州等城市。总体来说，珠三角城市区域的一般服务业的城市网络发育尚处于初级阶段，还未能形成规模。

表9-7　珠三角区域2008年一般服务业的网络联系（T_{ij}）

序号	城市	东莞	佛山	广州	惠州	江门	深圳	肇庆	中山	珠海
1	东莞	0	12	52	4	1	36	5	1	5
2	佛山	4	0	76	0	7	18	9	0	2
3	广州	23	157	0	13	63	144	28	6	27
4	惠州	2	1	21	0	1	16	0	1	0
5	江门	0	2	16	0	0	3	1	0	0
6	深圳	53	60	347	33	15	0	13	8	23
7	肇庆	0	2	10	0	1	1	0	0	1
8	中山	3	14	20	0	25	4	1	0	14
9	珠海	5	7	33	1	6	16	2	13	0

资料来源：作者根据人口普查数据分析得出（表中的行数据为母公司所在城市，列数据为分支机构所在城市）。

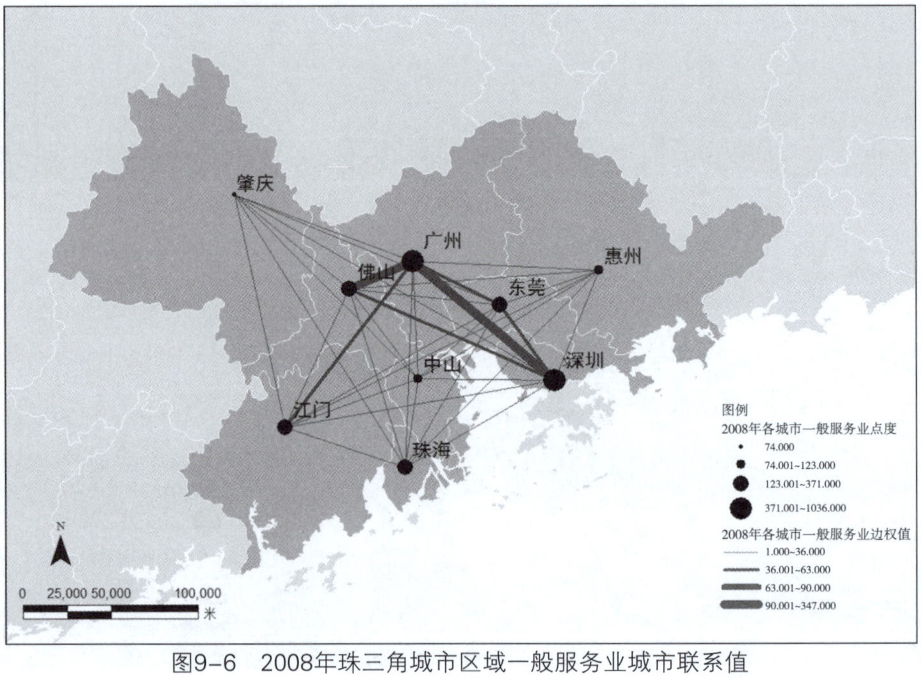

图9-6　2008年珠三角城市区域一般服务业城市联系值

① 赵渺希，朵朵. 巨型城市区域的复杂网络特征. 华南理工大学学报：自然科学版，2013，41（6）：108-115.

从功能联系的绝对量来看，两个年份对比，2001年和2008年，广州与深圳之间的联系均为珠三角生产性服务业部类的首位功能联系流，到了2008年，珠三角一般服务业有了一定的发展，部分城市之间的联系增强（深圳和佛山，广州和江门），但总体来说生产性服务业本身功能联系网络仍然以广州和深圳为主要中心，其他城市之间的联系较弱，相对于制造业和生产性服务业，尚未形成明显的多中心格局，也还未达到网络化规模。

9.3.1.3　珠三角城市区域的功能网络的效率差异

通过对珠三角城市区域的制造业、生产性服务业、一般服务业的企业总部与分公司组成的城市网络效率的分析，如表9-8所示，2001年珠三角城市区域中一般服务业具有较高的网络效率，该产业的企业总部和分公司联系较为紧密，总部对分公司具有的直接控制程度也比较强，而生产性服务业企业的效率则较小，主要以本城市服务为主，并且与设立在其他城市的分公司联系不足。珠三角城市区域的经济活动基本上是围绕广州和深圳双核进行组织的，相比之下，2008年三类企业的网络效率均有了显著的提升，其中生产性服务业效率提升为0.903，提升的幅度最大，同时制造业和一般服务业企业联系也更为紧密，说明2001年与2008年，珠三角城市区域的制造业、生产性服务业和一般服务业的企业联系有所扩散，从“弱联系”发展成为“区域合作”，三大产业部类的功能网络演化更为明显。

表9-8　珠三角区域2001年与2008年城市群的网络效率（E）

年份	制造业	生产性服务业	一般服务业
2001年	0.583	0.519	0.833
2008年	0.875	0.903	0.986

资料来源：作者根据人口普查数据分析得出。

本研究通过比较两个年份下制造业、生产性服务业、一般服务业这三大门类总部—分支机构的空间分布，揭示了珠三角城市区域功能联系网络的发育状况。

2001年制造业的主要功能联系大多产生于广、深之间，呈现以广、深为核心的轴辐型向心联系格局。而到了2008年，除了广、深之间的联系依然频密外，其余城市如肇庆、江门、珠海、惠州等城市之间的联系量均有所增加，至此，珠三角城市区域的制造业企业分布已经初步显现出多中心的格局，因此说制造业的功能联系网络的扩散和发育都非常明显。

在生产性服务业表征的功能联系中，2001年呈现出典型的广州—佛山、广州—惠州，以广州为核心的向心式连接格局，到2008年，珠三角生产性服务业的发展发生了重大的改变，转变为以广州—深圳为珠三角生产性服务业部类的首位功能联系流；生产性服务业本身功能联系网络的发育成长仍处于初级阶段，仍然以广州和深圳为主要中心，未形成明显的多中心格局及网络化规模。

在一般服务业方面，2008年较2001年的数据表征，7年来该行业处于稳步发展阶段，而且以广州和深圳为主要中心的格局未曾改变，部分城市之间的联系增强（深圳和佛山，广州和江门），但总体来说生产性服务业本身功能联系网络的发育成长仍处于初级阶段，未形成明显的多中心格局及网络化规模。

以上数据表明，核心城市广州和深圳的联系在不断地扩大，而作为空间邻近且经济基础本来就较好的佛山、东莞，也与广、深之间有着互动和联系，制造业的发展较为明显，该部类的联系扩散、网络演化趋势均明显。周边城市也承接了广州、深圳的辐射，但生产性服务业和一般服务业的发展依然缓慢，而此类的经济活动基本上还是围绕广州和深圳双核进行组织，这在10年间没有太大的变化。在生产性服务业方面，一方面体现出广州、深圳之间的强联系特征，另一方面其余城市之间的联系也多以这两个城市为中心往外辐射；而在一般服务业方面，这种现象产生的主要原因也可以归为广州、深圳作为区域的核心城市，吸纳了各地政府的办事机构，但是广州、深圳的政府机构则较少去省内其他次级城市设立办事机构①。

总体而言，从珠三角城市区域功能联系的网络效率演化趋势来看，尽管广州、深圳两个核心节点在网络中仍然占据着绝对的优势地位，但是三大产业部类所表征的功能网络的向心型联系流（垂直联系）已经相对弱化，多向的水平联系逐渐增强，这是珠三角城市区域内部联系加强的必然结果，也反映了企业利用区位组合以实现更高利润的市场趋势，也是珠三角区域朝世界级城市群不断迈进的具体表现。

9.3.2 出入点度分布

9.3.2.1 点度分布的统计模型

点度是网络节点规模研究中的基本指标，用来衡量城市在区域网络中的重要程度。城市i的点度为城市联系邻接矩阵T中与i具有连接关系的总和，其计算公式为：

$$k_i = \sum_{j \in n} a_{ij}$$

上式仅给出了无权网络中点度的计算方式，而在现实的网络中，加权网络更为普遍。设每类企业网络中最大联系值为1，进一步定义w_{ij}为城市i与j之间企业联系数量与本类企业最大联系值的比值，取值范围在0~1之间，则加权网络的点强度计算公式为：

$$\overset{u}{S_i} = \sum_{j \in n} a_{ij} w_{ij}$$

城市的点强度还分为城市的出度和入度，出度表示总部设在城市i，分公司设在城市j的所有分公司数量的总和，入度表示城市i具有的其他城市分公司的数量。而且出度和入度为每个城市的点强度，其关系为②：

$$S_i = S_i^{\text{in}} + S_i^{\text{out}}$$

实际度量过程中，由于会出现城市间没有联系的稀疏矩阵情况，即存在点度为0的节点，因而无法进行对数运算，相应地经典的位序—规模模型就不能对此情况进行度量。为此，本研究引用胡祖光（2004）对基尼系数的计算思路，衡量城市群点度的分布。其中，横轴表示从低到高排名的累计点度位序百分比例为n_i/n，纵轴表示与排名相对应的累计点度百分比为$n_i/\sum_j S_i$，以此绘制累计点度位序百分比—累计点度百分比曲线。如图9-7所示，记拱形面积为A，曲边三角形OA_nB_n面积为B，三角形OA_nB_n面积为0.5，由基尼系数的定义知，$G = \frac{A}{0.5} = 1 - 2B$ 则点度分布的基尼系数G计算公式为：

① 赵渺希，朵朵. 巨型城市区域的复杂网络特征. 华南理工大学学报：自然科学版，2013，41（6）：108-115.

② 赵渺希，魏冀明，吴康. 京津冀城市群的功能联系及其复杂网络演化. 城市规划学刊，2014（1）：46-52.

$$G = \frac{1}{n\sum_{1} S_i}\sum_i \sum_j \left(\frac{S_i}{\sum_i S_i} - \frac{S_j}{\sum_j S_i}\right)$$

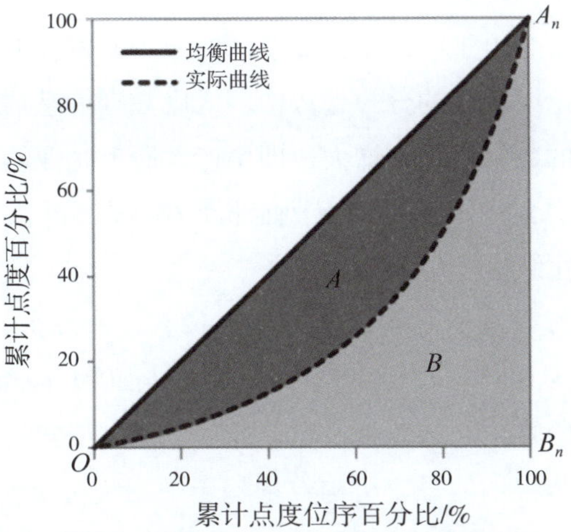

图9-7　累计点度位序百分比—累计点度百分比曲线

从实际的城市联系的过程看，具有空间向量特征的各类地域“流”从不同角度表征了城市之间的功能关系，出—入的方向性即体现了城市网络中的功能性特征。因此，从出入度的角度来分析城市群的复杂网络演化有助于进一步厘清城市间的功能关系。

按照以上的方法，分别对2001年和2008年的3类产业的城市联系的出入度进行计算，绘制各类型产业的累计点度位序百分比—累计点度百分比曲线进行观察，并计算出各类型产业2001年和2008年的基尼系数（见表9-9）。

表9-9　2001年和2008年三类产业基尼系数对比（G）

产业	G		G^{out}		G^{in}	
	2001年	2008年	2001年	2008年	2001年	2008年
制造业	0.510	0.340	0.582	0.456	0.452	0.342
生产性服务业	0.531	0.555	0.851	0.542	0.437	0.607
一般服务业	0.544	0.509	0.540	0.554	0.552	0.495

资料来源：作者根据人口普查数据分析得出。

9.3.2.2　珠三角城市点度分布特征及对比

根据图9-8和图9-9，2001—2008年，制造业企业总部趋向分散，使得广州、深圳以外的城市也相应承担了更多的外向功能。从定量分析得出的结果，制造业的出度和入度都分布趋缓，其中制造业出度的基尼系数从0.582减少到0.456，在洛伦斯曲线的分布趋势中可以看出，与2001年比较，2008年企业总部向各城市派出的分支机构在数量上差距变小，即分布变得平均，除了广、深两市之外，其他城市对于制造业企业的相对接纳量明显增加，与本章9.3.1.2中对城市功能联系格局的分析结果一致（见图9-2），即制造业分公司开始向周边地区分散；制造业入度的基尼系数从0.452减少到0.342，说明制造业企业分支机构在各个城市的数量也趋于平均。总体呈现出的是城市之间的功能联系在不断加强，制造业开始形成多中心网络化发展的趋势。

从表9-9中可知，生产性服务业出度的基尼系数从0.851锐减少到0.542，入度的基尼系数从0.437增加到0.607。生产性服务业的出度的分布趋缓（见图9-10），而入度的分布趋陡（见图9-11），但出度的分布变化更为明显，说明总公司向各城市派出的生产性服务业企业分支机构在各个城市的分布趋于平均，呈现出生产性服务业总部的多中心发展的趋势，但在区域空间中的集聚程度仍然非常突出；在洛伦斯曲线的分布趋势中，入度数据的基尼系数的增加表征着各城市拥有的生产性服务业分支机构的数量差距在增大，即生产性服务企业趋向于在特定的城市聚集，如广州、深圳、佛山、东莞等，对应本章中城市功能联系格局的分析结果（见图9-4），也与第四章中产业部类分布的空间演化结论是一致的。

一般服务业的洛伦斯曲线整体分布趋缓（见图9-12、图9-13），出度的基尼系数从0.540上升到0.554，入度的基尼系数从0.552降为0.495。这说明，与2001年比较，2008年企业总部向各城市派出的分支机构在数量上的差距略微变大，即企业总部倾向于向特定的城市派出分支机构，而入度的趋势变缓，说明各城市接纳的分支机构数量趋于平均，对应本章9.3.1.2中城市功能联系格局的分析结果（见图9-6）。一般服务业方面，广州、深圳、珠海、东莞、佛山、江门这几个城市之间的联系在增强，这与第四章中产业部类分布的空间演化结论也是一致的。一般服务业总部都会以广州和深圳作为首选，而对其他城市的选择趋于分散。相对于广、深两城来讲，其他城市若凭借其旅游资源优势或其他特色资源，能够接纳更多的一般服务业企业进驻，促进本地的旅游服务、商业服务、体育文化服务以及居住配套服务等服务产业发展，那也会呈现出一般服务业城市联系的多中心的发展态势。

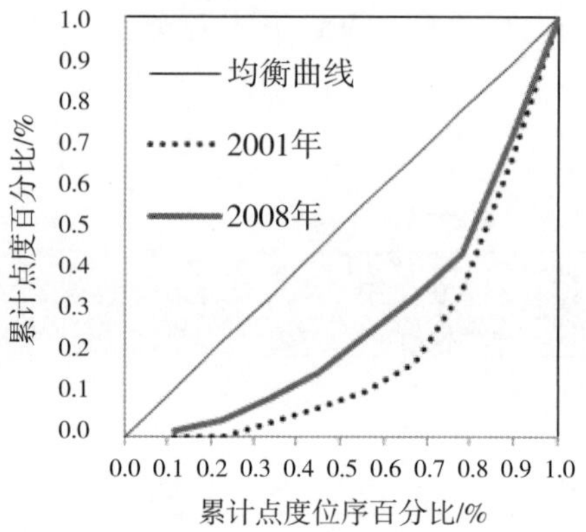

图9-8　2001年和2008年制造业出度

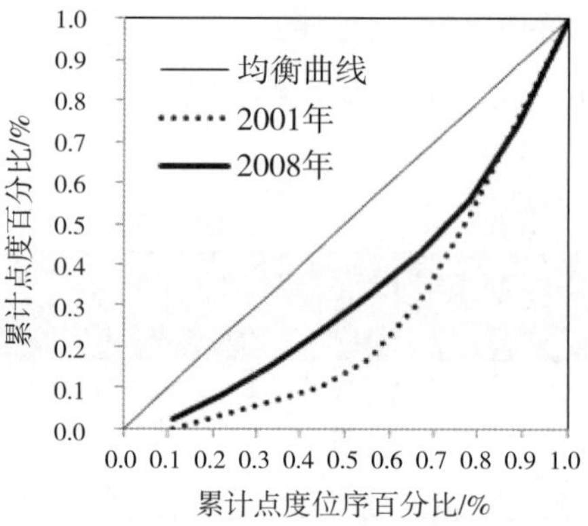

图9-9　2001年和2008年制造业入度

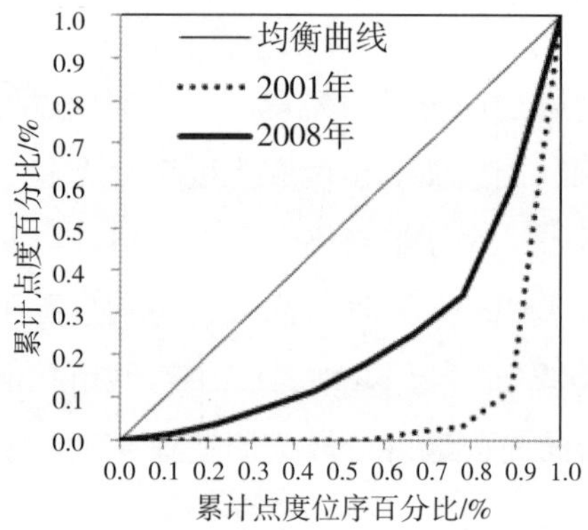

图9-10　2001年和2008年生产性服务业出度

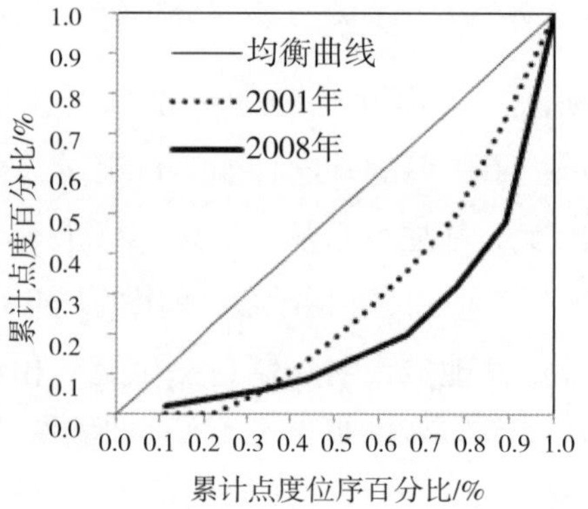

图9-11　2001年和2008年生产性服务业入度

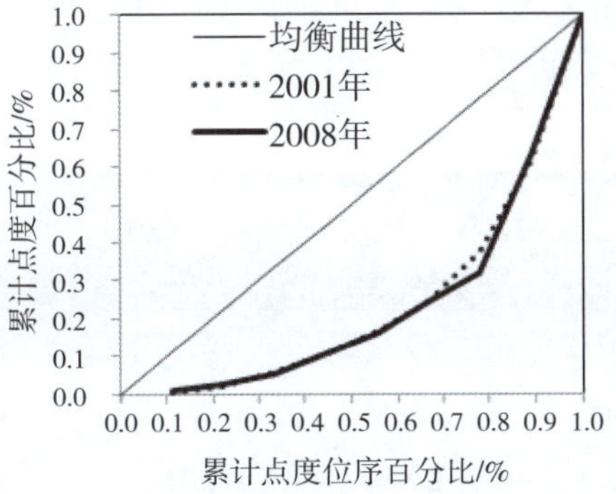

图9-12　2001年和2008年一般服务业出度

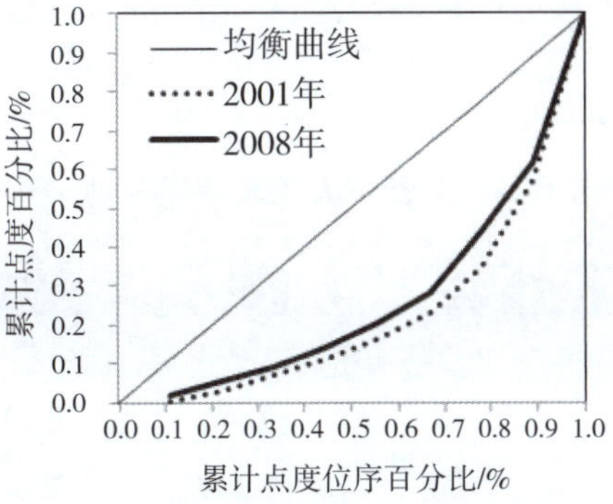

图9-13　2001年和2008年一般服务业入度

总部的出度是企业控制能力的表征，入度则表现了城市接受外地企业分支机构的吸引力，从总部到分支机构的联系实质上是多区位企业在城市之间的价值区段组合，唐子来等（2010）对长三角城市体系的研究也体现了城市之间的价值分工[①]。以总部机构所在城市为观察视角，在珠三角区域，以出度（S^{out}）来衡量总部机构的分布，可以观察到非常集中的空间现象：在三大产业部类的总部区位的前两位城市，均是广州和深圳拥有绝对的优势地位（见表9-10中的粗字体），体现了核心城市在珠三角区域中的控制能力[②]。

表9-10　珠三角区域2001年和2008年城市群三类产业出度（S^{out}）

序号	城市	制造业		生产性服务业		一般服务业	
		2001年	2008年	2001年	2008年	2001年	2008年
1	东莞	0.800	0.769	0.000	0.181	0.278	0.259
2	佛山	1.200	**1.923**	**1.000**	0.384	0.656	**0.735**
3	广州	**1.400**	**2.692**	0.214	**1.700**	**2.400**	**1.657**
4	惠州	0.200	1.308	1.071	0.089	0.244	0.147
5	江门	0.200	0.846	0.500	0.186	0.233	0.343
6	深圳	**1.400**	0.615	0.357	**0.532**	**1.211**	0.686
7	肇庆	0.200	1.077	0.571	0.063	0.144	0.170
8	中山	0.000	0.923	0.000	0.063	0.011	0.084
9	珠海	0.400	0.231	0.428	0.072	0.367	0.207

资料来源：作者根据人口普查数据分析得出。

分支机构数量代表了一个城市对其他城市总部的吸引程度，这也反映了相应城市功能在相应门类中的市场地位。类似于出度的定义，该项数值也在0与n−1之间。以入度（S^{in}）来衡量的话，在2001年（见表9-11），广州制造业和一般服务业的入度值均排在首位，说明广州作为珠三角地区综合性城市具有强大的吸引力，深圳也紧随其后；2008年的数据显示，广州、深圳在分支机构的数量方面仍然极具优势。除了广州和深圳外，佛山的制造业、一般服务业也具有一定的区域吸引力。

从珠三角9个城市的三大产业部类来看，仅有广州、深圳具有相对显著的出度，至2008年，

① 赵渺希，魏冀明，吴康. 京津冀城市群的功能联系及其复杂网络演化. 城市规划学刊，2014（1）：46-52.
② 赵渺希，朵朵. 巨型城市区域的复杂网络特征. 华南理工大学学报：自然科学版，2013，41（6）：108-115.

深圳位于领先的地位，这从一个侧面反映出深圳企业在区域经济空间结构中的外向型特征。

表9-11　珠三角区域2001年与2008年城市群三类产业入度（S^{in}）

序号	城市	制造业		生产性服务业		一般服务业	
		2001年	2008年	2001年	2008年	2001年	2008年
1	东莞	1.000	1.000	0.071	0.228	0.433	0.334
2	佛山	0.400	0.538	0.000	0.304	0.711	0.334
3	广州	**2.000**	**2.846**	**3.643**	**0.848**	**2.156**	**1.329**
4	惠州	0.200	0.231	0.000	0.080	0.222	0.121
5	江门	0.200	0.615	0.000	0.139	0.267	0.063
6	深圳	**1.800**	**3.000**	**0.356**	**1.304**	**1.322**	**1.591**
7	肇庆	0.000	0.154	0.071	0.046	0.089	0.043
8	中山	0.000	1.077	0.000	0.118	0.011	0.233
9	珠海	0.200	0.923	0.000	0.203	0.333	0.239

资料来源：作者根据人口普查数据分析得出。

9.3.3　节点匹配性

城市体系的层级规模一直是城市规划和地理研究领域的重要内容，在网络分析中则体现为城市联系对节点规模的依赖性。

9.3.3.1　匹配性的统计模型

一般地，对于网络中的任何一条链接，根据两端的点度规模可以分为两种情况：规模相近的一对节点之间的链接，称为同向匹配，而异向匹配则是规模相异节点之间的链接，这属于复杂网络匹配性问题，采用的计算方法如下①：

对于通常意义上的节点匹配问题，可以通过Boccaletti（2006）在解决节点与节点相连过程的条件概率问题中提出的平均邻接度的计算方式：

$$k_{nn,i}=\frac{1}{k_i}\sum_{j\in N_i}k_i=\frac{1}{k_i}\sum_{j=1}^{N_i}a_{ij}k_j$$

其中N_i为与城市i具有链接的节点集合，k_j是无权网络中的城市i临近城市j的点度，k_i是无权网络城市i的全部点度，当k_i为0时定义$k_{nn,i}$为0。另外，Barrat等（2004）的研究提出了对权重网络中节点平均邻接度的概念，其定义为：

$$k^w_{nn,i}=\frac{1}{S_i}\sum_{j\in N_i}a_{ij}w_{ij}k_j$$

其中，公式中的变量的定义与前同，而且当S_i为0时，定义$k^w_{nn,i}$为0。通过$k_{nn,i}$与$k^w_{nn,i}$的大小比较，即判断其差值Δk的正负关系，可以判别城市i对城市规模的链接指向分布，若$k^w_{nn,i}>k_{nn,i}$，即$\Delta k>0$，则表明城市i趋向于链接具有较高点度的城市，反之，则意味着i趋向于与较低点度的城市

① 赵渺希，魏冀明，吴康. 京津冀城市群的功能联系及其复杂网络演化. 城市规划学刊，2014（1）：46-52.

相连。

9.3.3.2 珠三角城市的规模匹配性特征及其对比

制造业方面，根据计算结果（见表9-12），2001年各城市的制造业企业大部分与规模相异的城市相连，其中广州、深圳、佛山与周边城市联系紧密。到了2008年，除了深圳以外的其他大城市都呈现出异向匹配的格局，制造业联系相对趋于分散，多中心的城市分布格局渐渐形成，而深圳仍然由于其企业数量的优势与规模相近的城市呈现同向匹配的态势。

生产性服务业方面，根据计算结果（见表9-12），2001年，规模大的城市和规模小的城市联系紧密，几乎所有的节点城市都呈现出异向匹配的格局。到了2008年，广州和深圳、佛山、东莞、江门、中山、珠海、惠州等城市联系频密，生产性服务业企业多分布在这些城市，其他城市由于企业数量较少而跟上述城市呈现出异向匹配的格局，深圳则由于与相连的其他城市企业数量提升而呈现出同向匹配的态势。

一般服务业方面，2001年，广州、深圳及佛山三市聚集了大量的一般服务业企业，三城联系紧密而呈现为同向匹配。2008年，广州、深圳两市在城市群中的网络地位发展稳固，佛山和广州的联系也非常紧密，而东莞、惠州、江门、中山、珠海等城市因为更多地与广州、深圳两市联系而呈现为异向匹配。

表9-12 珠三角区域2001年与2008年城市群三类产业平均邻接度差值比较（Δk）

序号	城市	制造业		生产性服务业		一般服务业	
		2001年	2008年	2001年	2008年	2001年	2008年
1	东莞	−1.328	−2.338	**0.000**	−1.579	**1.138**	−1.438
2	佛山	−2.400	−4.606	−5.500	−1.824	**1.209**	−4.245
3	广州	−0.035	−2.699	−0.333	−3.055	**0.057**	−2.769
4	惠州	−1.100	−5.482	−5.500	−2.997	−0.177	−2.888
5	江门	−2.700	−3.629	−6.000	−2.888	0.554	−5.994
6	深圳	**0.288**	**0.044**	−0.800	**0.844**	**0.712**	**0.077**
7	肇庆	−7.000	−6.657	−5.333	−3.544	−2.222	−5.705
8	中山	**0.000**	−2.144	**0.000**	−0.843	−0.844	**0.573**
9	珠海	−3.000	−1.004	−5.500	1.001	−0.172	−1.716

资料来源：作者根据人口普查数据分析得出。

网络分析中任意联系的两端节点的相互依赖关系是不对等的，网络匹配性则从节点规模的角度刻画了各城市的连接关系，从2001年、2008年两个年份的三类产业平均邻接度差值数据可以看出，深圳的制造业和生产性服务业数据在2001年与2008年有明显的提升，深圳在城市群网络中具有绝对的规模优势，说明深圳趋向于与较大规模的节点发生功能联系。除了珠海以外的其他城市的制造业平均邻接度差值进一步降低，这反映了珠三角区域在低价值区段对较大规模节点尤其是对深圳的依赖程度在增强，广州、惠州该值的锐减说明这两个城市对区域中小规模节点的辐射有所加强。Δk值与城市规模有着较强的关联，也显示出珠三角地区网络匹配性的规模依附特征：规模越大的城市越是趋向于指向相近规模的节点，而规模较小城市则趋向于与高等级的城市链接，由此呈现出较低的Δk值，说明城市规模仍然是珠三角这一巨型城市区域网络链接中最重要的因素。

9.4 小结

通过2001年、2008年珠三角城市区域功能联系的复杂网络分析可以看出，虽然广州、深圳在网络中仍占据着绝对的优势地位，但是城市群中多向的水平联系逐渐增强，总部—分支机构的区位结节性所反映的出、入点度表征了产业价值区段的空间组合关系，广州、深圳、佛山、东莞、珠海等城市共同组成了珠三角的多中心网络发展格局，但珠三角地区的多中心程度仍然是有限程度的分散，相对集聚依然是网络结节性的主导属性。在链接方向上，广州、深圳、珠海3个城市在区域中有着较强的总部控制能力，这其中又以前两个城市更为突出；匹配性方面，珠三角地区各个城市均趋向于异向匹配，城市规模仍然是珠三角这一巨型城市区域网络链接中最重要的因素。这一系列的空间演化特征反映了珠三角城市区域的经济空间组织的复杂性。

第十章

珠三角城市区域扩区的多维网络比较

10.1 引言

随着全球产业经济重组过程中大都市集聚地带在各国区域经济增长中的地位不断凸显，城市群已成为我国城镇化进程中吸纳人口和产业的主要空间载体，对既有城市群进行扩区也已经提上了各地新型城镇化的议事日程：2010年有关方面就提出将长三角城市群的核心城市扩区至22个城市，湖南提出将长株潭城市群扩区至8个城市，湖北则提出要对长江中游城市群进行扩区。需要指出的是，新型城镇化的城市群战略不能过高地依赖于扩张性财政政策，这在国内业界已经成为共识。由此，要在保证城市群发展品质的基础上进行扩区，合理、有序地吸纳潜在的扩区对象是新型城镇化战略的务实选择。

经过30多年的快速发展，珠三角城市群正向世界级城市群的规划目标迈进，为进一步发挥区域增长引擎的带动作用，扩区也成为当前广东新型城镇化战略的重要内容，在本书第八章中，从全国城市体系角度比较分析了珠三角城市区域的外向联系，为应对区域竞争，提出了珠三角可以基于世界城市化以城市群为主体吸纳人口的基本规律，适度进行扩区以提升城市群的竞争力，这一现实问题是本部分研究的出发点。

10.2 研究方法

10.2.1 相关理论

关于城市群的扩区并没有直接的理论支撑，但是国内外学术界对于城市群的特征描述和范围界定已经有了相对丰富的成果，戈特曼1957年发表的《大都市带：或东北部沿海的都市化》阐述了城市群的基本特征和功能界定，在这之后，传统的形态属性分析（城市人口或者产业的规模、密度分布）已经得到了广泛的应用，而近年来兴起的功能联系分析（城市间的通勤、产业、电话、互联网联系）也正成为当前城市研究的热点，Burger、Meijers指出，多中心型的全球城市区域其内部功能联系的均衡性比形态属性的均衡性更加重要。进一步地，从功能联系的角度来探讨城市群扩区的区域范围，需要逐次深入地关注空间网络的若干特征。

首先，功能联系的绝对强度是界定城市群的重要依据。Hall、Pain以生产性服务业网络、通勤流为观察对象，对欧洲8个城市区域的功能联系进行了深入剖析；在国内，根据江曼琦（2013）的文献梳理，虽然城市群的界定并没有严格的标准，但是关联网络是其重要的特征之一，这一观点得到了国内大多数学者的认同。由此观之，城市群的扩区对象必须有较强的外部网络联系，否则不构成纳入城市群的基准条件。

其次，功能联系的指向分布是界定城市群范围的另一个指标。现实世界中，城市的联系可能会指向周围的任何相邻城市，在这种情况下，目标城市隶属于哪一个城市群或者区域范围可依据其最明显的联系方向予以确定，这与单个城市的腹地范围划分在原理上是一致的。在应用性的研究中，Green① 曾用人流、物流等6项指标划分过纽约和波士顿的影响边界，国内学者对长三角等地的腹地划分实际上也是联系指向的比例判别方法。对于本次研究而言，潜在扩区对象不但应与已有城市群有绝对的功能联系，而且在相对比例上与城市群的联系也应尽可能占大的份额。

第三，城市群内部网络应以多向联系为主，而不应指向单一的中心城市，这也是Limtanakool、Narisra②、Meijers、Burger③关于均衡型城市区域功能联系的重要观点。Scott将全球城市区域空间结构从低级到高级的演化过程划分为三个阶段：单中心（以中心城市为主导的阶段）、多中心（中心城市和郊区相互竞争阶段）和网络化阶段（复杂的相互依赖和相互竞争关系）；Parr进一步指出，网络化的城市区域其空间组织更为均衡；Batten也认为，传统的中心地系统更加强调空间组织的向心性，强调自上而下的单向垂直联系，而更为高级的网络化模式则强调水平联系和中心之间的多向联系④。这意味着，从发展的角度来看，扩区城市与珠三角的联系不应过于指向单一的中心城市，而应与多个城市形成密切的联系。

需要指出的是，在以功能联系判别城市群的扩区选择时，还应强调潜在扩区对象与珠三角区域的空间邻近性，这是城市群扩区分析的另一个基准前提，Green在研究城市区域的多中心形态基础时就专门提出了空间邻近性指标。为此，本研究试图在多类型功能联系分析的基础上，结合空间邻近性来分析珠三角城市群扩区的区域范围。

10.2.2 计算方法

本次研究的功能联系包括客运交通、生产性服务业、固定电话、互联网等4类。在这几类功能联系中，客运交通、电话通讯都可以通过直接获取的数据进行度量，而对于生产性服务业、互联网博客形成的城市网络，研究采用了社会网络的方法统计城市之间的功能联系。

在社会网络的分析中，以俱乐部f表示节点i与节点j的基本连接关系，只有两个节点i、j同时在该俱乐部f中，i和j才具有联系。按照二模网络的基本算法，计$C_{i,f}$、$C_{j,f}$分别为节点i、节点j在俱乐部f中的价值，则节点i、j之间的联系w_{ij}可以表示为：

$$w_{ij} = \sum_{f} C_{i,f} \times C_{j,f}$$

结合上述公式，本研究以生产性服务业的企业区位信息、互联网名人博客的好友地址信息进行社会网络的二模网络建构，实现城市之间联系值的计算。这其中，生产性服务业的城市网络在国内外已经广泛应用，而根据社会网络的基本原理，互联网博客网络也具有明显的二模网络特征。

联系强度是复杂网络视角下对城市网络研究的基本指标，用以衡量城市在区域网络中的重要程度。一般地，在网络中城市i的联系强度为与i连接的关系的总和，首先考虑简单情形即城市联

① GREEN H L. Hinterland boundaries of New York City and Boston in southern New England. Economic Geography，1955，31（4）：283-300.

② NARISRA L，TIM S，MARTIN D. Developments in the dutch urban system on the basis of flows. Regional Studies，2009，43（2）：179-196.

③ BURGER M J， MEIJERS E J. Spatial structure and productivity in U.S. metropolitan areas. Erim Report，2009，42（6）：1383-1402.

④ BATTEN D F. Network cities：Creative urban agglomerations for the 21st century. Urban Studies，1995，32（2）：313-327.

系仅定义为有、无两种的无权网络时，则i、j的联系大于0时计a_{ij}为1，否则为0，由此无权网络中节点强度为$\sum_j a_{ij}$。

在现实的网络中，权重网络更为普遍，假设每类网络中最大联系值为1，定义w_{ij}为城市i与j之间功能联系W_{ij}与该类联系最大值的比值，取值范围在0~1之间，则权重型城市网络中城市i的联系强度计算S_i的公式为：

$$S_i = \sum_j a_{ij} w_{ij}$$

参考Taylor、Derudder、Hoyler等人对英格兰城市体系的网络研究，在城市联系的总和强度中可以分离出指向特定城市的强度。借鉴这一思路，对于珠三角外围潜在的扩区城市，可以将联系强度拆分为：①与珠三角既有的9个城市之间的绝对联系强度S_{ip}；②与广东地区其余11个非珠三角城市之间的联系强度S_{inp}，并有下述关系：

$$S_i = S_{ip} + S_{inp}$$

对于珠三角潜在的扩区对象，不仅要求该城市有绝对值较高的珠三角联系强度（S_{ip}），而且还要求该值尽可能高于与非珠三角城市之间的联系（S_{inp}）。例如，当城市i和j均具有相等的绝对联系强度，但是两者指向特定区域的联系比重不一致时，则与该区域的相对联系强度成为i、j指向归属的区分条件。为此，定义潜在扩区对象指向珠三角城市群的相对联系强度r_i为：

$$r_i = \frac{S_{ip}}{S_i}$$

r_i的取值在0~1之间，该值越大说明城市i越趋向于与珠三角城市群发生联系，这也是影响城市群扩区优先对象的另一项必要条件。

对于城市群空间网络的多向性特征，可以采用群集性的指标进行度量。按照Limtanakool、Meijers、Burger等学者的观点，向心型指向的城市群不符合多中心的空间组织形式，但是前述公式计算得到的功能联系无论是绝对值还是相对值，其在城市之间的加和仍有可能无法满足城市群内部的多向联系。按照拓扑学的相关理论，以任意三个节点之间的联系组成的三角形数量能表征网络联系的真实状态，即复杂网络统计工具中的群集性指标。Watts和Strogatz提出以群集性（c_i）衡量网络联系中相邻节点之间的凝聚力①，在拓扑学上通过计算三角形的数量来进行统计，假定城市联系为两两相等的无权网络，则其计算公式为：

$$c_i = \frac{2E_i}{k_i(k_i - 1)}$$

E_i是包含了节点i的三角形数量，群集性c_i在0~1之间，该值越大说明该节点与整个网络中其他节点的三元数组越明显，在网络中与其他节点的联系也就越紧密。应用到珠三角城市群的扩区选择中，则要求扩区对象要与既有城市群中尽可能多的城市组合形成三元数组形式的功能联系。

对于城市间联系值不尽相等的权重网络，借鉴Onnela的研究②将上述公式修正为：

$$c_i = \frac{1}{k_i(k_i - 1)} \sum_{j,h} \sqrt[3]{w_{ij} \cdot w_{ih} \cdot w_{jh}}$$

其中，k_i（k_i−1）表示包括城市i在内的组成三角形关系的城市数量，w_{ij}、w_{ih}、w_{jh}是联系权重

① WATTS D J, STROGATZ S H. Collective dynamics of "small-world" networks. Nature, 1998, 393 (6684): 440-442.

② ONNELA J P, SARAMÄKI J, KERTÉSZ J, KASKI K. Intensity and coherence of motifs in weighted complex networks. Physical Review E Statistical Nonlinear & Soft Matter Physics, 2005, 71 (6Pt2): 531-536.

经过标准值化的连边，c_i的取值也是在0~1之间且该值越大说明扩区对象与城市群中多个城市之间的联系越频密。需要指出的是，三元数组中该值的大小也与联系的均衡性密切相关，如图10–1所示，图10–1（a）、图10–1（b）显然没有形成三元联系数组，故群集性c_i为0，而考察权重联系差异从图10–1（c）、图10–1（d）可以看出，尽管城市i与另外两个城市之间的联系总值都为6，但是图10–1（d）的3条边相等因而计算的群集性为1.00，图10–1（c）计算的群集性为0.49，显然，图10–1（d）所示的城市联系更加接近于Limtanakool、Meijers、Burger关于巨型城市区域中联系的均衡性特征。

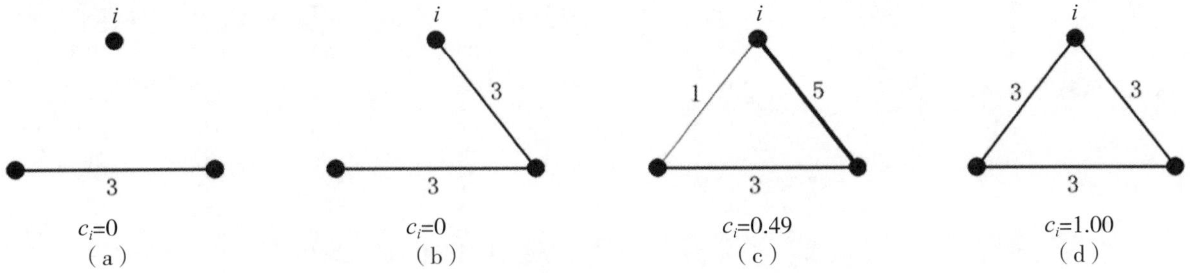

图10–1　三个节点联系时不同情形的群集性

基于绝对联系强度（S_{ip}）、相对联系强度（r_i）、群集性（c_i），本研究对这3项指标进行逐一分析后，尝试采用综合性的统计来确定珠三角城市群扩区的优先度。由于量纲的差异，本研究先将各项指标进行标准化处理，即将潜在扩区对象的分项变量分别除以相应变量的最大值，并将其转化为百分制，得到标准化的绝对联系强度（S_{ip}'）、相对联系强度（r_i'）、群集性（c_i'）。

对分项指标进行综合加权计算有多种方法，如算数平均值、几何平均值等方法，考虑到本研究中的群集性指标、相对联系强度两项变量在数学公式中是乘积、商的形式，因此本文采用了几何平均值的方法对分项变量进行综合计算，以保证数学逻辑的前后连贯。由此，城市群扩区的专项优先度FP_i计算公式为：

$$FP_i = \sqrt[3]{S_{ip}' \cdot r_i' \cdot c_i'}$$

进一步地，考虑到城市功能联系的类型多样化特征，还有必要对各种不同类型专项优先度进行综合评价，定义$FP_{i\text{-}k}$为第k类型联系中城市i的优先度，同样采用几何平均值的方法得到联系优先度P_i：

$$P_i = \sqrt[n]{FP_{i-1} \cdot FP_{i-2} \cdot \cdots \cdot FP_{i-n}}$$

最后基于多中心城市区域中空间距离的重要性，计算潜在扩区对象与珠三角城市群几何中心的空间距离，对距离取倒数后进行标准置换，得到邻近性得分N_i，之后取其与联系优先度的几何平均值，从而得到潜在对象的综合扩区优先度分值：

$$SP_i = \sqrt{P_i \cdot N_i}$$

10.2.3　研究对象

本研究先对广东21个城市进行概要分析。通过比较2000年、2010年两次人口普查数据以及当年的地区生产总值，可以看出，珠三角是广东地区常住人口、经济总量10年间增长最为明显的区域，其中珠江口东岸的深圳、惠州最为突出，而珠江西岸的江门、肇庆增长相对较缓；周边区域中清远、河源的增长非常突出，而阳江发展相对较缓。其他区域中，粤西湛江的发展相对稳健，汕头的人口增长明显，但是经济增长乏力，粤北韶关的人口增长最为缓慢（见表10-1）。

表10-1　2000年与2010年广东21个城市基本情况

区域	城市	面积/千米^2	常住人口/万		年增长/%	地区生产总值/亿元		年增长/%
			2000年	2010年		2000年	2010年	
珠三角区域	广州	7 287	994	1 270	2.48	2 382	10 604	16.10
	深圳	1 953	701	1 036	3.98	1 727	9 511	18.61
	珠海	1 654	124	156	2.36	327	1 203	13.91
	佛山	3 848	534	719	3.03	962	5 652	19.37
	惠州	11 356	322	460	3.64	436	1 730	14.79
	东莞	2 472	645	822	2.46	490	4 246	24.09
	中山	1 800	236	312	2.82	312	1 826	19.32
	江门	9 541	396	445	1.18	554	1 550	10.83
	肇庆	14 822	337	392	1.51	380	1 066	10.86
珠三角周边区域	清远	19 153	315	370	1.63	154	1 113	21.89
	云浮	7 779	215	236	0.92	170	394	8.80
	河源	15 642	227	295	2.68	91	477	17.98
	阳江	7 965	217	242	1.11	169	642	14.31
	汕尾	4 902	245	294	1.81	142	470	12.69
其他区域	汕头	2 248	467	539	1.44	473	1 203	9.79
	韶关	18 385	274	283	0.33	201	683	13.02
	揭阳	5 266	524	588	1.16	386	1 009	10.08
	梅州	15 876	380	424	1.10	175	612	13.34
	湛江	13 225	607	699	1.42	402	1 403	13.32
	茂名	11 425	524	582	1.05	490	1 492	11.79
	潮州	3 100	240	267	1.06	191	559	11.33

10.2.4　数据来源

网络数据方面，本研究针对客运交通、生产性服务业、固定电话通讯、互联网博客等4类数据分别进行收集。

客运交通方面，广东地区的省内交通主要以陆路为主，2011年全省全社会客运总量中铁路、公路所占比重高达98%，因此本次研究的城际客运交通即取用城际列车、长途公路两类陆路客运的总和。由于数据的原因无法直接对这两种交通方式的班次进行获取，本研究首先以在中国铁路服务网站上查询非高峰时段余票的方式，获取城际列车班次的实际客运量，再将这一列车客运量折算成40人/车的长途公路客运班次，然后将这一结果与查询到的长途公路客运班次相加，计算得到2013年广东全省城市之间的客运交通班次。

生产性服务业方面，其联系数据以2010年中国地级以上城市的生产性服务业区位数据为基础，且相关研究成果已经公开发表。在此基础上，研究者于2013年对这一数据库进行了更新和补充，总计有331家银行、保险公司、证券公司、律师事务所、咨询管理与设计公司、广告公司，采用Taylor的连锁模型进行赋值和计算。

固定电话通讯方面，其数据采用了广东地区2013年5月某通信运营商的城市间固定电话联系的数据，来自于中国城市规划设计研究院相关部门。

互联网博客方面，其数据来自于国内知名互联网门户网易的名人博客，数据于2010年初次抽样获取，在2013年重新进行了最终整理，选取了中国名人博客排名前100位的博主，并对每位博主的前100名好友进行地址信息的提取，好友数量不足100的则纳入其全部好友的地点信息，在此基础上，按照二模网络的计算方法形成了中国287个城市的联系，在其中抽取广东地区21个地级以上城市的子网络。

10.3 多维网络的扩区优选

10.3.1 扩区对象的绝对联系强度

首先，从5个扩区对象城市与珠三角区域9个城市之间的联系可以看出：清远、河源在客运交通方面有比较大的对外联系值，其中清远与广州之间的交通联系非常突出，而河源与广州、深圳之间的客运相对均衡，其余3个城市与珠三角的客运联系相对较弱；生产性服务业的联系中，5个城市指向珠三角的联系比重基本相似，差异性不大；固定电话联系呈现出一定的差异，其中汕尾与深圳之间的电话联系相对较强；互联网联系方面，同样是清远、河源、汕尾与珠三角的绝对联系较强（见图10–2、图10–3）。

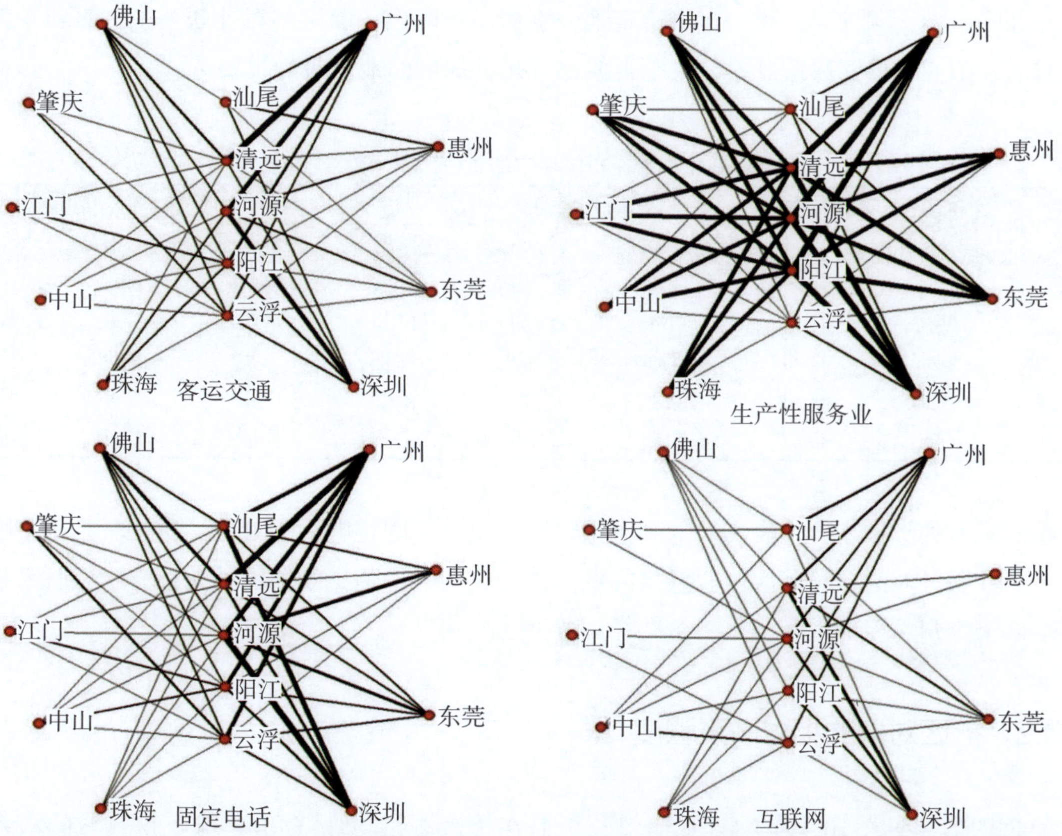

图10–2　扩区对象与珠三角各城市客运交通、生产性服务业、固定电话、互联网绝对联系图

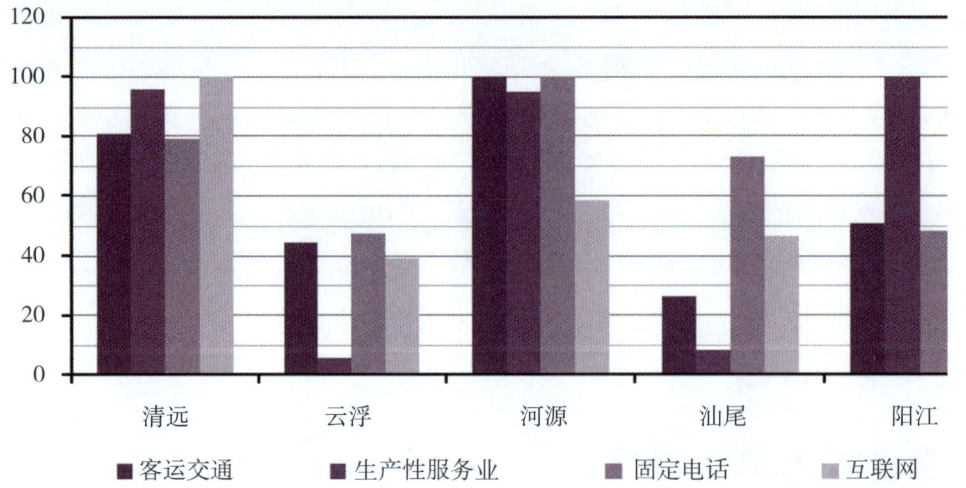

图10-3　扩区对象与珠三角区域客运交通、生产性服务业、固定电话、互联网的绝对联系值

其次，分析各个扩区城市与珠三角区域之间总的绝对联系值（S_{ip}），可以看出，河源与珠三角的联系最为频密，稍次为清远，这两个城市构成了联系最密切的扩区对象；阳江次次之，而云浮、汕尾与珠三角区域的联系相对较弱（见图10–3）。

从表10–2的行数据可以看出，潜在扩区对象的4类联系中，首位、次位联系的指向城市大多数都包含了广州、深圳，合并计算，深圳的出现频次（15）比广州的出现频次（19）稍低一些。在各个城市具体的重要联系指向城市中，清远的首位、次位联系中，广州、深圳、佛山占据着一定的分量；云浮的重要指向对象则包括广州、肇庆、深圳、中山，但是数据有一定的波动性；河源的外部联系中，深圳、广州一直很稳定地分别居于前两位；汕尾的对外联系中，深圳、广州、惠州居前；阳江的重要联系对象与河源类似，广州、深圳的地位最为重要。

表10–2　潜在扩区城市的首位/次位指向城市

扩区对象	客运交通		生产性服务业		固定电话		互联网	
	首位联系	次位联系	首位联系	次位联系	首位联系	次位联系	首位联系	次位联系
清远	广州	佛山	深圳	广州	广州	佛山	深圳	广州
云浮	肇庆	广州	广州	深圳	广州	肇庆	广州	深圳
河源	深圳	广州	深圳	广州	深圳	广州	深圳	广州
汕尾	深圳	惠州	深圳	广州	深圳	广州	广州	深圳
阳江	广州	深圳	深圳	广州	广州	深圳	广州	深圳

按照联系的类别来看待表10–2的列数据，客运交通、固定电话的首位、次位联系城市相对离散，生产性服务业的首位、次位联系指向城市均为深圳、广州，互联网的首位、次位联系指向城市也全部为广州、深圳。

10.3.2　扩区对象的相对联系强度

通过图形（见图10–4）的直观比较分析潜在扩区城市与珠三角/非珠三角区域的联系强度（r_i），可以观察到4类指向珠三角扇面的联系都非常突出，客运交通、互联网联系的两个扇面差异比较明显，生产性服务业的指向差异相对较弱。

将5个扩区对象与珠三角、非珠三角两组城市的联系进行独立样本的*t*检验（见表10–3），以$P<0.05$为联系指向的判别标准，通过显著性的项数分析可以发现，4类功能联系中河源对珠三角城市的指向均有明显的显著性，河源、阳江各有3类联系具有显著性的珠三角指向，云浮的显著性指向有2项，汕尾的显著性指向仅有1项。

进一步计算珠三角区域在各个扩区对象外部联系中的重要程度。相对于绝对联系强度，扩区对象的相对联系强度的差异性都不大，除生产性服务业的相对联系强度在0.6上下波动以外，其余3项功能联系指向珠三角的比重都在0.85以上，这说明5个扩区对象强烈地依附于珠三角城市群的影响。

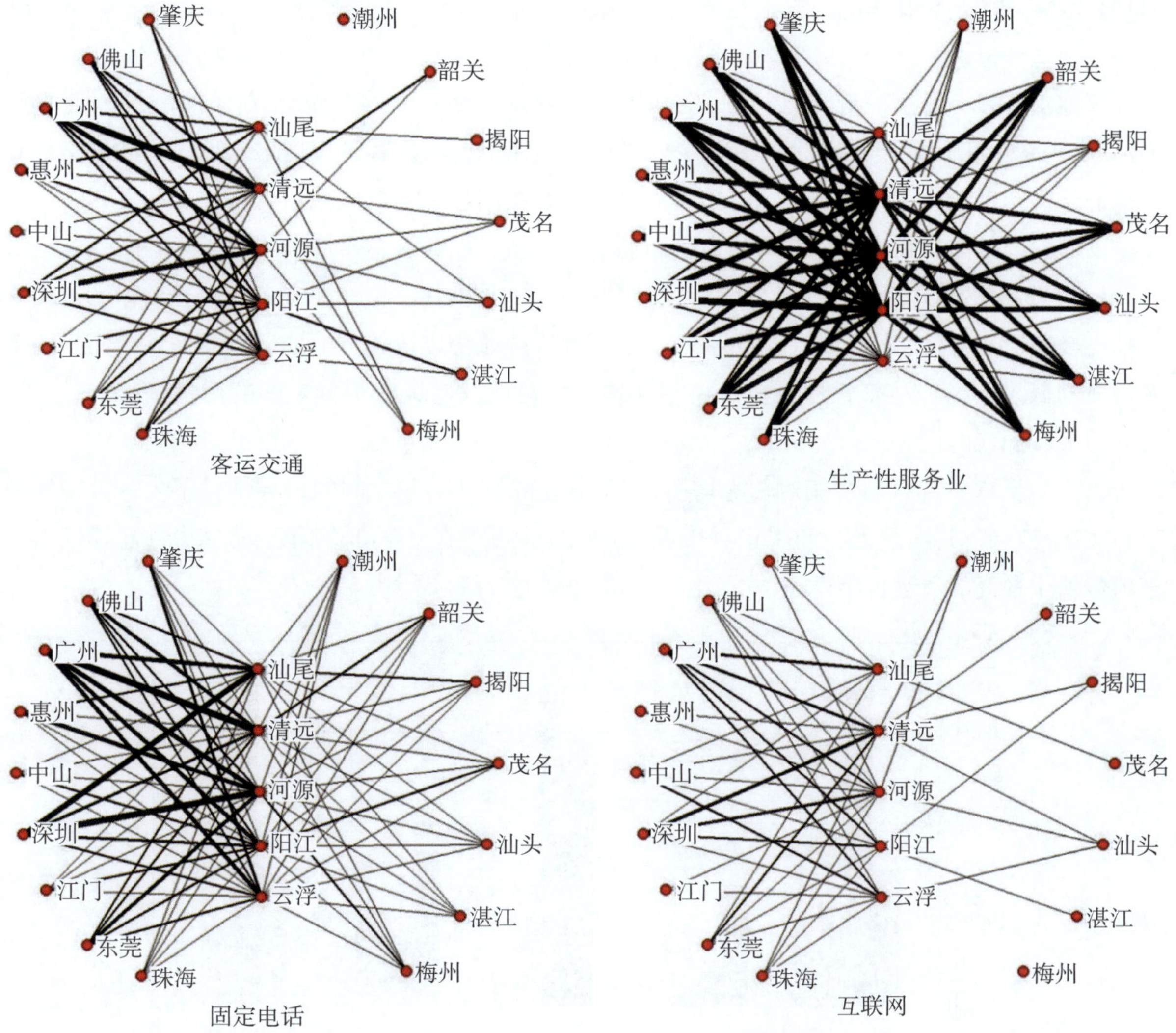

图10–4　扩区对象与广东各地级以上城市客运交通、生产性服务业、固定电话、互联网联系图

在分项的相对联系强度方面，云浮、河源指向珠三角的客运联系比重较大，汕尾的生产性服务业联系、互联网联系指向珠三角的比重高于其他城市，但其优势并不明显。当然，相对联系强度的区分度不明显主要与这5个城市分别环绕在珠三角的东、西、北方向的地理格局有关，这也是城市空间邻近的区域形态属性所导致的一种必然结果。

表10-3　扩区对象独立性检验及相对联系强度指标

扩区对象	客运交通		生产性服务业		固定电话		互联网	
	指向珠三角比例	统计学意义	指向珠三角比例	统计学意义	指向珠三角比例	统计学意义	指向珠三角比例	统计学意义
清远	89.3%		59.0%	**	89.1%	*	95.3%	*
云浮	95.1%	**	60.9%		90.9%	**	94.1%	*
河源	92.6%	*	59.0%	*	89.8%	*	93.5%	*
汕尾	88.6%		66.7%		88.8%	*	98.3%	
阳江	86.9%	**	59.7%	**	86.6%	*	91.7%	

*表示P小于0.05，**表示P小于0.01。

10.3.3　扩区对象的群集性

考察4类功能联系的群集性（见图10-5），可以看出：在客运交通方面河源的数值最高（0.059），且明显高于其余4个扩区对象。清远、阳江、云浮的客运交通融入珠三角的群集性相对较低，甚至低于粤东的汕尾，这可能是因为清远在指向珠三角的联系过程中主要与广州发生联系，阳江只要指向广州、深圳两个城市，而汕尾与广州、深圳、惠州均有相对紧密的联系。

生产性服务业方面，清远、河源、阳江3个城市的群集性相对比较接近（分别为0.070、0.070、0.072），这反映了这3个城市在吸引生产性服务业分支机构方面的区位相似性，而另两个城市相对较弱。若以生产性服务业区位作为珠三角建设世界级城市群扩区的衡量基准，显然清远、河源、阳江的优势相对突出。

固定电话联系的群集性相对较为均衡，5个潜在的扩区对象之间的差异性并不大，其中河源较高（0.027），其次清远、汕尾相对接近。与固定电话类似，互联网联系的群集性总体较低，该项数值中最高的清远也不过0.016，且各城市之间的差异性更小。

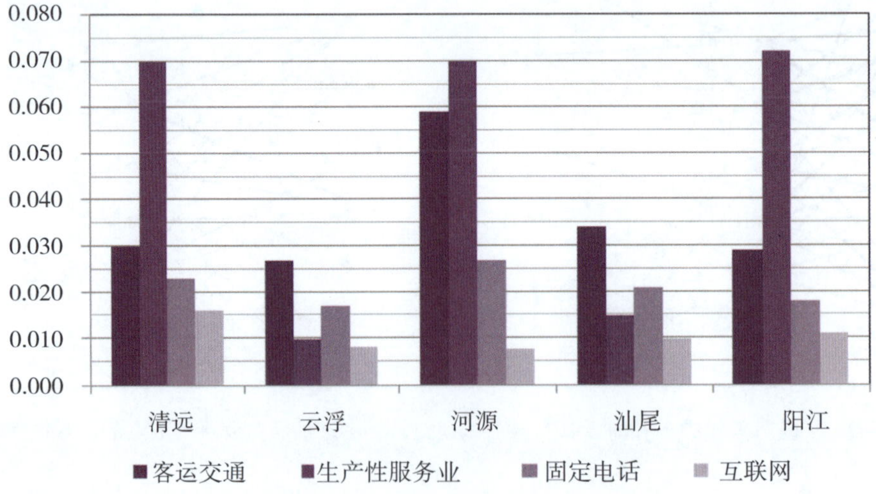

图10-5　扩区对象各项群集性指标比较

10.3.4　扩区对象的优先度

在上述分项剖析的基础上，计算各项初始变量的标准化值，并分析不同类型功能联系的分项优先度，再计算出综合联系的优先度，进而结合空间邻近性得到扩区对象的综合优先度，见表10-4。

首先考察城市群潜在扩区对象的分项优先度。在客运交通联系方面，河源具有最强的扩区优先度得分，且第二位城市清远与其相差较大，阳江在交通方面的扩区优先度次次之；生产性服务业联系方面，清远、河源、阳江的得分较高，而云浮、汕尾则明显偏低；固定电话联系方面，河源较高，清远、汕尾次之，阳江和云浮较低；互联网联系方面，清远得分最高，汕尾、河源、阳江等城市远低于清远，但三者得分差距不大。

表10-4 扩区对象优先度指标比较

城市	专项联系优先度（P_i）				联系优先度（SP_i）	邻近性（N_i）	综合优先度（SP_i）
	客运交通	生产性服务业	固定电话	互联网			
清远	72.85	93.75	87.05	99.00	87.59	100	93.59
云浮	58.75	19.03	66.7	57.45	45.5	55.74	50.36
河源	99.12	93.59	99.61	64.14	87.74	82.26	84.95
汕尾	52.14	25.88	82.27	65.92	52.01	53.13	52.57
阳江	61.12	96.38	67.4	61.22	70.22	37.11	51.05

其次比较潜在扩区对象的联系优先度。明显地，清远、河源联系优先度得分十分接近（清远、河源得分分别为87.59、87.74），其次阳江的优先度得分也较高（70.22），而云浮、汕尾的联系优先度得分较低。

在加入邻近性的指标后，计算出扩区综合优先度，可以看出，清远因为距离珠三角城市群最近而得到扩区得分的最高值（93.59），而河源略有下降（84.95）但仍处于高位，计算综合优先度后下降最多的是阳江，尽管该城市的联系优先度得分比较高，但是空间距离制约了其最终的综合优先度得分，另外两个城市汕尾、云浮变化不大。显然，珠三角周围的5个城市中，清远、河源的扩区条件较为成熟。

10.4 小结

从本研究的分析结果来看，珠三角周围5个城市的扩区条件差异较大，其中粤北的清远和粤东北的河源是目前扩区的优选城市，近期应重点建设这两个条件相对成熟的城市，并将其塑造为带动区域发展的桥头堡。清远北部的连南、连山等山区县市属于北江流域上游，河源东北部的部分山区县同样环境容量有限。在广东省的主体功能区规划中，清远的连山县、连南县、连州市、阳山县、清新区以及河源的龙川县、连平县、和平县被列入省级重点生态功能区；河源的东源县、紫金县被划入国家级农产品主产区，环保需求和发展腹地受限是将两市纳入珠三角区域的主要制约因素。但是清远的清城区、佛冈县和河源的源城区是省级重点开发区域，承担着珠三角及国内外产业转移、形成北部山区服务中心与增长极的职能，因此珠三角的扩区范围可以依照肇庆的惯例将相对成熟的县市划入，即清远的清城区和佛冈县，河源的源城区、紫金县和东源县，其余地区仍旧以生态保育、旅游休闲为主。

展望远期的城市群扩区范围，现状的数据分析不可避免地会遇到趋势外推的制约，但是从城市群的发育规律来看，珠三角远景的区域范围并不一定要遵循空间邻近的原则同时向周边5个城市摊开，考察这一拓展模式可以发现（见图10–6），这种模式只不过强化了广东省地区的核心—外围结构，虽然区域基础设施建设相对节省，但是越往外城市发展的动力越弱，这种向心式的发展格局并不利于多中心的培育。而根据本研究，舍弃向珠三角周边5市均匀摊开的扩区思路，依照广东省主体功能区的规划，仅仅纳入清远、河源的主城区，也体现了区域精明增长的发展理念。

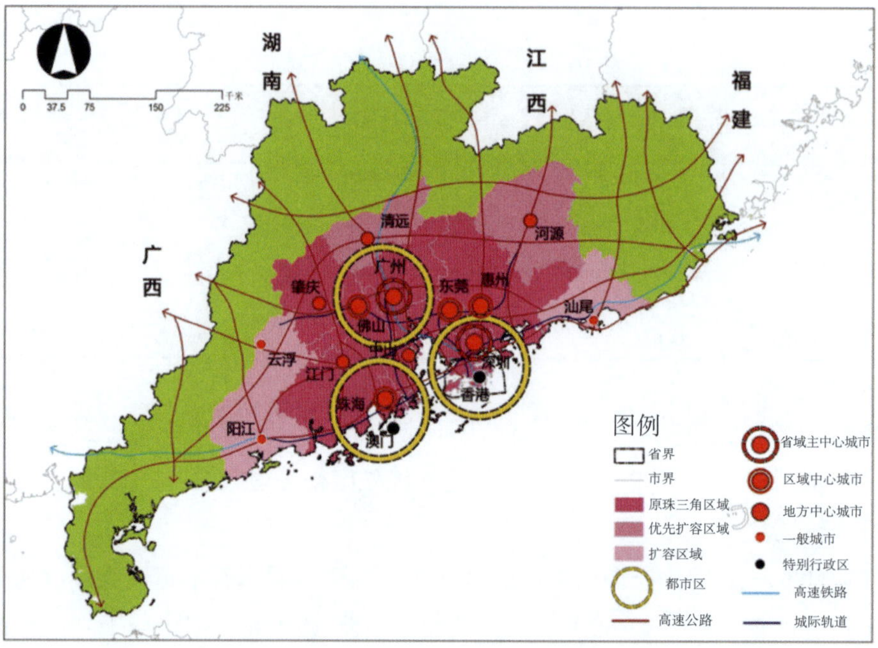

图10–6　珠三角城市群空间邻近型扩区模式图

总而言之，清远和河源与珠三角的紧密联系都是客观地理现象，这是由于地理邻近与城市发展的自身规律所造成的，而扩区的规划便是对这种现象的控制和引导。若将两市条件成熟的县区划入珠三角区域，则是对城市发展规律的延续，但却面临着环保的制约。一方面可以采取财政转移支付的方式，将区域发展的外部性问题内部化，确保粤东北地区的区域生态安全格局；另一方面若清远、河源等中心城区的人口吸纳能力得到提升，则可以强化珠三角经济区外围的反磁力中心建设，这对实现多核心网络区域结构有推动作用。若将联系较弱的汕尾或者阳江纳入珠三角区域范围，则因其离珠三角核心区域的广州和东莞的距离增大，区域的发展动力缺乏，有可能造成进一步的资源浪费。

相较于《广东省新型城镇化规划（2014—2020）》的“以都市圈为主体推进珠三角地区一体化”，近期可以重点推进广佛肇+清远、深莞惠+河源的融合，远期待条件成熟再考虑纳入其他城市，实现“9+5”共赢合作格局。当然，城镇群的扩区除要考虑与周边城市的功能联系外，还要根据规划的目的和任务对扩区范围进行相应的调整。毕竟，城市和区域规划作为公共政策本身就具有平衡和妥协的特点，因此本研究也仅仅只能作为政府决策的依据之一。

第十一章
珠三角城市区域经济空间演化的机制解析与展望

本研究首先对全球化进程下的珠三角城市区域的时空演化格局进行了分析，进而阐述了珠三角城市产业部类的基本特征、空间分布演化及各城市的优势产业，并重点结合经济空间多中心发展的格局，对各城市总部—分支机构企业数据进行相关分析，分别将珠三角城市区域置于全球城市网络、中国三大城市群中进行比较分析，表述了珠三角地区城市内、外部功能联系的特征，实现了全球化与多中心网络组织的因果检验。

本部分研究在企业总部—分支机构异地网络的基础上，以波特的竞争力钻石模型为框架，揭示了以交通、通讯为依托的全球化通过作用于地区产业发展的六个维度而对珠三角城市区域的经济空间产生影响的因素，解析了各个因素对珠三角城市区域的经济空间演化产生的动力机制。由此，本部分研究还将概要性分析珠三角区域发展面临的机遇与挑战，并提出相应的实施建议。

11.1　经济全球化进程

珠三角城市区域的经济全球化进程，受到2001年中国加入世贸组织的积极效应、2003年非典型性肺炎的冲击以及2008年美国次贷危机的消极影响，经历了快速上升、快速下降、收敛发展三个阶段。珠三角城市区域的经济全球化进程的主要特征是制造业成为外商投资的主要领域，出口贸易相关产业也得到了飞速发展，与此相对应的是经济全球化进程的空间格局也发生了变化，既出现了制造业空间扩散的趋势，又显示出生产性服务业的空间集聚趋势，珠三角城市区域越来越融入全球经济网络，已经成为出口导向的世界级制造基地。

港口是经济全球化中最为关键的区域性基础设施，广东年进出口总额占全国的三分之一，当地的海运能力增长具有重要产业价值，港口、口岸城市在珠三角城市发展中起到了重要的作用，区域主要港口空间关联性也是外资制造业区位选择时的重要考虑要素之一，加上香港、澳门的邻近性，使得珠三角的经济全球化在深圳、珠海有着明显的集聚效应。

对珠三角城市区域九大产业部类空间分布演化、区域产业竞争力的时空演化、区域制造业异同性的演化及区域内企业关联网络的时空演化进行的实证分析，验证了“经济全球化的进程中，生产活动日益分散化、片段化，转而趋向于价值区段的空间分异，并使得一些价值区段在部分区域空间得以强烈集聚”。

在区域产业竞争力方面，实证中的数据表明：处于价值区段高位的产业在2000年到2010年间一直处于相对上升的趋势，而传统产业尤其是劳动密集型制造业、农业等行业出现了相对衰落的趋势。在产业区位竞争力方面，广州、深圳、佛山、珠海、东莞等城市高附加值区段产业增加明显，而江门、肇庆、惠州、中山的产业部类呈现出传统产业占优势的特征。

制造业异同性方面，珠三角9个城市中，广州、佛山、肇庆、深圳4市与其他城市的产业差异度在增大、产业互补性在增强，体现了全球城市区域的演化趋势，但大多数城市表现出的依然是经济结构趋同的现象，产业同构已经成为珠三角一体化进一步发展的阻碍，这种现象的存在，严重削弱了珠三角城市区域的竞争力。

经济全球化促进了珠三角区域网络关系极化与扩散并存的复杂现象，经济的快速发展，使企业生产趋于以价值区段为导向的分工模式，产业的分工合作呈现出明显的行业内分工模式，珠三角城市区域的地区分工越来越深入地融入以产业价值链为模式的全球分工网络中，同时也促进了城市经济空间多中心组织的形成。

11.2 多中心网络的演化机理

面对经济全球化所带来的竞争格局的变化以及区域市场分割性的制约，地方企业急需通过整合国内市场，做强主业，提升国内市场竞争力。罗芳（2014）针对国内的案例研究表明，企业通过设立分支机构可以实现横向整合战略、提升企业的市场占有率，并能进一步从成本和创新两个方面构建国际竞争力。本研究的企业分支机构网络研究表明，在2000年、2010年两个时间节点上，广州、深圳在网络中仍占据着绝对的优势地位，但是城市群中多向的水平联系逐渐增强，珠三角的多中心网络发展格局逐渐形成，而这一格局由广州、深圳、佛山、东莞、珠海等城市共同组成，但相对集聚依然是网络主导属性，珠三角城市区域的多中心程度仍然是有限程度的分散。在链接方向上，广州、深圳、珠海3个城市在区域中有着较强的总部控制能力，这其中又以前两位城市更为突出。

在经典的城市经济学模型中，企业的服务腹地随着交通距离的增加而逐渐到达边界，形成了线性扩展的空间垄断结果。但是，随着企业规模效应所出现的企业分权（Decentralization）以及城市区位的比较优势差异，企业的总部与分支机构出现了空间分离的趋势，从而形成了跨地域的企业网络组织格局。Scott （1982）指出，企业内部职能的分离与专业化使得不同部门不得不寻找自身合理的区位，从而较早地解释了跨地域企业组织的形成机理。

伯吉斯曾经将流动比作“社区的脉搏”，认为“流动的过程反映和揭示了社区的各种变化”，因此透过珠三角在2001年到2009年间的演化和流动过程，可以更深入地探寻其背后的演变机理。珠三角城市区域的功能空间分工越来越延伸至区域范围，网络多中心程度趋于明显，演变背后起决定作用的是其联系成本的大小。

在更为一般的理论研究中，Duranton等（2004）的研究为揭示企业内部总部—分支机构的城市间分工奠定了基础。企业的流动实际上是人力、资本、技术等因素重新分配的过程，而企业总部与分支机构的设置，实际上也是一种基于企业内部的功能分工。如图11–1所示，C_M表示总

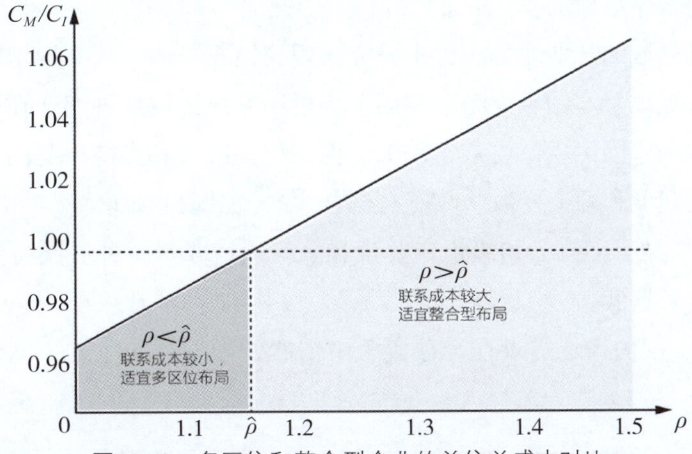

图11–1　多区位和整合型企业的单位总成本对比

部与分支机构分离设置的多区位企业的单位生产成本，C_I表示总部与分支机构在同个城市的整合型企业的单位生产成本，而ρ表示企业的联系成本。可以看出，企业功能分工发生空间分离的过程，相当于企业内不同功能间的联系成本、区位要素禀赋差异重新权衡与选择的过程，其中联系成本起着先决作用。

珠三角城市区域呈现区域一体化和多中心发展的趋势，与企业总部和分支机构间联系成本的降低有很大的关系。当联系成本降低到一定水平时，趋势的强化会促使越来越多企业追求空间成本的最小化，将总部和分支机构分置于不同城市，因此城市间会呈现出企业的功能性分工。随着当代社会交通与通信技术的迅猛发展，企业可选择的空间范围有所扩大，技术的发展可推动联系成本的降低而不改变联系的性质、量和频率，因此发展较为发达的三大城市群的企业布局逐渐趋向于有利于利润最大化的最优空间区位选择，企业内部不同功能产生分离分工，这也进一步导致跨城企业联系大大增强，区域的网络格局出现变化。

需要指出的是，上述推演过程对最简单的两个城市之间总部—分支机构联系的发生机理进行了抽象的理论演绎，但是现实世界的区域经济空间更为复杂，其中更为典型的是城市群内产业纷繁复杂的空间作用。因此，既有的机理解释为揭示总部—分支机构的多中心城市群提供了理论支撑，但是在珠三角城镇化的过程中，需要进一步探索的是：在企业区位理论视角下发掘综合性的解析理论，剖析珠三角产业竞争力功能互补发展的空间过程。

11.3　城市产业竞争力的演化机理

在城市竞争力方面，珠三角区域的城市在区域内的价值分工体系中的位置不同，因而显示出差异化的城市功能，广州、深圳作为区域内的全球城市，连同其他主要核心城市在价值分工体系中处于顶端，而另一些产业附加值相对较低、交通相对不便、基础条件较差的城市和地区处于价值链底端，这样使得一部分地区快速崛起成为控制性、支配性的全球城市区域，一部分地区虽然因全球化的发展而出现了快速的经济增长，但最终因价值区段相对较低而处于被支配的从属地位。在参与全球产业分工过程中，各城市通过集聚经济的外部性强化了功能专门化的空间组织，城市功能在地点集聚形成的外部性促进了各个城市的网络交互作用，从而形成了珠三角城市区域经济空间的多中心网络体系格局。

对于珠三角城市区域的产业竞争力，本研究采用“钻石模型”的框架予以解释。美国战略管理学家迈克尔·波特提出了“钻石模型”，用于分析国家或区域某种产业在国际上有较强竞争力的原因，他归纳出四个原因（生产要素，需求条件，相关产业和支持产业的表现，企业的战略、结构、竞争对手的表现）和两大变数（政府与机会）①（见图11–2）。

（1）生产要素。又可细分为初级生产要素和高级生产要素两种。波特认为，跨国公司对初级生产要素的依赖越来越低。

（2）需求条件。国内市场需求在全球竞争中依然处于重要的地位，也是产业发展的动力。

① 波特. 国家竞争优势. 李明轩，邱如美，译. 北京：中信出版社，2012：64-67.

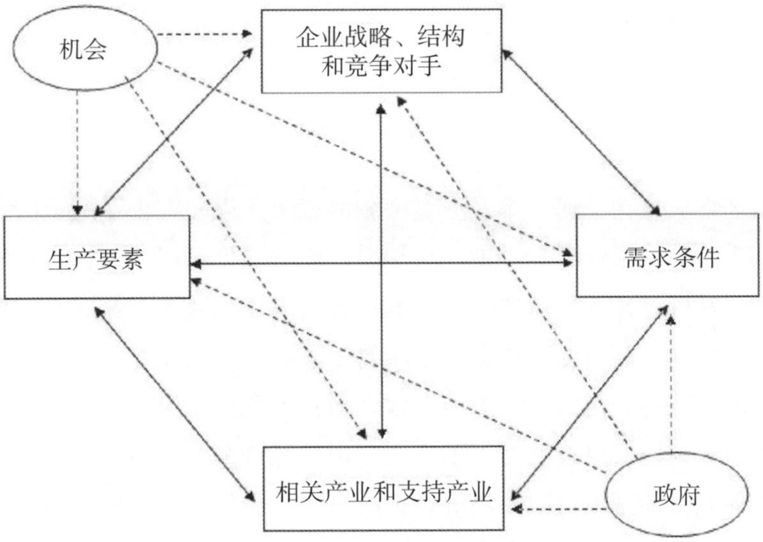

图11–2　波特“钻石模型”示意图

（资料来源：《国家竞争优势》）

波特认为，本地客户的挑剔可以从某种程度上激发该国家企业的竞争优势，本地顾客的预期性需求也促使本地企业去生产具有前沿性需求的先进产品，促进企业优势的增强。

（3）相关产业和支持产业的表现。波特在其研究中着重指出，优势产业的形成不是单一的，而是同相关强势产业一同崛起的，即“产业集群”现象。这也证明马歇尔所说的外部性导致了集群内部企业集聚的外溢效应。

（4）企业的战略、结构、竞争对手的表现。波特认为，创造与持续产业竞争优势的最大关联因素是国内市场具有强有力的竞争对手，通过国内市场的激烈竞争，迫使企业进行改进和创新，本地市场的推力和国际市场的拉力共同作用，形成了推进企业走向国际化竞争的动力。因此，产业同构实际上是从客观方面增强了企业的竞争力，促使企业增强国际竞争力。

（5）政府作为。波特强调指出政府对以上四个方面均可产生积极或消极的影响，行业补贴、资金政策、教育政策、国内产品标准及法规的制定、政策法令的颁布、税收政策的制定等都可以影响行业内企业的竞争力。

（6）外部机会。外部机会对以上四大要素有潜在的影响，可能性的机会如科技的发明创造、金融市场或汇率的重大变化、市场需求的剧增、政府重大决策、突发战争等，也包括外来直接投资之类的资本，甚至国外市场的需求也能带动地区产业的发展，另外市场品质需求的提高也能促进生产者的技术水平。

钻石模型内部各要素开始形成累积效应时，随着该体系的发展变化，国家产业的竞争优势的基础也会不断地调整。而全球化这一“流动”现象对区域空间的影响离不开地方化的各种因素，全球化会促使区域按照全球价值链进行主导产业的空间组织，进而影响区域的经济空间结构。首先，全球化作为外部变量，通过地方本土的要素塑造空间，这是珠三角城市区域经济空间演化的主要原因。在全球化与地区产业分工中，全球化促进了特定产业在特定地区的集聚，从而强化了该项产业的地区职能强度。其次，全球化导致核心城市广州、深圳的生产性服务业聚集，而周边邻近地域则出现制造业的产业同构。

11.3.1 生产要素的影响

波特认为，生产要素作为任何一个产业最上游的竞争条件，在企业乃至国家的竞争优势上扮演了重要的角色。生产要素通常包括土地、劳动力、资本，也可以分为人力资源、天然资源、知识资源、资本资源、基础设施等，这些要素一般混合出现，不同的产业对其的依赖程度不同，生产要素分为初级生产要素和高级生产要素，不同的级别决定了其在竞争优势中不同的重要性。全球化的发展，使跨国企业易获得的初级生产要素渐渐变得没落，但这些初级生产要素在以天然产品或农业为主的产业中，以及对技能需求不高或技术已经普及的产业而言，仍然有它的重要性。高级生产要素，如现代化的基础设施、高等教育的人力、大学及科研机构等，它的价值很高，对竞争优势的重要性也很大，但需要先在人力和资本上大量持续地投资，这是企业或国家想要经由生产要素建立起产业强大又持久的竞争优势的必选之路。

土地作为生产要素之一，与之相关的土地配置理论也是城市空间形成的重要推动力，无论是伴随全球生产链的国际资本的流动，还是产业空间集聚的规模效应，最终都聚焦到城市土地需求变化及由此引起的地价变动上，地价的变动又影响到资本流动及产业空间集聚的区位选择，可以说地价的差异导致了城市土地的重新配置，促进了城市由单核心向多中心发展，从而对城市的空间结构产生了影响。

全球化的发展对生产要素产生了重大的影响，一方面，生产要素包括的范围更宽更广，另一方面，全球化背景下企业的组织及生产能力增强了。核心城市的高级生产要素更为集中，也具有较强的竞争力。广州、深圳能够成为珠三角区域主要的管理、科研、生产性服务的聚集地，也是与高级生产要素在此集聚相关的。

（1）初级生产要素。

珠三角区域的流动人口很多，劳动力资源非常丰富，2000年珠三角区域农业人口在肇庆、江门两市高值集聚，在深圳、广州两市低值集聚，至2010年10年间珠三角农业特征集聚区的空间位置并没有发生明显变化，由于区域经济发展不平衡，珠三角区域吸引了大量的流动人口，丰富的劳动力资源是参与制造业分工的重要生产要素之一，也是在初期参与国际产业竞争的优势之一；从另一个角度说，珠三角区域的全球化与工业化同步增长，使得人口和资本的流入也完整结合在一起。全球化过程中，城市人口的急剧增长，促使城市中的基础设施得到很大的改善，而这些基础设施也为全球产业的转移提供了重要的条件。随着经济的全球化，投资主体也越来越多样化，因此对土地也呈现出不同的需求。

（2）高级生产要素。

波特认为，国家或企业若想经生产要素建立起产业强大而又持久的竞争优势，则要发展高级生产要素，而知识、科学或产品改善等高级生产要素就是可持续发展的，技术领域的高端人才是地区产业发展的重要动力。珠三角地区科研机构、高新园区、高等院校、职业技术学校密集，为珠三角提供了大量的专业技术人才，增强了珠三角对外资的吸引力。波特还指出，企业要想获得技术优势，首先要在人力和资本上进行投入，如同创新能力，是要融合在产品的设计和发展过程中的，而对珠三角的企业来说，利用创新弥补本身弱点，向升级之路发展，则会使竞争力更持久。反过来，升级和专业化的压力也会促使企业加强培养高级人才的基础设施，由此而形成良性循环，企业升级的过程及对上下游产业的带动发展也会渐渐显现在珠三角产业布局空间之中。

11.3.2 国内需求市场的影响

在产业竞争优势上，国内市场客户需求成为企业创新的动力，可促进企业形成更先进的竞争优势，因此，内需市场重要的意义在于它是产业发展的动力。全球化打破了封闭经济体，使得消费者既可以消费本国产品，又可消费国外进口产品。同样，生产者也具有本国及国外两个销售市场，这要求企业增强技术创新及产业结构调整的能力。

区域经济伴随着全球化而发展，人口的增长也增加了市场的需求量，国内市场中本土需求之所以非常重要，就在于它能够协助企业掌握新产品走向，这个持续的过程也能刺激企业的产品不断升级，国内市场客户越多，对产业竞争力的帮助越大，这会鼓励企业大量投资生产设备、发展技术、提高生产率，当产业环节联合成更大的产业部门时，地区的产业就会产生更强的竞争优势，整合过的产业环节会指引本地企业提升竞争优势，最终影响到地区的产业的发展，使之成为竞争力强的产业部类（见图11–3）。

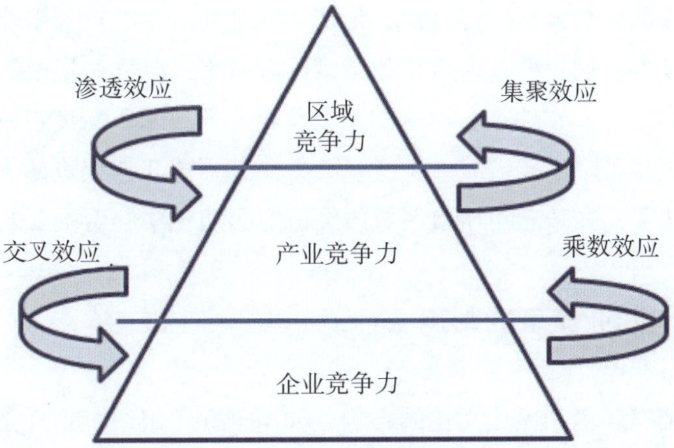

图11–3 竞争力“金字塔”体系

11.3.3 产业集群的影响

城市空间生长与扩张主要体现在城市形态与空间机构演化过程中，其社会经济动力学机制主要是贯穿城市发展始终的集聚与扩散的矛盾，也正因为这种集聚与扩散的各种组合方式，才导致了城市形态和空间结构的多样性特征。

国际劳动分工对全球生产链的空间分布及产业集聚造成了重大的影响，跨国公司全球生产链的地区分布具有相对集聚的趋向，随着这种地区集聚规模的扩大，跨国公司的地区总部、研发中心以及金融机构等专业生产者服务公司也逐步进入该地区的主要城市，而制造业及加工业甚至是服务业的发展与扩散，也促成了城市空间结构的转换。

规模经济效应为城市空间转换提供了动力，相同功能用地产业集聚的倾向，使城市用地出现了一种“集中”的趋势，促使各专门化的经济活动逐步形成，于是在城市区域核心城市形成以金融等为主的区域，而原来的工业区和新建的工业开发区成为制造业的集中地，这种承担国际产业转移的各种类型的地域，也成为珠三角向多中心经济空间结构发展的重要依托。

19世纪90年代，马歇尔就指出了产业集聚效应对工业区位选择的重要性，而在本文的第三章中我们也提到，全球化的快速发展、外商资本的投入为城市产业注入了活力，这在文中对2000年及2010年外资企业在珠三角城市总部—分支机构的数据关联中已经体现出来了。外资企业的空间集中会引发原来的新的上下游配套企业投资本地，从而逐步扩大产业规模，增强集聚效应，从而形成地方性的产业集群，尤其是引进一些本来就具有一定基础的产业，在这一过程中，外资的注入可以扩展地方产业链，或弥补产业链的薄弱环节，并带来外资企业技术、机制、理念等方面的优势，刺激本地的创新活动，促进外资企业与本地企业间的合作，从而提高本地区这一产业的创新能力和竞争优势。在珠三角城市区域中，本来就具备经济发达、产业基础较好的条件，通过外资企业“知识溢出”带动本地上下游配套企业的迅速发展，这一点在珠三角的制造业格局发展中体现得非常明显：如以深圳、东莞、惠州及广州为主体，形成了著名的电子信息产业走廊；在佛山、中山、江门、珠海等地，已形成了经济规模达千亿元的电器机械产业集群；佛山、中山、东莞形成以纺织和服装产业为主的集聚区；佛山形成以陶瓷和建材产业为主的集聚区。据统计，在珠三角地区的400多个建制镇中，以产业集群为特征的专业镇占了四分之一[①]，国家级和省级高新技术产业开发区及众多的科技园区、专业镇，形成了专业化分工，产业链相连，生产、研发和市场营销网络化的高新技术产业集群，为珠三角城市区域带来了巨大的规模效益和竞争优势[②]。

由此，对产业集群来说，本地社会网络的存在及企业的技术革新使得整个产业集群受益，进出口贸易量的增加也直接带动了集群企业业务量，并由此形成正向促进的力量，促使产业集群的发育壮大，因此，产业集群在珠三角城市区域的经济空间演化中起着重要的作用。

11.3.4 企业战略与同业竞争的影响

企业的存在受到国家环境和民族文化的影响，如何创立、组织、管理公司及如何面对竞争对手，这都是企业需要承担的，另外企业还受到股东结构、人员组织等多种因素的影响。本研究对珠三角9市的制造业同构性进行了分析，结果显示珠三角城市制造业产业的同构现象较为严重，根据波特的理论，本国市场竞争越强，企业国际化的成功机会越大，国内激烈的竞争会造成一些企业破产或被竞争者收购或兼并，但这一过程也真正磨炼了强者，这种竞争使企业产生了创新的压力，进而寻求更高层次和更具持续力的竞争优势。

珠三角各种产业集群的形成，使得区域产业特色凸显，这种现象普遍存在，但竞争者之间需要以特定的模式进行合作，这样才能减少重复或避免恶性竞争。

① 广东省经济和信息化委员会. http://www.gdei.gov.cn/zwgk/jmzk/gdjm/200411/200412/t20041214_37655.html.

② 南方网. http://www.southcn.com/tech/gdkj/200509200208.htm.

11.3.5 地方政府的影响

在全球化进程中，政府成为全球市场中的“企业”，面临的是全球范围的资源、技术、人才、信息等各方面的竞争，以及其本身承担的公共职责、营造市场环境、保障产品质量与环境标准、有效实施反垄断法、对国际贸易管制与政策的制定等各方面的竞争考验。在全球化的背景下，政府千方百计地持续提高本国国际竞争力，保护和干预产业发展的目的，是为了使本国能与他国分享全球利润。克鲁格曼也指出，政府能帮本国企业在一定时期造就技术和市场的垄断优势。

对于珠三角城市区域来说，政府竞相设立了诸多国家级、省部级开发区及高新科技产业园、保税区、大学园区等，从这些园区的区位和面积来看，既需要利用市区公共服务，又要有土地租金优惠的可行性，其空间特征都与经济全球化程度有着一定的关联，也是政府为了应对全球化而提供各种优惠政策、力求对本地市场化程度产生正向促进作用的体现。

随着珠三角城市区域的外向度和国际化程度的不断提高，外资集中向信息技术、石化、汽车和装备制造等高端产业投入，形成了珠三角信息产业群及广州、惠州、珠海沿海新兴重化工业板块。其中，石化项目、广州汽车产业集群及东莞电子制造基地正加速形成。这些不仅有全球资本寻求地方机会的需求，还有政府直接参与全球竞争的行为，但都促进了珠三角的外向经济发展。

目前，政府也开始将提升引资竞争力的手段，从“硬件投资”转到以“优化环境、提升服务”为主的“软件”建设上来：一方面，更注重政务、信用、智权、通关便利等软环境建设；另一方面，则充分发挥园区引资的载体作用，同时利用土地、资源、成本的优势，积极推动珠三角劳动密集型的外资企业向广东山区和东西两翼转移，形成区域经济优势互补。

另外，很多地方政策也被提上议事日程，这些都是政府在参与竞争中起的积极作用。

11.3.6 外部机会的影响

根据波特的理论，影响产业竞争的情况有以下几种：科技发明创新、生产成本提高、汇率的变化、市场需求的剧增、政府的重大决策，虽然机会的出现会影响到钻石体系的各个部分，甚至影响到区域产业的竞争优势，但并非一定是消极被动的，若国家或地区具有完善健全的钻石体系，也许能化危机为转机。根据波特的观点，环境本身是具有寻找资源、产生新优势的能力的，并且，压力也会促使其更努力地去争取新的资源[①]。对珠三角城市区域来说，以上几种影响产业竞争的情况都已出现过，如何抓住机会并采取措施，将为完善健全珠三角区域产业的钻石体系的各个部分提供很好的实践经历。

① 波特. 国家竞争优势. 李明轩，邱如美，译. 北京：中信出版社，2012：111-116.

11.4 区域发展的机遇与挑战

从2001年到2012年的十余年间，珠三角的制造业价值区段明显提升，传统劳动密集型产业比例下降明显。在服务业方面，社会公共服务业提升非常突出，基础服务业的市场饱和趋势明显，生产性服务业没有出现预期的大发展。在企业联系方面，港澳与珠三角城市的联系总体上更加紧密，珠三角外围城市也开始受到港澳的辐射作用。因此，未来发展要重视与香港的功能互补性，珠三角应聚焦重点产业，强调香港在区域中的网络外部性。

全球城市体系中，珠三角城市在全球化背景下略显弱势，与其临近的香港在世界城市联系网络中则扮演着更为重要的角色。珠三角地区世界500强的企业总部数量不多，与世界城市群的企业总部控制力相比有一定差距，在国内的企业总部方面，总部控制力弱于长三角、京津冀；既有的入驻分支机构以地理邻近为主，难以吸引发达城市的分支机构入驻。珠三角的多中心网络发展格局逐渐形成，而这一格局由广州、深圳、佛山、东莞、珠海等城市共同组成，但相对集聚依然是网络的主导属性，珠三角城市区域的多中心程度仍然是有限程度的分散。

11.5 区域发展的实施建议

本研究希望以定量的分析结果为依据，在规划政策从制定到实施的全过程中，针对区域发展格局给出相关建议，使本次研究更具有实践意义。

11.5.1 总体发展思路

如何用产业的错位发展来破解产业同构，已成为珠三角城市区域必须面对的问题。一体化是城市要素合理配置、资源要素优化组合的过程，可以让各地产业分工有序、相互支撑，促进上下游产业链的形成。世界大多数城市群中的核心城市如纽约、东京，其全球影响力也都归功于完善的产业分工格局。

珠三角城市区域的经济空间的发展，无疑也符合全球城市区域的空间演化理论，城市区域的经济空间由单中心转向多中心的空间结构其实是一种“复合”的过程，从形态上说，也就是在单中心的基础上，伴随着城市不断向外扩展，外围各次级中心不断形成，从而形成不同空间结构模式的转化，促使高度密集的单极化城市结构转变为更大区域范围的多核心空间结构，将单一增长核心转变为多个增长核心的发展模式，实现大都市区经济的空间平衡与协调发展。在全球资本流动的区位选择过程中，珠三角区域的各个城市越来越融入以价值链分工为特征的全球经济网络，地方的专业集群得以强化，这一自组织过程中形成的城市功能专门化促成了城市区域的内部频密的功能联系，由此导致了城市群等级属性的多中心和关联网络的交互作用。

特别重要的是，从发展范式来说，多中心网络模式是城市群的发展范式之一，但多中心的发展并不意味着要降低广州、深圳在珠三角城市区域中的地位，而是意味着中、小规模的城市在网络中也有可能承担较高等级的功能。按照Sassen（2001）对于全球城市空间极化的观点，高价值区段的产业大多由深圳、广州等两个核心城市进行区域性的总部掌控（其中深圳的企业总部功能尤其突出），而对于较弱的城市则必须做好自身的产业导向及功能定位，以协调区域发展。在珠三角地区，网络中各城市节点以不同的等级差距，分工承担区域内不同的发展职责以协同并进；部分次级节点在网络的演化发展中崛起，与核心节点形成层级性明晰的专业性城镇（例如佛山的狮山、北滘等镇），这样才有可能使得已处于相对发达状态的珠三角区域百尺竿头更进一步。

此外，从带动外围区域发展角度而言，近期可以重点推进广佛肇+清远、深莞惠+河源的融合，远期待条件成熟再考虑纳入汕尾、云浮、阳江等其他城市、实现“9+5”共赢合作格局。

11.5.2 行动与政策建议

全球化经济结构性调整的背景下，广东应抓住重要战略机遇期，立足产业，突出各个地方的产业优势，全面提升珠三角城镇群的整体竞争实力，借助于产业转型，大力发展高技术产业、新兴产业、高端生产性服务业、物流及信息化等具有竞争力的产业部类，增强核心城市的竞争力及对周边的辐射带动力。

珠三角区域各地产业应注重“生态平衡”，分工有序，上下游相互依赖、相互支撑。如广州主导产业是服务业，佛山的优势在制造业，在同城化中两地可以做到错位发展。广州做大做强现代服务业的同时，并不需要放弃制造业，而是要重点发展先进制造业、高新技术产业。佛山重点发展制造业的同时，也要发展有自己特色的服务业，如旅游业，形成互补互促的区域产业格局。在产业布局方面，取长补短，各城市应发挥自身优势，合理确定各自产业分工，实现错位发展。

珠三角城市区域的经济全球化进程的主要特征是制造业成为外商投资的主要领域，出口贸易相关产业也得到了飞速发展，与此相对应的是经济全球化进程的空间格局也发生了变化，其中港口是经济全球化中最为关键的区域性基础设施，区域主要港口空间关联性也是外资制造业区位选择时的重要考虑要素之一，加上香港、澳门的邻近性，使得珠三角的经济全球化在深圳、珠海有着明显的集聚效应。建议结合区域交通设施、互联网基础设施、港口设施等门户区位设施的优化，进一步扩展珠三角城镇群在全球城市网络中的地位。

本次研究涉及九大产业部类，限于篇幅，在此选取两个典型产业提出区域发展建议。

11.5.2.1 技术密集型制造业

作为产业发展的高级阶段及产业升级的重要方向，发展高新技术产业，如物联、电子商务等信息化产业，对于珠三角调整产业结构有着重要的意义，结合珠三角现阶段产业发展情况，运用波特钻石结构模型分析技术密集型制造业产业策略如图11–4。

（1）加大人才培养力度。

技术密集型制造业对人才的要求很高，尤其需要与产业技术相关的在研究领域内有研究实力的专业人才，引进和培养大批产业发展所需的高层次人才是重中之重，政府应完善支持企业培养、引进及培训人才的政策，成立人才引进和培养的专项基金，对其人才培养费用给予补贴或税收优惠，鼓励企业和高等院校共建人才培训机构和实训基地，引进海内外高级技术人才，建立技术人才引进目录，重点引进高素质人才和紧缺人才。

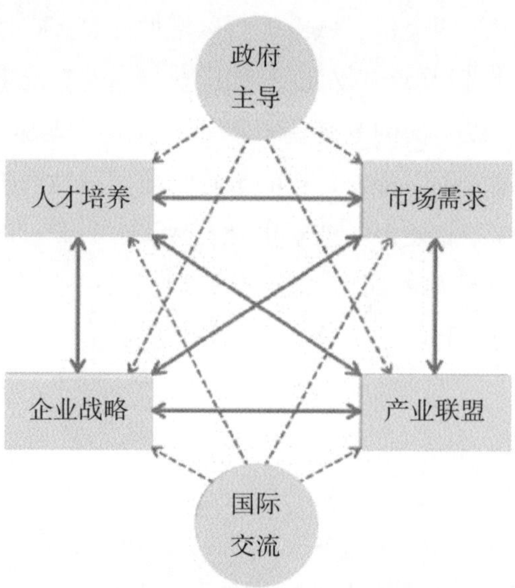

图11-4　技术密集型制造业产业策略分析

随着“创新型国家”战略导向的提出，珠三角的生物制药产业突飞猛进地发展，中国部分领域雄厚的科研基础及丰富多样的疾病案例，都是吸引跨国公司在中国投资医药研发的重要因素，可是科研人才一直是紧缺的，国家也颁布了相关政策，着力在国家重点创新项目、高新技术园区、重点实验室等引进能够带动新兴学科及突破关键技术的领军人才。广东省也出台政策提出引进国际顶尖水平的创新及科研团队，致力于医药研发行业的发展创新。

（2）了解市场需求，把握时机。

对商业上成功的技术，不仅仅要了解技术在科学上是否可行，还需要了解新技术的市场需求情况，并准确地把握时机，市场的敏感度远远大于政府，这就需要企业在优势产业发挥自身积极的作用。如深圳华为公司，最初由几个科技人员合伙组建，从最初的几万元资产到数百亿元，并且以直线上升的态势发展着，在全球四十多个国家建立了市场分支机构、研发团队、合资企业等，这正是因为华为公司了解市场需求，不断调整企业战略，把握信息产业迅速发展的大好时机，并且秉承了“知识重于资本”的企业理念，将人才和知识作为企业发展的核心。

（3）加强企业战略。

技术密集型制造业要求企业与供应商、用户、金融中介等组成相互联系的网络，以进行信息和技术的交流与沟通，企业还应该增强自身对新技术的了解，为投资决策提供更多的依据，尤其是依托大学及研究机构，更好地了解产业的需求状况，及时调整公司的产品研究方向。

如深圳的研究生院，除了北大、清华、哈工大3所为高校研究生院外，其他都是企业性质的，主要与企业合作培养人才，进行教育培训、科技开发、科技创新，作为产、学、研基地，是深圳的技术密集型企业的有力支撑，也是联系港澳及海外人才的桥梁，为深圳引入最优势的学科和科技资源及最尖端的人才，为深圳的发展和广东的创新做出了重大贡献。

（4）建立技术产业联盟。

产业联盟是影响产业集群竞争力的首要因素，产业联盟在加强企业沟通、协同技术创新、整合上下游产业链、共同开拓市场方面能创造单个企业不可比拟的优势。在培养珠三角技术密集型产业竞争力过程中，要强化产业联盟的作用，提高广度，增强交互度，并建立相应的行业协会或协调部门以加速技术和市场信息交流，深化分工程度，建立行业标准。

（5）加强政府主导作用。

针对技术密集型产业高投入的特点，政府在重要环节给予引导、协助、资助、扶持才能增强产业的发展后劲，包括增加财政预算、对技术密集型产业的研发阶段进行大力支持、鼓励民营资本对技术产业的投资、充分发挥政府投资的引导作用。

广东省政府重点对科技民营企业招商，在战略性新兴产业、现代服务业、高新技术产业方面聚合创新资源，培育鼓励民营经济的创新，政府职能也从管理型政府向服务型政府转化，重点放在服务企业的升级上，促进了中小企业的发展转型。

（6）加强国际交流合作。

建议企业进行国际交流，开展双边、多边国际合作，积极参与国际组织的各项技术活动及科技会议，促进共同发展，及时了解和掌握国际前沿技术的发展现状和动态，寻求高新技术新的发展机遇。借鉴国际前沿技术的发展经验，提高技术吸收的能力，学习国外先进的管理经验，鼓励消化创新，实现珠三角技术密集型产业的快速发展。

珠三角技术密集型产业培育应该由政府主导，调节配置好资金，做好人才引进和培养，大力进行配套基础设施的建设，鼓励建立产业联盟，加强国际交流合作，从生产、研发、物流、商贸等各个环节提升产业竞争力。

11.5.2.2 生产性服务业

生产性服务业主要包括金融保险业、会展、科学研发与综合技术服务业、信息咨询服务、计算机应用服务业等，它们与生产紧密结合，服务贯穿于生产链的始末，本研究结合珠三角区域现阶段产业发展情况，运用波特钻石结构模型分析，提出发展生产性服务业策略如下。

（1）整合现有的生产要素。

对于处在工业化后期的珠三角地区，生产性服务业依然相对滞后，珠三角地区商品流通、餐饮业、零售业、交通业这些传统的服务业依然占有很大的份额，应该整合电子信息、高新技术、现代物流、创意设计等生产要素，充分发挥珠三角服务业规模大、基础设施完善的优势。

（2）拓展外部市场需求。

企业可以利用软件、生物、信息服务及服务外包等国家级产业基地的鼓励政策，积极承接港澳及国外软件开发、研发设计、信息服务、交易处理、采购等服务外包，打造有国际竞争优势的服务外包基地。

从企业案例来看，作为中国用户最多、最广的互联网企业之一，腾讯公司是生于深圳的民营IT企业，从最初接触ICQ并认识到其市场适应力的不足，马化腾与同学一起建立了腾讯公司并开始研发适应市场的无线网络寻呼系统，到QQ用户不断突破高值、QQ游戏风靡全国，再到短短两年时间微信成为亚洲地区最大用户群体的移动即时通讯软件，腾讯公司不断调整市场方向，研发适应市场需求的产品，作为深圳市知识产权优势企业，腾讯与华为、比亚迪、中兴等公司被认定为广东省创新企业，在企业架构方面，腾讯公司也顺应用户需求及业务的发展，对公司的组织架构不断进行调整。

（3）发掘互补产业。

各市应该分工协作，优势互补，错位发展。广州应该大力发展总部经济，利用建设国家动漫基地的契机大力发展文化创意产业，并积极承接港澳及国外的服务外包业务，打造有国际竞争力的服务外包基地。深圳应结合现有的技术产业基地优势和潜力，重点发展金融业、软件业、现代物流、网络信息、会展业及旅游业。

（4）加速企业内部创新。

实施组织创新，突出重点，细分市场，找准目标客户市场定位，加强资源整合，组建生产性服务业企业集团，创建名牌服务企业。改变家族式企业的形式，建立现代企业制度，建立社会诚信体系，发展中介服务，推进机构社会化、市场化的进程，与跨国公司合作，适应国际竞争。实现理念创新，增强营销意识，创造较高知名度的企业品牌。

（5）发挥政府职能。

政府应规范生产性服务业的发展，实施人才和科技战略，加大对教育、科研和开发等推进要素的投入，制定支持鼓励政策，推动生产性服务业企业的初期发展。2014年5月广东省人民政府发布粤府办〔2014〕22号《广东省人民政府办公厅发布关于进一步促进服务业投资发展若干意见的通知》，从服务业的投资管理体制、服务领域、投资方向、引导和支持、市场环境的优化等方面对政府提出了要求。

（6）提升区域竞争力。

珠三角地区应积极吸引区域外优质资本，充分利用跨国公司、国际服务资本，着力发展各类高水平的生产性服务业，推进广州、深圳生产性服务业的集聚式发展，生产性服务业的转型是保留制造业中的中高端制造环节，依托制造业对生产性服务的有效需求，来加快发展生产性服务业，培育此基础上的专业供应商，并围绕其建立各种公共服务、研发平台，建立相对应的支撑体系，形成生产性服务业的空间集中以获取规模经济效应，增强自身的国际竞争力。

珠三角地区经济可以依靠生产性服务业和制造业的互动发展为其带来新的动力，生产性服务业将专业化的人力资本和知识资本引入制造业，推进制造业的调整优化与升级，从而实现珠三角地区制造业的改造升级及现代服务业的快速发展，实现产业链向高端攀升。

11.6 研究展望

由于资料的制约，本书的数据主要来源于各个城市历年的统计年鉴，其中某项指标的地域间划分标准的差异或不同年份某项指标统计标准的变迁，都是研究中必须舍弃数据的因素。这点更多地体现在经济全球化进程的分析中，由于对时间序列的分析要求数据的连贯性较好，所以只选取了部分数据建立全球化测度指标体系，虽然这些数据能在一定程度上反映城市的经济全球化水平，但仍显不够全面。

本研究仅仅从全球化的角度对城市产业、部类以及行业的演化趋势和作用机制等方面进行了分析，但对经济全球化进程中跨国公司的案例研究有所缺失，主要是由于没有渠道收集完善的资料，因此，本研究中无法将跨国公司的企业战略和地区的产业集群因素很好地结合起来，公司产业链中不同价值区段在区域的地理空间分布也无从验证，这是本研究最大的遗憾之处。

本研究还有需要深化的问题，在理论方面对一些前沿的理论没有做深入的阐述，限于时间原因，理论构建与实践检验部分不够完善，全球化与城市网络一体化的组织过程还有待后续研究中进一步厘清。

参考文献

阿明，1990．不平等的发展[M]．北京：商务印书馆．

白永秀，任保平，2007．区域经济理论的演化及其发展趋势[J]．经济评论（1）：124-130．

波特，2012．国家竞争优势[M]．李明轩，邱如美，译．北京：中信出版社．

博尔哈，2009．本土化与全球化[M]．北京：北京大学出版社．

产业集聚度概念和测度方法[OL]．（2011-04.08）．http://wenku.baidu.com/view/48e2qd21482fb4daa58d4bbf.html.

陈刚强，2009．改革开放以来珠江三角洲城市化空间演变及其机制研究[D]．广州：中山大学．

陈彦光，2010．1990—2003年中国外联型城市化的时空演变特征：城市地理时段性统计模拟分析方法的一个案例[J]．信阳师范学院学报：自然科学版（4）：530-536．

陈振光，姚士谋，2001．全球经济一体化与城市体系发展趋势[J]．城市规划学刊（1）：14-17．

崔功豪，2001．当前城市与区域规划问题的几点思考[C]//中国城市规划学会2001年会论文集：40-42．

丁正源，2008．基于产业结构的城市功能分析[D]．杭州：浙江大学．

顾朝林，2011．城市群研究进展与展望[J]．地理研究（5）：771-784．

顾朝林，等，1999．经济全球化与中国城市发展：跨世纪中国城市发展战略研究[M]．北京：商务印书馆．

顾朝林，2009．巨型城市区域研究的沿革和新进展[J]．城市问题（8）：2-10．

韩延星，张珂，朱竑，2005．城市职能研究述评[J]．规划师（08）：68-70．

胡祖光，2004．基尼系数理论最佳值及其简易计算公式研究[J]．经济研究（9）：60-69．

黄新飞，郑华懋，2010．区域一体化、地区专业化与趋同分析：基于珠江三角洲地区9城市的实证分析[J]．统计研究（1）：90-97．

江曼琦，2013．对城市群及其相关概念的重新认识[J]．城市发展研究（5）：30-35．

金钟范，2010．基于企业母子联系的中国跨国城市网络结构：以中韩城市之间联系为例[J]．地理研究（9）：1670-1682．

李红卫，2005．Global-Region in China：以中国珠江三角洲为例的区域空间发展研究[D]．上海：同济大学．

李少星，2011．全球化与国家城市区域空间重构[M]．南京：东南大学出版社．

李宪锋，2008．广东外贸依存度研究[D]．广州：暨南大学．

李志刚，李郇，2008．新时期珠三角城镇空间拓展的模式与动力机制分析[J]．规划师（12）：44-48．

梁琦，詹亦军，2006．地方专业化、技术进步和产业升级：来自长三角的证据[J]．经济理论与经济管理（1）：56-62．

刘传江，吕力，2005．长江三角洲地区产业结构趋同、制造业空间扩散与区域经济发展[J]．管理世界（4）：35-39．

刘铮，王世福，赵渺希，等，2013．有向加权型城市网络的探索性分析[J]．地理研究，32（7）：1253–1268.

罗震东，2010．长江三角洲功能多中心程度初探[J]．国际城市规划（1）：60–65.

马昂主，2008．全球化空间重组与中国长三角城市“呼应构想”[J]．经济地理（6）：999–1003.

马学广，李贵才，2011．全球流动空间中的当代世界城市网络理论研究[J]．经济地理（10）：1630–1637.

商务部驻天津特派员办事处，2013–01–24．中国公布2012年吸收外交和对外投资数据[OL]．http://tjtb．mofcom．gov．cn/article/y/ab/201301/20130100010897.shtml.

邵晖，2011．城市产业空间结构演变机理[M]．北京：北京师范大学出版社.

孙久文，丁鸿君，2012．京津冀区域经济一体化进程研究[J]．经济与管理研究（7）：52–58.

唐子来，赵渺希，2009．长三角区域的经济全球化进程的时空演化格局[J]．城市规划学刊（1）.

唐子来，赵渺希，2010．经济全球化视角下长三角区域的城市体系演化：关联网络和价值区段的分析方法[J]．城市规划学刊（1）：29–34.

藤田昌久，KRUGMAN P R，VENABLES A J，2011．空间经济学：都市・地域与国际贸易[M]．梁琦，译．北京：中国人民大学出版社.

王德，郭洁，2003．沪宁杭地区城市影响腹地的划分及其动态变化研究[J]．城市规划学刊（6）：6–11.

王德，刘锴，郭洁，2004．沪宁杭三市一日交流圈的空间特征及其比较[J]．城市规划学刊（3）：33–38.

王德，赵锦华，2000．城镇势力圈划分计算机系统的开发研究与应用：兼论势力圈的空间结构特征[J]．城市规划（12）：37–41.

王建军，许学强，2004．城市职能演变的回顾与展望[J]．人文地理（3）：12–16.

王建军，2004．珠江三角洲跨国公司网络生长与空间差异研究[D]．广州：中山大学.

王志华，陈圻，2006．长三角制造业结构高级化与同构的关系分析[J]．工业技术经济（1）：94–97.

吴良镛，2003．城市地区理论与中国沿海城市密集地区发展[J]．城市规划（2）：12–16.

吴良镛，2000．京津冀北城乡空间发展规划研究：对该地区当前建设战略的探索之一[J]．城市规划（12）：9–15.

吴群刚，杨开忠，2010．关于京津冀区域一体化发展的思考[J]．城市问题（1）：11–16.

谢守红，宁越敏，2004．世界城市研究综述[J]．地理科学进展，23（5）：56–66.

谢守红，2003．大都市区空间组织的形成演变研究[D]．上海：华东师范大学.

谢守红，2008．西方世界城市理论的发展与启示[J]．开发研究（1）：51–54.

许学强，叶嘉安，张蓉，1995．我国经济的全球化及其对城镇体系的影响[J]．地理研究（3）：1–13.

许学强，周春山，1994．论珠江三角洲大都会区的形成[J]．城市问题（3）：3–6.

薛凤旋，杨春，1995．外资影响下的城市化：以珠江三角洲为例[J]．城市规划（6）：21–27.

阎小培，刘筱，1997．珠江三角洲乡村城市化特征分析[J]．地理与地理信息科学（2）：29–35.

杨章贤，叶宝明，2002．我国中心城市的国际化发展研究[J]．世界地理研究（2）：48–53.
姚士谋，2006．中国城市群[M]．合肥：中国科学技术大学出版社.
姚尊强，尚可可，许小可，2012．加权网络的常用统计量[J]．上海理工大学学报，34（1）：18–26.
殷洁，2008．全球化世纪的城市密集地区发展与规划[M]．北京：中国建筑工业出版社.
于涛方，吴志强，2006．“global region”结构与重构研究：以长三角地区为例[J]．城市规划学刊（2）：4–11.
余佳，丁金宏，2007．全球化、新国际劳动分工与全球城市的崛起[J]．华东师范大学学报：哲学社会科学版（5）：98–104.
喻春娇，郑光凤，2010．湖北省生产性服务业与制造业的互动发展程度分析[J]．经济地理（11）：1859–1864.
张紧跟，2008．从多中心竞逐到联动整合：珠江三角洲城市群发展模式转型思考[J]．城市问题（1）：34–39.
张晓明，2007．长江三角洲巨型城市区特征分析[D]．南京：南京大学.
张毓峰，2008．城市区域空间组织研究：以长三角城市区域为例[D]．成都：西南财经大学.
赵渺希，陈晨，2011．中国城市体系中航空网络与生产性服务业网络的比较[J]．城市规划学刊（2）：24–32.
赵渺希，朵朵，2013．巨型城市区域的复杂网络特征[J]．华南理工大学学报：自然科学版（6）：108–115.
赵渺希，唐子来，2010．基于网络关联的长三角区域腹地划分[J]．经济地理（3）：371–376.
赵渺希，魏冀明，吴康，2014．京津冀城市群的功能联系及其复杂网络演化[J]．城市规划学刊（1）.
赵渺希，2011．长三角区域的网络交互作用与空间结构演化[J]．地理研究（2）：311–323.
赵渺希，2010．经济全球化进程中长三角区域的城市体系演化[D]．上海：同济大学.
赵新正，2011．经济全球化与城市—区域空间结构研究[D]．上海：华东师范大学.
中山大学，1992．珠江三角洲经济发展回顾与前瞻[M]．广州：中山大学出版社.
周干峙，1997．城市及其区域：一个开放的特殊复杂的巨系统[J]．城市规划（2）：4–7.
周国红，楼锡锦，2007．长三角区域经济一体化的基本态势与战略思考：基于宁波市532家企业的问卷调查与分析[J]．经济地理（1）：74–77.
周一星，孙则昕，1997．再论中国城市的职能分类[J]．地理研究（1）：11–22.
周一星，1995．城市地理学[M]．北京：商务印书馆.
周振华，2008．崛起中的全球城市：理论框架及中国模式研究[M]．上海：上海人民出版社.
AARON C，CRISTOPHER M，NEWMAN M E J，2008．Hierarchical structure and the prediction of missing links in networks[J]．Nature，453（7191）：98–101.
ALAIN B，MARC B，ALESSANDRO V，2004．Weighted evolving networks: coupling topology and weight dynamics[J]．Physical Review Letters，92（22）：228701.
ALDERSON A S，BECKFIELD J，SPRAGUE–JONES J，2010．Intercity relations and globalisation:

the evolution of the global urban hierarchy, 1981–2007[J]. Urban Studies, 47 (9): 1899–1923.

ALDERSON A S, BECKFIELD J, 2004. Power and position in the world city system[J]. American Journal of Sociology, 109 (4): 811–851.

BARABÁSI A L, ALBERT R, 1999. Emergence of scaling in random networks[J]. Science, 286 (5439): 509–512.

BATTEN D F, 1995. Network cities: Creative urban agglomerations for the 21st century[J]. Urban Studies, 32 (2): 313 - 327.

BATTY M, 2001. Polynucleated urban landscapes[J]. Urban Studies, 38 (4): 635–655.

BEAVERSTOCK J V, SMITH R G, TAYLOR P J, 1999. A roster of world cities[J]. Cities, 16 (6): 445–458.

BOIX R, TRULLÉN J, 2007. Knowledge, networks of cities and growth in regional urban systems[J]. Paners in Regional Science, 86 (4): 551–574.

BURGER M J, MEIJERS E J, 2009. Spatial structure and productivity in U.S. metropolitan areas[J]. Erim Report, 42 (6): 1383–1402.

BURGER M J, MEIJERS E, 2012. Form follows function? linking morphological and functional polycentricity[J]. Urban Studies, 49 (5): 1127–1149.

BURGER M, MEIJERS E, OORT F V, 2010. New research network on "regional urban systems" launched[J]. Regions the Newsletter of the Regional Studies Association, 277 (1): 35.

CAIRNCROSS F, 1999. The death of distance: how the communication revolution will change our lives[J]. Curriculum Administrator, 40 (2): 558–559.

CAPELLO R, CAMAGNI R, 2000. Beyond optimal city size: an evaluation of alternative urban growth patterns[J]. Urban Studies, 37 (9): 1479–1496.

CASTELLS M, 2009. The Rise of the Network Society. Vol.1[M]. Hoboken: Wiley Sons.

DERUDDER B, TAYLOR P J, HOYLER M, et al, 2013. Measurement and interpretation of connectivity of Chinese cities in world city network, 2010[J]. Chinese Geographical Science, 23 (3): 261–273.

DERUDDER B, TIMBERLAKE M, WITLOX F, 2010. Introduction: mapping changes in urban systems[J]. Urban Studies, 47 (9): 1835–1841.

DICKEN P, 2015. Global shift: mapping the changing contours of the world economy[J]. Tijdschrift Voor Economische En Sociale Geografie, 99 (3): 368–370.

DURANTON G, Puga D, 2004. Chapter 48 micro–foundations of urban agglomeration economies[J]. Handbook of Regional & Urban Economics, 11 (04): 2063–2117.

FREEMAN L C, 1978. Centrality in social networks conceptual clarification[J]. Social Networks, 1 (3): 215–239.

FRIEDMANN J, 1986. The world city hypothesis[J]. Development Change, 17 (1): 69–83.

GASTNER M T, NEWMAN M E J, 2006. The spatial structure of networks[J]. The European Physical Journal B – Condensed Matter and Complex Systems, 49 (2): 247–252.

GOTTMANN J，1957. Megalopolis or the urbanization of the northeastern seaboard[J]. Economic Geography，33（3）：189–200.

GREEN N，2007. Functional polycentricity: a formal definition in terms of social network analysis[J]. Urban Studies，44（11）：2077–2103.

HALL P，PAIN K，2006. The polycentric metropolis: learning from mega–city regions in Europe[M]. London：Earthscan.

HENNEMANN S，DERUDDER B，2012. An alternative approach to the calculation and analysis of connectivity in the world city network[J/OL]. Environment & Planning B Planning & Design，41（3）：392–412.

JACOBS W，KOSTER H，HALL P，2011. The location and global network structure of maritime advanced producer services[J]. Urban Studies，48（13）：2749–2769.

KLOOSTERMAN R，LAMBREGTS B，2001. Clustering of economic activities in polycentric urban regions: the case of the randstad[J]. Urban Studies，38（4）：717–732.

LATORA V，MARCHIORI M，2001. Efficient behavior of small–world networks[J]. Physical Review Letters，87（19）：198701.

LATORA V，MORENO Y，HWANG D U，et al，2006. Complex networks: structure and dynamics[J]. Physics Reports，424（1）：175–308.

LIMTANAKOOL N，DIJST M J，SCHWANEN T，2007. A theoretical framework and methodology for characterising national urban systems on the basis of flows of people: empirical evidence for france and germany[J]. Urban Studies，44（11）：2123–2145.

LIMTANAKOOL N，SCHWANEN T，DIJST M，2009. Developments in the dutch urban system on the basis of flows[J]. Regional Studies，43（2）：179–196.

LIU X，DERUDDER B，2013. Analyzing urban networks through the lens of corporate networks: a critical review[J]. Cities，31（2）：430–437.

LIU X，DERUDDER B，2012. Two–mode networks and the interlocking world city network model: a reply to neal[J]. Geographical Analysis，44（2）：171–173.

LIU X，NEAL Z，DERUDDER B，2012. Featured graphic. City networks in the United States: a comparison of four models[J]. Environment & Planning A，44（2）：255–256.

MAHUTGA M C，Ma X，Smith D A，et al，2010. Economic globalisation and the structure of the world city system: the case of airline passenger data[J]. Urban Studies，47（9）：1925–1947.

MASSEY D B，1995. Spatial divisions of labour : social structures and the geography of production[M]. London：Macmillan.

MATTHIESSEN C W，SCHWARZ A W，FIND S，2010. World cities of scientific knowledge: systems，networks and potential dynamics. An analysis based on bibliometric indicators[J]. Urban Studies，47（9）：1879–1897.

MEIJERS E J，2007. Synergy in polycentric urban regions: complementarity，organising capacity and critical mass[J]. Ios Press，25（4）：549–551.

MEIJERS E, 2008. Measuring polycentricity and its promises[J]. European Planning Studies, 16（9）: 1313–1323.

MUSTERD S, KLOOSTERMAN R C, 2001. The polycentric urban region: towards a research agenda[J]. Urban Studies, 38（2 Supplement）: 623–633.

NEAL Z P, 2011. From central places to network bases: a transition in the U.S. urban hierarchy, 1900–2000[J]. City Community, 10（1）: 49 – 75.

NEAL Z, 2012. Structural determinism in the interlocking world city network[J]. Geographical Analysis, 44（2）: 162–170.

NEWMAN M E J, 2003. The structure and function of complex networks[J]. Siam Review, 45（2）: 167–256.

NEWMAN M E, 2002. Assortative mixing in networks[J]. Physical Review Letters, 89（20）: 111–118.

ONNELA J P, SARAMÄKI J, KERTÉSZ J, et al, 2005. Intensity and coherence of motifs in weighted complex networks[J]. Physical Review E Statistical Nonlinear & Soft Matter Physics, 71（6Pt2）: 531–536.

PARR J B, 2015. The location of economic activity: central place theory and the wider urban system[J]. Intermational Endodontic Jownal, 48（10）: 913–915.

PARR J, 2004. The polycentric urban region: a closer inspection[J]. Regional Studies, 38（3）: 231–240.

PEREIRA R A O, DERUDDER B, PEREIRA R A O, 2010. Determinants of dynamics in the world city network, 2000–2004[J]. Urban Studies, 47（9）: 1949–1967.

ROZENBLAT C, PUMAIN D, 1993. The location of multinational firms in the European urban system[J]. Urban Studies, 30（10）: 1691–1709.

ROZENBLAT C, 2010. Opening the black box of agglomeration economies for measuring cities' competitiveness through international firm networks[J]. Urban Studies, 47: 2841–2865.

SASSEN S, 2001. The global city: New York, London, Tokyo[M]. Princeton: Princeton University Press.

SCOTT A, 2001. Global City–Regions: Trends, Theory, Policy[M]. Oxford: Oxford University Press.

SCOTT A, 1982. Locational patterns and dynamics of industrial activity in the modern metropolis[J]. Urban Studies, 19（2）: 111–141.

STORPER A S M, 2003. Regions, globalization, development[J]. Regional Studies, 37（6）: 549–578.

TAYLOR P J, DERUDDER B, WITLOX F, 2007. Comparing airline passenger destinations with global service connectivities: a worldwide empirical study of 214 cities[J]. Urban Geography, 28（3）: 232–248.

TAYLOR P J, EVANS D M, PAIN K, 2008. Application of the interlocking network model to mega–city–regions: measuring polycentricity within and beyond city–regions[J]. Regional Studies, 42（8）:

1079–1093.
TAYLOR P J, 2010. Specification of the world city network[J]. Geographical Analysis, 33（2）: 181–194.
TAYLOR P, NI P, DERUDDER B, et al, 2009. Pathways of growth and decline: connectivity changes in the world city network, 2000–2008[C]. 105th Annual meeting of the Association of American Geographers.
WANG J, MO H, WANG F, et al, 2011. Exploring the network structure and nodal centrality of china's air transport network: a complex network approach[J]. Journal of Transport Geography, 19（4）: 712–721.
WATTS D J, STROGATZ S H, 1998. Collective dynamics of "small-world" networks[J]. Nature, 393（6684）: 440–442.

主要网站

[1]中华人民共和国国家统计局网站
http://www.stats.gov.cn/tjbz/t20130114_402865889.htm
[2]广东省经济和信息化委员会
http://www.gdei.gov.cn/zwgk/jmzk/gdjm/200411/200412/t20041214_37655.html
[3]南方网
http://www.southcn.com/tech/gdkj/200509200208.htm
[4]广东省人民政府网
http://www.gd.gov.cn/
[5]广东省发展和改革委员会
http://gddpc.gd.gov.cn
[6]高校财经数据库
http://www.bjinfobank.com/
[7]国家测绘地理信息局网站
http://www.sbsm.gov.cn/

政策文件

[1]《广东省人民政府工作报告》，2011年
[2]《广东省国民经济和社会发展第十二个五年规划纲要》，2011年
[3]《珠江三角洲地区改革发展规划纲要（2008—2020）》，2009年
[4]《广东省现代产业体系建设总体规划（2010—2015）》，2011年
[5]《关于加快推进珠江三角洲区域经济一体化的指导意见》，2009年
[6]《广佛肇经济圈产业协作规划》，2011年

[7]《珠江三角洲产业布局一体化规划（2009—2020）》，2009年
[8]《珠江三角洲城市化专题规划》，2006年
[9]《珠江三角洲城乡规划一体化规划（2009—2020）》，2010年
[10]《珠江三角洲高新技术产业带专题规划》，2006年
[11]《珠江三角洲环境保护一体化规划（2009—2020）》，2010年
[12]《珠江三角洲基本公共服务一体化规划（2009—2020）》，2010年
[13]《珠江三角洲基础设施建设一体化规划（2009—2020）》，2010年
[14]《珠江三角洲开放型经济密集区专题规划》，2003年
[15]《广东省九大工业产业发展“十一五”规划》，2004年

附 录

第三章

表3-1 珠三角区域各城市2001—2010年外资依存度 %

序号	城市	年份									
		2001年	2002年	2003年	2004年	2005年	2006年	2007年	2008年	2009年	2010年
1	广州	18.77	12.78	12.40	9.80	8.50	8.08	7.77	7.41	6.94	6.22
2	深圳	22.27	23.76	21.03	11.53	9.76	9.45	9.05	8.67	8.52	7.54
3	佛山	15.57	14.05	14.90	7.01	6.54	6.52	7.33	7.00	6.53	5.85
4	东莞	33.29	36.42	31.09	14.07	11.25	11.56	11.28	11.10	11.58	10.81
5	珠海	39.63	28.87	30.13	14.46	17.60	18.52	19.29	19.34	19.09	17.01
6	惠州	33.58	34.61	40.00	15.50	21.56	18.78	18.67	17.61	16.56	13.96
7	中山	29.81	25.81	25.81	14.04	11.92	11.56	9.97	8.89	6.52	6.07
8	肇庆	19.27	20.36	24.57	14.77	20.21	22.47	21.95	20.15	17.31	14.45
9	江门	22.60	18.70	19.55	10.31	12.45	12.09	11.89	12.03	12.99	11.85

资料来源：作者根据统计年鉴及报表数据分析得出。

表3-2 珠三角区域各城市2001—2010年外贸依存度 %

序号	城市	年份									
		2001年	2002年	2003年	2004年	2005年	2006年	2007年	2008年	2009年	2010年
1	广州	5.22	5.66	6.08	6.62	6.31	6.39	6.29	6.07	5.11	5.87
2	深圳	21.35	23.51	24.67	26.18	22.46	24.83	25.70	23.39	20.04	22.02
3	佛山	6.30	6.71	7.25	7.97	6.56	6.44	6.39	5.93	4.84	5.56
4	东莞	36.20	40.00	33.38	33.97	20.74	19.51	20.62	18.64	15.22	17.42
5	珠海	16.27	19.22	21.57	24.28	24.65	26.70	27.07	28.72	21.93	21.89
6	惠州	11.18	13.00	13.52	14.77	14.40	13.82	13.28	14.02	12.57	12.04
7	中山	11.99	13.67	15.93	15.59	12.96	13.58	12.12	11.19	9.50	10.23
8	肇庆	1.69	1.81	2.04	2.11	2.94	3.28	3.51	3.12	2.30	2.46
9	江门	4.34	4.40	4.90	5.72	6.84	6.97	6.76	6.24	5.01	5.55

资料来源：作者根据统计年鉴及报表数据分析得出。

表3-3 珠三角区域各城市2001—2010年人均接待境外访客数 人

序号	城市	年份									
		2001年	2002年	2003年	2004年	2005年	2006年	2007年	2008年	2009年	2010年
1	广州	2.13	2.31	1.79	2.17	2.58	2.72	2.79	2.64	2.79	3.08
2	深圳	2.81	2.89	2.69	3.36	3.58	3.93	4.38	4.38	4.33	4.73
3	佛山	0.57	0.60	0.44	0.59	0.63	0.66	0.76	0.72	0.69	0.69
4	东莞	0.42	0.50	0.49	0.91	1.05	1.10	1.51	1.39	1.38	1.53
5	珠海	4.11	4.74	3.76	4.85	5.87	6.74	6.67	9.10	9.28	10.00
6	惠州	0.40	0.42	0.30	0.41	1.03	1.25	1.45	1.52	1.59	1.67
7	中山	1.29	1.32	1.14	1.23	1.31	1.31	1.22	1.11	0.77	0.74
8	肇庆	0.20	0.20	0.14	0.15	0.15	0.15	0.16	1.27	1.41	1.71
9	江门	0.33	0.37	0.27	0.33	0.38	0.07	0.66	1.25	1.27	1.28

资料来源：作者根据统计年鉴及报表数据分析得出。

表3-4　珠三角区域各城市2001—2010年国际互联网普及率　　%

序号	城市	年份									
		2001年	2002年	2003年	2004年	2005年	2006年	2007年	2008年	2009年	2010年
1	广州	3.51	7.45	7.36	7.26	6.60	6.64	5.25	5.74	6.69	5.47
2	深圳	4.39	7.54	8.10	8.65	9.99	8.00	6.21	6.45	7.45	7.55
3	佛山	0.78	4.14	3.33	2.52	2.60	2.51	2.87	3.66	4.86	4.95
4	东莞	1.30	1.80	1.68	2.30	2.41	2.53	3.04	3.84	4.50	5.58
5	珠海	3.97	5.23	4.73	4.22	6.84	6.24	4.77	4.75	5.79	6.40
6	惠州	0.66	1.79	1.27	0.74	1.22	1.68	2.14	2.61	2.49	2.77
7	中山	2.60	6.73	3.69	3.92	7.25	7.19	5.03	4.89	5.44	6.37
8	肇庆	0.56	0.67	0.77	0.80	1.09	1.11	1.36	0.85	0.88	1.12
9	江门	0.45	0.72	0.84	0.81	1.16	1.51	4.77	1.85	6.24	2.24

资料来源：作者根据统计年鉴及报表数据分析得出。

表3-5　珠三角区域各城市2001—2010年经济全球化指数

序号	城市	年份									
		2001年	2002年	2003年	2004年	2005年	2006年	2007年	2008年	2009年	2010年
1	广州	29.63	28.20	20.27	25.85	24.00	23.83	22.09	21.86	21.53	20.64
2	深圳	50.82	57.69	48.38	49.72	45.79	46.20	45.33	42.88	40.34	41.83
3	佛山	23.22	25.50	22.59	18.09	16.33	16.14	17.35	17.31	16.92	12.10
4	东莞	71.21	78.72	66.63	51.25	35.45	34.70	36.44	34.97	32.67	35.33
5	珠海	63.97	58.06	55.46	47.81	54.96	58.20	57.81	61.92	56.09	55.30
6	惠州	45.82	49.83	53.82	31.43	37.00	33.84	33.39	35.76	33.22	30.44
7	中山	45.69	47.53	46.57	34.78	33.45	33.63	28.35	26.07	22.23	23.41
8	肇庆	21.72	23.03	27.52	17.83	24.39	27.02	26.98	25.39	21.90	18.62
9	江门	27.71	24.18	25.55	17.17	19.66	19.13	24.07	21.37	25.51	20.93

资料来源：作者根据统计年鉴及报表数据分析得出。

第四章

表4-1　产业部类构成表

序号	产业部类	细分行业	序号	产业部类	细分行业
1	农业	农林牧副渔业	2	劳动密集型制造业	印刷业和记录媒介复制业
2	劳动密集型制造业	农副食品加工业			文教、工美、体育和娱乐用品制造业
		食品制造业			橡胶和塑料制品业
		纺织业			非金属矿物制品业
		纺织服装、服饰业			金属制品业
		皮革、毛皮、羽毛（绒）及其制品业和制鞋业	3	资本密集型制造业	酒、饮料和精制茶制造业
		木材加工及木、竹、藤、棕、草制品			烟草制品业
		家具制造业			石油加工、炼焦及核燃料加工业
		造纸及纸制品业			化学原料及化学制品制造业

续表

序号	产业部类	细分行业
3	资本密集型制造业	化学纤维制造业
		黑色金属冶炼及压延加工业
		有色金属冶炼及压延加工业
		通用设备制造业
		专用设备制造业
		汽车制造业
		铁路、船舶、航空航天和其他运输设备制造业
		电气机械及器材制造业
		工艺品及其他制造业
		金属制品、机械和设备修理业
4	技术密集型制造业	医药制造业
		计算机、通信设备及其他电子设备制造业
		仪器仪表制造业
		文化、办公用机械制造业
		废弃资源综合利用业
		石油和天然气开采业
		电力、热力的生产和供应业
		燃气生产和供应业
		水的生产和供应业
5	勘测及矿物开采业	非金属矿物采选业
		有色金属矿采选业
		煤炭采选业
		黑色金属矿采选业
		其他采矿业
6	建筑业	房屋建筑业
		土木工程建筑业
		建筑安装业
		建筑装饰和其他建筑业
7	生产性服务业	金融保险业
		房地产业
		科学研究和技术服务业
		水利、环境和公共设施管理业
		地质勘察业
		商业信息咨询业
8	基础服务业	农林牧渔服务业
		交通运输、仓储、邮电通信业
		批发和零售业
		住宿和餐饮业
		信息传输、软件和信息技术服务业
		租赁和商业服务业
		居民服务、修理和其他服务业
		社会服务业
9	公共服务业	中国共产党机关
		群众团体、社会团体和其他社会成员组织
		人民政协、民主党派
		社会保障
		国家机构
		基层群众自治组织
		国际组织
		教育
		卫生和社会工作
		新闻及出版业
		广播、电视、电影和影视录音制作业
		文化艺术、体育业
		娱乐业
		其他行业

表4-2　2000年珠三角9个城市区位熵

地区	农业	劳动密集型制造业	资本密集型制造业	技术密集型制造业	勘测及矿物开采业	建筑业	生产性服务业	基础服务业	公共服务业
广州	1.043	0.821	0.613	0.870	1.131	1.289	1.575	1.156	1.247
深圳	0.089	0.966	1.431	1.698	0.654	0.893	0.938	1.206	1.172
珠海	0.751	0.804	0.731	1.128	0.709	1.287	1.956	1.225	1.285
佛山	0.711	1.152	1.137	0.548	1.089	1.320	1.233	1.125	0.921
江门	2.792	0.473	0.407	0.471	1.861	0.952	1.230	0.671	0.655
肇庆	3.608	0.268	0.215	0.306	2.154	0.836	0.857	0.425	0.593

续表

地 区	农业	劳动密集型制造业	资本密集型制造业	技术密集型制造业	勘测及矿物开采业	建筑业	生产性服务业	基础服务业	公共服务业
惠州	1.925	0.894	0.634	0.879	1.220	0.633	0.815	0.757	0.859
东莞	0.216	1.559	1.506	1.269	0.450	0.681	0.263	0.934	0.984
中山	0.838	1.332	1.131	0.684	0.763	1.308	0.816	0.989	0.733

资料来源：作者根据人口普查数据分析得出。

表4-3　2010年珠三角9个城市区位熵

地 区	农业	劳动密集型制造业	资本密集型制造业	技术密集型制造业	勘测及矿物开采业	建筑业	生产性服务业	基础服务业	公共服务业
广州	0.886	1.049	0.635	0.644	0.983	0.970	1.595	1.146	1.181
深圳	0.032	0.595	1.064	1.799	0.876	0.792	1.201	1.136	1.165
珠海	0.587	0.553	0.716	1.618	0.955	1.871	1.123	1.142	1.067
佛山	0.586	1.072	1.392	0.535	1.148	1.281	1.083	1.083	0.943
江门	3.285	0.761	0.771	0.405	0.823	1.643	0.835	0.801	0.692
肇庆	5.730	0.424	0.555	0.236	1.448	1.465	0.518	0.462	0.551
惠州	2.017	1.044	0.662	0.920	2.369	1.316	0.586	0.861	0.916
东莞	0.104	1.597	1.314	1.195	0.434	0.463	0.540	0.904	0.949
中山	0.528	1.310	1.393	0.743	1.127	0.983	0.660	0.981	0.920

资料来源：作者根据人口普查数据分析得出。

表4-4　2000年珠三角9个城市职能地位

地 区	农业	劳动密集型制造业	资本密集型制造业	技术密集型制造业	勘测及矿物开采业	建筑业	生产性服务业	基础服务业	公共服务业
广州	0.076	—	—	—	0.001	0.110	0.041	0.456	0.315
深圳	—	—	0.340	0.294	—	—	—	0.275	0.091
珠海	—	—	—	0.061	—	0.081	0.064	0.516	0.279
佛山	—	0.279	0.204	—	0.001	0.130	0.014	0.373	—
江门	0.997	—	—	—	0.001	—	0.002	—	—
肇庆	0.999	—	—	—	0.001	—	—	—	—
惠州	0.999	—	—	—	0.001	—	—	—	—
东莞	—	0.537	0.386	0.077	—	—	—	—	—
中山	—	0.689	0.190	—	—	0.121	—	—	—

资料来源：作者根据人口普查数据分析得出。

表4-6　2000年及2010年珠三角区域各地区9项产业部类的构成　　%

2000年	农业	劳动密集型制造业	资本密集型制造业	技术密集型制造业	勘测及矿物开采业	建筑业	生产性服务业	基础服务业	公共服务业
广州	19.8	14.0	8.6	5.5	0.1	4.3	0.8	32.7	14.3
深圳	1.7	16.5	20.1	10.7	0.0	2.9	0.5	34.1	13.4
珠海	14.2	13.7	10.3	7.1	0.0	4.2	1.0	34.6	14.7
佛山	13.5	19.7	16.0	3.5	0.1	4.4	0.6	31.8	10.6
江门	52.9	8.1	5.7	3.0	0.1	3.1	0.6	19.0	7.5
肇庆	68.3	4.6	3.0	1.9	0.1	2.8	0.4	12.0	6.8
惠州	36.4	15.3	8.9	5.5	0.1	2.1	0.4	21.4	9.9
东莞	4.1	26.6	21.2	8.0	0.0	2.2	0.1	26.4	11.3
中山	15.9	22.8	15.9	4.3	0.0	4.3	0.4	28.0	8.4
平均值	25.2	15.7	12.2	5.5	0.1	3.4	0.6	26.7	10.8

续表

2010年	农业	劳动密集型制造业	资本密集型制造业	技术密集型制造业	勘测及矿物开采业	建筑业	生产性服务业	基础服务业	公共服务业
广州	8.7	15.6	7.7	6.3	0.0	2.2	1.4	40.4	17.6
深圳	0.3	8.9	12.9	17.6	0.0	1.8	1.1	40.1	17.3
珠海	5.8	8.2	8.7	15.8	0.0	4.3	1.0	40.3	15.9
佛山	5.7	16.0	16.8	5.2	0.0	3.0	1.0	38.2	14.0
江门	32.3	11.3	9.3	4.0	0.0	3.8	0.8	28.3	10.3
肇庆	56.3	6.3	6.7	2.3	0.1	3.4	0.5	16.3	8.2
惠州	19.8	15.6	8.0	9.0	0.1	3.0	0.5	30.4	13.6
东莞	1.0	23.8	15.9	11.7	0.0	1.1	0.5	31.9	14.1
中山	5.2	19.5	16.8	7.3	0.0	2.3	0.6	34.6	13.7
平均值	15.0	13.9	11.4	8.8	0.0	2.8	0.8	33.4	13.8

资料来源：作者根据人口普查数据分析得出。

第五章

表5-2　2000—2010年珠三角各地区各产业部类Shift-Share分析表（份额分量N）

地区	农业	劳动密集型制造业	资金密集型制造业	技术密集型制造业	勘测及矿物开采业	建筑业	生产性服务业	基础服务业	公共服务业
广州	32 693.77	23 207.20	14 256.53	9 092.85	122.29	7 037.79	1 333.26	54 102.75	23 669.19
深圳	2 757.98	27 147.65	33 093.78	17 640.54	70.26	4 846.85	789.08	56 087.23	22 123.83
珠海	3 052.93	2 947.21	2 203.53	1 528.46	9.94	910.71	214.75	7 430.18	3 163.29
佛山	13 493.96	19 714.82	16 001.72	3 463.55	71.25	4 362.99	632.00	31 883.48	10 580.21
江门	34 301.43	5 248.85	3 708.79	1 930.45	78.88	2 037.17	408.30	12 306.19	4 874.35
肇庆	37 343.76	2 507.44	1 649.42	1 055.20	76.89	1 507.25	239.61	6 572.82	3 715.75
惠州	19 857.66	8 321.66	4 850.49	3 022.11	43.41	1 136.73	227.01	11 655.30	5 368.82
东莞	6 512.51	42 346.70	33 639.28	12 729.07	46.73	3 568.27	213.43	41 960.61	17 942.12
中山	7 395.71	10 599.77	7 404.00	2 012.97	23.20	2 010.32	194.54	13 032.64	3 918.57

资料来源：作者根据人口普查数据分析得出。

表5-3　2000—2010年珠三角各地区各产业部类Shift-Share分析表（结构偏离分量P）

地区	农业	劳动密集型制造业	资金密集型制造业	技术密集型制造业	勘测及矿物开采业	建筑业	生产性服务业	基础服务业	公共服务业
广州	−63 235.22	−11 912.34	−7 949.64	20 119.91	−221.19	−8 529.12	4 142.48	53 831.73	28 180.99
深圳	−5 334.40	−13 934.99	−18 453.56	39 033.52	−127.08	−5 873.91	2 451.71	55 806.26	26 341.06
珠海	−5 904.89	−1 512.82	−1 228.72	3 382.04	−17.98	−1 103.69	667.24	7 392.95	3 766.28
佛山	−26 099.57	−10 119.69	−8 922.79	7 663.86	−128.87	−5 287.53	1 963.63	31 723.76	12 597.01
江门	−66 344.71	−2 694.25	−2 068.07	4 271.55	−142.66	−2 468.85	1 268.59	12 244.54	5 803.50
肇庆	−72 229.08	−1 287.08	−919.74	2 334.87	−139.07	−1 826.64	744.47	6 539.90	4 424.04
惠州	−38 408.04	−4 271.54	−2 704.70	6 687.08	−78.52	−1 377.61	705.34	11 596.91	6 392.22
东莞	−12 596.28	−21 736.71	−18 757.74	28 165.82	−84.52	−4 324.41	663.13	41 750.41	21 362.23
中山	−14 304.54	−5 440.90	−4 128.57	4 454.14	−41.96	−2 436.32	604.43	12 967.35	4 665.53

资料来源：作者根据人口普查数据分析得出。

表5-4　2000—2010年珠三角各地区各产业部类Shift-Share分析表（竞争偏离分量*D*）

地区	农业	劳动密集型制造业	资金密集型制造业	技术密集型制造业	勘测及矿物开采业	建筑业	生产性服务业	基础服务业	公共服务业
广州	−12 173.55	19 245.14	91.11	−16 136.76	−43.10	−5 369.66	−195.73	−11 303.48	−10 378.18
深圳	−3 431.58	−30 254.66	−20 331.22	18 875.94	74.82	−255.93	2 348.20	11 918.52	11 452.11
珠海	−810.05	−2 401.40	711.19	5 722.50	11.04	1 591.98	−550.00	1 508.87	−1 207.57
佛山	−4 676.39	−3 950.13	13 293.06	−240.40	10.62	−213.46	−499.63	−4 169.23	2 072.78
江门	1 664.28	7 314.41	8 319.28	−3 036.00	−107.21	2 861.68	−1 192.88	2 365.27	−2 067.86
肇庆	26 108.32	2 873.64	6 695.32	−2 306.07	−73.82	2 002.39	−840.08	−2 823.72	−4 222.80
惠州	5 908.38	7 972.88	2 342.21	2 664.80	107.11	4 046.88	−348.36	14 042.78	4 533.97
东莞	−7 303.23	−1 793.99	−18 414.54	−7 204.89	−7.21	−3 446.87	1 494.45	−13 775.02	−6 484.35
中山	−5 286.17	994.13	7 293.58	1 660.88	27.76	−1 217.00	−215.97	2 236.02	6 301.90

资料来源：作者根据人口普查数据分析得出。

表5-5　2000—2010年珠三角各地区各产业部类Shift-Share分析表

地区	*G*	*N*	*P*	*D*
广州	143 679.00	165 515.63	14 427.59	−36 264.22
深圳	234 862.00	164 557.20	79 908.62	−9 603.81
珠海	31 478.00	21 461.01	5 440.42	4 576.57
佛山	105 221.00	100 203.98	3 389.81	1 627.21
江门	30 885.00	64 894.40	−50 130.37	16 120.96
肇庆	19 723.00	54 668.14	−62 358.32	27 413.18
惠州	74 295.00	54 483.21	−21 458.86	41 270.65
东莞	136 465.00	158 958.71	34 441.94	−56 935.65
中山	54 726.00	4 6591.71	−3 660.83	11 795.12

资料来源：作者根据人口普查数据分析得出。

第六章

表6-1　珠三角区域2000年各城市专门化分工指数

城市	广州	深圳	珠海	佛山	江门	肇庆	惠州	东莞	中山
广州		1.025	1.160	1.059	0.439	0.821	0.754	0.903	0.882
深圳			0.184	0.332	0.631	0.402	0.575	0.302	0.347
珠海				0.283	0.765	0.529	0.706	0.327	0.399
佛山					0.748	0.576	0.694	0.339	0.320
江门						0.392	0.394	0.474	0.485
肇庆							0.236	0.237	0.256
惠州								0.382	0.375
东莞									0.094
中山									

资料来源：作者根据人口普查数据分析得出。

表6-2　珠三角区域2010年各城市专门化分工指数

城市	广州	深圳	珠海	佛山	江门	肇庆	惠州	东莞	中山
广州		1.071	1.204	1.261	0.808	0.795	1.114	1.085	1.082
深圳			0.318	0.589	0.476	0.487	0.531	0.320	0.344
珠海				0.414	0.498	0.508	0.462	0.285	0.311
佛山					0.723	0.711	0.590	0.434	0.401
江门						0.209	0.428	0.361	0.399
肇庆							0.448	0.381	0.424
惠州								0.212	0.232
东莞									0.060
中山									

资料来源：作者根据人口普查数据分析得出。

表6-5　珠三角区域各城市2000年与2010年产业部类变化趋势

时间	广州	深圳	珠海	佛山	江门	肇庆	惠州	东莞	中山	总值	平均值	标准差
2000年	7.043	3.798	4.354	4.351	4.330	3.449	4.116	3.057	3.157	37.654	0.465	0.299
2010年	8.420	4.136	4.000	5.122	3.901	3.963	4.018	3.138	3.253	39.951	0.493	0.338
差值	1.377	0.338	–0.354	0.772	–0.428	0.514	–0.099	0.081	0.096	—	—	—

资料来源：作者根据人口普查数据分析得出。

第七章

表7-4　珠三角城市与世界a++级别城市的外向联系值

城市	伦敦	纽约
广州	512	472
深圳	324	301
珠海	25	26

表7-5　珠三角城市与世界a+级别城市的外向联系值

城市	北京	迪拜	香港	巴黎	上海	新加坡	悉尼	东京
广州	379	305	424	348	391	385	330	353
深圳	240	188	273	195	243	227	197	219
珠海	17	17	16	15	18	22	17	16

表7-6　珠三角城市与世界a级别城市的外向联系值

城市	阿姆斯特丹	布鲁塞尔	芝加哥	法兰克福	吉隆坡	洛杉矶	马德里	墨西哥城	米兰	多伦多	孟买	圣保罗	莫斯科
广州	250	240	293	275	276	275	270	265	297	261	290	283	318
深圳	178	154	191	172	182	184	163	160	187	161	190	161	178
珠海	9	5	6	14	11	13	13	13	17	13	17	14	15

第八章

表8-1　2001年和2008年珠三角城市群各城市出入度指标

城市	出度O_i		入度I_i	
	2001年	2008年	2001年	2008年
广州	183	1 558	263	2403
深圳	230	2 883	119	949
珠海	58	434	46	282
佛山	23	359	59	662
江门	15	92	17	146
肇庆	5	42	5	90
惠州	25	164	31	317
东莞	50	459	25	939
中山	30	250	54	453

表8-2　2001年和2008年长三角城市群各城市出入度指标

城市	出度O_i		入度I_i	
	2001年	2008年	2001年	2008年
上海	1 115	7 142	474	1 381
南京	202	1 129	306	2 174
无锡	88	635	159	1 029
常州	50	377	58	411
苏州	127	679	320	1 916
南通	68	430	84	556
扬州	44	254	31	297
镇江	25	128	28	275
泰州	15	89	40	314
杭州	199	1 428	363	2 162
宁波	180	983	151	1 225
嘉兴	24	110	50	563
湖州	21	99	21	245
绍兴	16	145	41	361
舟山	23	80	23	173
台州	16	114	64	740

表8-3　2001年和2008年京津冀城市群各城市出入度指标

城市	出度O_i		入度I_i	
	2001年	2008年	2001年	2008年
北京	184	1 479	183	858
天津	183	822	112	737
石家庄	22	150	39	584
唐山	20	149	35	175
秦皇岛	14	154	20	126

续表

城市	出度O_i		入度I_i	
	2001年	2008年	2001年	2008年
保定	12	83	23	191
张家口	4	34	11	78
承德	4	52	14	54
沧州	6	54	8	74
廊坊	12	76	16	176

表8-4　2001年与2008年三大城市群的多中心测度

年份	京津冀城市群	长三角城市群	珠三角城市群
2001年	0.066	0.059	0.137
2008年	0.091	0.147	0.257

第九章

表9-2　珠三角区域2001年制造业的网络联系（T_{ij}）

序号	城市	东莞	佛山	广州	惠州	江门	深圳	肇庆	中山	珠海
1	东莞	0	1	0	0	0	3	0	0	1
2	佛山	0	0	1	0	0	1	0	0	0
3	广州	1	4	0	0	1	2	1	0	1
4	惠州	0	0	1	0	0	0	0	0	0
5	江门	0	1	0	0	0	0	0	0	0
6	深圳	3	0	5	1	0	0	0	0	0
7	肇庆	0	0	0	0	0	0	0	0	0
8	中山	0	0	0	0	0	0	0	0	0
9	珠海	0	0	0	0	0	1	0	0	0

资料来源：作者根据人口普查数据分析得出（表中的行数据为母公司所在城市，列数据为分支机构所在城市）。

表9-3　珠三角区域2008年制造业的网络联系（T_{ij}）

序号	城市	东莞	佛山	广州	惠州	江门	深圳	肇庆	中山	珠海
1	东莞	0	3	5	1	1	2	0	1	0
2	佛山	0	0	1	1	2	0	2	0	1
3	广州	2	11	0	1	6	3	12	1	1
4	惠州	0	0	1	0	0	1	0	1	0
5	江门	0	1	6	0	0	1	0	0	0
6	深圳	7	6	11	13	0	0	0	2	0
7	肇庆	0	1	0	0	0	1	0	0	0
8	中山	1	2	8	0	2	0	0	0	1
9	珠海	0	1	3	1	0	0	0	7	0

资料来源：作者根据人口普查数据分析得出（表中的行数据为母公司所在城市，列数据为分支机构所在城市）。

表9-4 珠三角区域2001年生产性服务业的网络联系（T_{ij}）

序号	城市	东莞	佛山	广州	惠州	江门	深圳	肇庆	中山	珠海
1	东莞	0	0	0	0	0	1	0	0	0
2	佛山	0	0	0	0	0	0	0	0	0
3	广州	0	13	0	14	7	4	8	0	5
4	惠州	0	0	0	0	0	0	0	0	0
5	江门	0	0	0	0	0	0	0	0	0
6	深圳	0	1	2	1	0	0	0	0	1
7	肇庆	0	0	1	0	0	0	0	0	0
8	中山	0	0	0	0	0	0	0	0	0
9	珠海	0	0	0	0	0	0	0	0	0

资料来源：作者根据人口普查数据分析得出（表中的行数据为母公司所在城市，列数据为分支机构所在城市）。

表9-5 珠三角区域2008年生产性服务业的网络联系（T_{ij}）

序号	城市	东莞	佛山	广州	惠州	江门	深圳	肇庆	中山	珠海
1	东莞	0	1	31	0	3	18	0	1	0
2	佛山	0	0	54	1	5	8	3	1	0
3	广州	13	64	0	5	27	75	9	3	5
4	惠州	0	0	8	0	0	10	0	0	1
5	江门	1	4	25	0	0	2	0	1	0
6	深圳	23	17	237	15	5	0	1	4	7
7	肇庆	0	0	9	0	0	2	0	0	0
8	中山	3	1	13	0	3	4	0	0	4
9	珠海	3	4	26	0	1	7	2	5	0

资料来源：作者根据人口普查数据分析得出（表中的行数据为母公司所在城市，列数据为分支机构所在城市）。

表9-6 珠三角区域2001年一般服务业的网络联系（T_{ij}）

序号	城市	东莞	佛山	广州	惠州	江门	深圳	肇庆	中山	珠海
1	东莞	0	0	25	0	0	14	0	0	0
2	佛山	1	0	49	1	3	8	1	0	1
3	广州	14	47	0	14	14	71	11	1	22
4	惠州	2	0	8	0	1	8	1	0	0
5	江门	0	1	20	0	0	2	0	0	1
6	深圳	7	6	90	6	1	0	0	0	9
7	肇庆	0	4	4	0	0	0	0	0	0
8	中山	0	0	1	0	0	0	0	0	0
9	珠海	1	1	19	1	2	6	0	0	0

资料来源：作者根据人口普查数据分析得出（表中的行数据为母公司所在城市，列数据为分支机构所在城市）。

表9-7 珠三角区域2008年一般服务业的网络联系（T_{ij}）

序号	城市	东莞	佛山	广州	惠州	江门	深圳	肇庆	中山	珠海
1	东莞	0	12	52	4	1	36	5	1	5
2	佛山	4	0	76	0	7	18	9	0	2
3	广州	23	157	0	13	63	144	28	6	27
4	惠州	2	1	21	0	1	16	0	1	0
5	江门	0	2	16	0	0	3	1	0	0
6	深圳	53	60	347	33	15	0	13	8	23
7	肇庆	0	2	10	0	1	1	0	0	1
8	中山	3	14	20	0	25	4	1	0	14
9	珠海	5	7	33	1	6	16	2	13	0

资料来源：作者根据人口普查数据分析得出（表中的行数据为母公司所在城市，列数据为分支机构所在城市）。

表9-8 珠三角区域2001年与2008年城市群的网络效率（E）

年份	制造业	生产性服务业	一般服务业
2001年	0.583	0.519	0.833
2008年	0.875	0.903	0.986

资料来源：作者根据人口普查数据分析得出。

表9-9 2001年和2008年三类产业基尼系数对比（G）

产业	G		G^{out}		G^{in}	
	2001年	2008年	2001年	2008年	2001年	2008年
制造业	0.510	0.340	0.582	0.456	0.452	0.342
生产性服务业	0.531	0.555	0.851	0.542	0.437	0.607
一般服务业	0.544	0.509	0.540	0.554	0.552	0.495

资料来源：作者根据人口普查数据分析得出。

表9-10 珠三角区域2001年和2008年城市群三类产业出度（S^{out}）

序号	城市	制造业		生产性服务业		一般服务业	
		2001年	2008年	2001年	2008年	2001年	2008年
1	东莞	0.800	0.769	0.000	0.181	0.278	0.259
2	佛山	1.200	**1.923**	**1.000**	0.384	0.656	**0.735**
3	广州	**1.400**	**2.692**	0.214	**1.700**	**2.400**	**1.657**
4	惠州	0.200	1.308	1.071	0.089	0.244	0.147
5	江门	0.200	0.846	0.500	0.186	0.233	0.343
6	深圳	**1.400**	0.615	0.357	**0.532**	**1.211**	0.686
7	肇庆	0.200	1.077	0.571	0.063	0.144	0.170
8	中山	0.000	0.923	0.000	0.063	0.011	0.084
9	珠海	0.400	0.231	0.428	0.072	0.367	0.207

资料来源：作者根据人口普查数据分析得出。

表9-11 珠三角区域2001年与2008年城市群三类产业入度（S^{in}）

序号	城市	制造业		生产性服务业		一般服务业	
		2001年	2008年	2001年	2008年	2001年	2008年
1	东莞	1.000	1.000	0.071	0.228	0.433	0.334
2	佛山	0.400	0.538	0.000	0.304	0.711	0.334
3	广州	**2.000**	**2.846**	**3.643**	**0.848**	**2.156**	**1.329**
4	惠州	0.200	0.231	0.000	0.080	0.222	0.121
5	江门	0.200	0.615	0.000	0.139	0.267	0.063
6	深圳	**1.800**	**3.000**	**0.356**	**1.304**	**1.322**	**1.591**
7	肇庆	0.000	0.154	0.071	0.046	0.089	0.043
8	中山	0.000	1.077	0.000	0.118	0.011	0.233
9	珠海	0.200	0.923	0.000	0.203	0.333	0.239

资料来源：作者根据人口普查数据分析得出。

表9-12 珠三角区域2001年与2008年城市群三类产业平均邻接度差值比较（Δk）

序号	城市	制造业		生产性服务业		一般服务业	
		2001年	2008年	2001年	2008年	2001年	2008年
1	东莞	−1.328	−2.338	**0.000**	−1.579	**1.138**	−1.438
2	佛山	−2.400	−4.606	−5.500	−1.824	**1.209**	−4.245
3	广州	−0.035	−2.699	−0.333	−3.055	**0.057**	−2.769
4	惠州	−1.100	−5.482	−5.500	−2.997	−0.177	−2.888
5	江门	−2.700	−3.629	−6.000	−2.888	0.554	−5.994
6	深圳	**0.288**	**0.044**	−0.800	**0.844**	**0.712**	**0.077**
7	肇庆	−7.000	−6.657	−5.333	−3.544	−2.222	−5.705
8	中山	**0.000**	−2.144	**0.000**	−0.843	−0.844	**0.573**
9	珠海	−3.000	−1.004	−5.500	1.001	−0.172	−1.716

资料来源：作者根据人口普查数据分析得出。

第十章

表10-1 2000年与2010年广东21个城市基本情况

区域	城市	面积/千米^2	常住人口/万		年增长/%	地区生产总值/亿元		年增长/%
			2000年	2010年		2000年	2010年	
珠三角区域	广州	7 287	994	1 270	2.48	2 382	10 604	16.10
	深圳	1 953	701	1 036	3.98	1 727	9 511	18.61
	珠海	1 654	124	156	2.36	327	1 203	13.91
	佛山	3 848	534	719	3.03	962	5 652	19.37
	惠州	11 356	322	460	3.64	436	1 730	14.79
	东莞	2 472	645	822	2.46	490	4 246	24.09
	中山	1 800	236	312	2.82	312	1 826	19.32
	江门	9 541	396	445	1.18	554	1 550	10.83
	肇庆	14 822	337	392	1.51	380	1 066	10.86
珠三角周边区域	清远	19 153	315	370	1.63	154	1 113	21.89
	云浮	7 779	215	236	0.92	170	394	8.80
	河源	15 642	227	295	2.68	91	477	17.98
	阳江	7 965	217	242	1.11	169	642	14.31
	汕尾	4 902	245	294	1.81	142	470	12.69
其他区域	汕头	2 248	467	539	1.44	473	1 203	9.79
	韶关	18 385	274	283	0.33	201	683	13.02
	揭阳	5 266	524	588	1.16	386	1 009	10.08
	梅州	15 876	380	424	1.10	175	612	13.34
	湛江	13 225	607	699	1.42	402	1 403	13.32
	茂名	11 425	524	582	1.05	490	1 492	11.79
	潮州	3 100	240	267	1.06	191	559	11.33

表10-2　潜在扩区城市的首位/次位指向城市

扩区对象	客运交通		生产性服务业		固定电话		互联网	
	首位联系	次位联系	首位联系	次位联系	首位联系	次位联系	首位联系	次位联系
清远	广州	佛山	深圳	广州	广州	佛山	深圳	广州
云浮	肇庆	广州	广州	深圳	广州	肇庆	广州	深圳
河源	深圳	广州	深圳	广州	深圳	广州	深圳	广州
汕尾	深圳	惠州	深圳	广州	深圳	广州	广州	深圳
阳江	广州	深圳	深圳	广州	广州	深圳	广州	深圳

表10-3　扩区对象独立性检验及相对联系强度指标

扩区对象	客运交通		生产性服务业		固定电话		互联网	
	指向珠三角比例	统计学意义	指向珠三角比例	统计学意义	指向珠三角比例	统计学意义	指向珠三角比例	统计学意义
清远	89.3%		59.0%	**	89.1%	*	95.3%	*
云浮	95.1%	**	60.9%		90.9%	**	94.1%	*
河源	92.6%	*	59.0%	*	89.8%	*	93.5%	*
汕尾	88.6%		66.7%		88.8%	*	98.3%	
阳江	86.9%	**	59.7%	**	86.6%	*	91.7%	

*表示P小于0.05，**表示P小于0.01。

表10-4　扩区对象优先度指标比较

城市	专项联系优先度（P_i）				联系优先度（SP_i）	邻近性（N_i）	综合优先度（SP_i）
	客运交通	生产性服务业	固定电话	互联网			
清远	72.85	93.75	87.05	99.00	87.59	100	93.59
云浮	58.75	19.03	66.7	57.45	45.5	55.74	50.36
河源	99.12	93.59	99.61	64.14	87.74	82.26	84.95
汕尾	52.14	25.88	82.27	65.92	52.01	53.13	52.57
阳江	61.12	96.38	67.4	61.22	70.22	37.11	51.05

“前沿科技研究”系列已出书目

序号	书名	作者简介	出版时间	备注
1	造纸纤维性能衰变抑制原理与技术	万金泉，华南理工大学环境与能源学院教授，博士生导师。 马邕文，华南理工大学环境与能源学院教授，博士生导师。 王艳，华南理工大学环境与能源学院副教授。	2015年12月	“十二五”国家重点图书出版规划项目 广东省原创精品出版资金扶持项目 广东省优秀科技专著出版基金会资助项目
2	Suizhou Meteorite: Mineralogy and Shock Metamorphism 随州陨石矿物学和冲击变质	谢先德，中国科学院广州分院院长兼广东省科学院院长（1988—1997），研究员，博士生导师，俄罗斯科学院外籍院士，国际欧亚科学院院士。 陈鸣，中国科学院广州地球化学研究所研究员，博士生导师。	2015年12月	广东省原创精品出版资金扶持项目 广东省优秀科技专著出版基金会资助项目 版权输出到Springer-Verlag Berlin Heidelberg
3	胰腺癌基础与临床：前沿与争论	陈汝福，中山大学孙逸仙纪念医院副院长，教授，主任医师，博士生导师。 李志花，中山大学孙逸仙纪念医院副教授，副主任医师，硕士生导师。 刘宜敏，中山大学孙逸仙纪念医院主任医师，硕士生导师。	2016年4月	广东省原创精品出版资金扶持项目 广东省优秀科技专著出版基金会资助项目